Knaur.

*Im Knaur Taschenbuch Verlag sind bereits
folgende Bücher des Autors erschienen:*
Die Stümper. Über die Unfähigkeit unserer Politiker
Schwarzbuch Beamte. Wie der Behördenapparat unser Land ruiniert
Die DAX-Ritter. Wie Manager unser Land ruinieren
Die Dilettanten. Wie unfähig unsere Politiker wirklich sind

Über den Autor:
Thomas Wieczorek, Jahrgang 1953, ist Journalist und Parteienforscher. Nach dem Volkswirtschaftsstudium an der Freien Universität Berlin war er bei *dpa* Volontär, Politischer Redakteur und Chef vom Dienst und anschließend Leiter des Baden-Württemberg-Büros von *Reuters*. Als freier Autor arbeitete er u.a. für die *Frankfurter Rundschau,* den Deutschlandfunk und den Südwestfunk, seit 1989 auch für das Satiremagazin *Eulenspiegel.* Am Berliner Otto-Suhr-Institut promovierte er über »Die Normalität der Politischen Korruption«. Das Spektrum seiner Radio- und Fernsehauftritte reicht von RBB bis SAT.1. Von Thomas Wieczorek sind bereits mehrere Bücher erschienen.

Thomas Wieczorek

Die verblödete Republik

Wie uns Medien, Wirtschaft und Politik
für dumm verkaufen

Knaur Taschenbuch Verlag

Besuchen Sie uns im Internet:
www.knaur.de

Originalausgabe März 2009
Copyright © 2009 bei Knaur Taschenbuch.
Ein Unternehmen der Droemerschen Verlagsanstalt
Th. Knaur Nachf. GmbH & Co. KG, München
Alle Rechte vorbehalten. Das Werk darf – auch teilweise –
nur mit Genehmigung des Verlages wiedergegeben werden.
Umschlaggestaltung: ZERO Werbeagentur, München
Umschlagabbildung: FinePic®, München
Satz: Daniela Schulz, Stockdorf
Druck und Bindung: CPI – Clausen & Bosse, Leck
Printed in Germany
ISBN 978-3-426-78098-5

22   21

Zwei Dinge sind unendlich:
das Universum und die menschliche Dummheit.
Aber beim Universum bin ich mir nicht ganz sicher.

Albert Einstein

Danksagung

Mein herzliches Dankeschön für ebenso befruchtende wie erbauliche Mitarbeit durch Diskussionen, Hinweise und Ratschläge gilt besonders Brigitte und Michael Müller, Helge Meves, Wolf-Dieter Narr, Ernst Röhl, Peter Saalmüller, Henning Voßkamp, vor allem aber Karin sowie allen sehr geschätzten Dumpfbacken, die mich die Verblödung als Problem erst erkennen ließen.

Inhalt

Die Verblödung geht weiter

Man muss die Welt nicht verstehen – man muss sich darin nur zurechtfinden.
Albert Einstein

Seit Erscheinen der ersten Auflage dieses Buches im März 2009 ist die Verblödung keinesfalls Geschichte – im Gegenteil. Böswillige Zeitgenossen könnten sogar anmerken, dass Wahlkampfzeiten auch besonders fruchtbare Zeiten für die Verblöder sind. Und so kommt es, dass dieselben Zeitgenossen, die im Leben keinen Schmuddeltalk ansehen würden, den Ausführungen unserer Politiker ehrfurchtsvoll lauschen.

Aber werfen wir doch einfach einen Blick auf die Schlaglichter der letzten Monate:

Steinmeier und Merkel gegen die Simpsons

Ein außerordentlich interessanter Gradmesser für den Geisteszustand unserer lieben Mitbürger waren die Einschaltquoten zum Wahlkampfduell Angela Merkel gegen Frank-Walter Steinmeier. Obwohl in ARD, ZDF, RTL und SAT.1 übertragen, wollten es nur 14 Millionen Zuschauer sehen – ein Drittel weniger als vier Jahre zuvor das Duell Merkel gegen den damaligen Kanzler Schröder. 3,45 Millionen ließen dagegen Politik Politik sein und schalteten *Die Simpsons* auf Pro Sieben ein. Besonders peinlich für die Politik und ihr Buhlen um die

Jugend: In der Zuschauergruppe der 14- bis 19-Jährigen sahen nur 32,8 Prozent das Duell, aber 44,4 Prozent die Zeichentrickfamilie, und selbst in der Altersgruppe 20 bis 29 konnte sich die Politik nur knapp mit 37,9 zu 29,4 Prozent durchsetzen.

Ist diese Verweigerung nun ein Zeichen für galoppierende Verblödung? Wer sich den Plausch der beiden Koryphäen aus beruflichen Gründen antun musste, war enttäuscht, entsetzt oder empört. »Duett statt Duell« wurde schon bald zum geflügelten Wort der seriösen Polit-Medien. »Bei einem Duell reiten eigentlich die Duellanten aufeinander zu«, schrieb Heribert Prantl in der *Süddeutschen Zeitung,* »im Fall Steinmeier/Merkel ritten sie nebeneinander her.«

Daher scheint der Boykott dieses Theaters und sogar das Umschalten auf die US-Kultserie bei vielen keinesfalls auf politisches Desinteresse hinzudeuten, im Gegenteil: Das mehr oder minder hohle Gewäsch der Kontrahenten konnte nur denen imponieren, die sich ansonsten weder mit Politik befassen noch sich damit auskennen.

Selbst ein treuer Gefolgsmann Merkels wie der Chef des CDU-Wirtschaftsflügels, Josef Schlarmann, kritisierte den Wahlkampf seiner Parteichefin und forderte »mehr Inhalte und weniger Kanzlerin«.

Für *Welt*-Chefredakteur Thomas Schmid war es ohnehin »der seltsamste Wahlkampf aller Zeiten … Deutschland ist in der Unübersichtlichkeit angekommen«. Früher habe es noch echte Fronten gegeben, »Gut rang gegen Böse« und es kämpften … »Links gegen Rechts, Sozialstaat gegen Sozialabbau«.

Tatsächlich sind die vier etablierten Parteien teilweise schwerer zu unterscheiden als Seifenblasen. Daher kann heute – unbeschadet gegenteiliger Beteuerungen – im Prinzip jede Partei mit jeder koalieren. Schwarz-Rot, Schwarz-Gelb, Schwarz-

Grün, Rot-Grün, Ampel, Jamaika, und Rot-Rot gibt es ja zumindest schon in Berlin, und in Hessen hätte auch an Rot-Grün-Rot nicht viel gefehlt. Dem entspricht das berechtigte Gefühl des Wählers, dass es letztlich ziemlich wurscht ist, wer an der Regierung ist.

Und könnte nicht Ursula von der Leyen genauso gut in der SPD sein, Cem Özdemir in der FDP, Sigmar Gabriel bei den Grünen und Guido Westerwelle in der CDU?

»Betrachtet man das politische Spitzenpersonal in der Bundesrepublik Deutschland, dann bricht sich schnell Ratlosigkeit Bahn«, meint Reinhard Mohr in *Spiegel Online*. »Die große Leere. Routinierte Phrasensicherheit, Karrierismus und Opportunismus beherrschen das Feld.« Da scheint es gar nicht so abwegig, einen Gag des ZDF vom Sommer 2009 auch in die hohe Politik einzuführen: das Kanzler-Casting.

Denn weder werden Schwarz und Gelb politische Heilsbringer sein noch unser Land in seinen Grundfesten erschüttern, noch würden rot-rote Bündnisse die Republik zugrunde wirtschaften. Entsprechend geistreich waren die Verblödungskommentare zur Bundestagswahl.

Das Wort hatten aber am Ende die Wähler: Mehr als jedem sechsten Wahlberechtigten – so viel wie nie zuvor in der Geschichte der Bundesrepublik – war das Wahltheater zu blöde, er oder sie blieb ganz einfach zu Hause.

Dennoch ließ sich Angela Merkel, die nicht einmal ein Viertel der Stimmen aller Wahlberechtigten gewinnen konnte, als »Kanzlerin aller Deutschen« feiern. Dabei sagt die nüchterne Statistik: Drei von vier Deutschen haben diese Kanzlerin nicht gewählt, geschweige denn gewollt. Bleibt ihr, zu hoffen, dass das andere Dreiviertel sich nie einig wird.

> *Der beste Platz für Politiker ist das Wahlplakat. Dort ist*
> *er tragbar, geräuschlos und leicht zu entfernen.*
> Loriot

»Systemrelevanz«, Teilverstaatlichung und Rettungsschirm

Ein besonderer Coup in Sachen Verblödung ist das Schlagwort *Systemrelevanz*. Fragt man Politiker und »Experten« danach, so tragen sie gebetsmühlenartig auswendig Gelerntes vor:
»Weil sonst die ganze Wirtschaft zusammenbricht.« Genauer
erklären konnte das niemand, nicht einmal das Bundesfinanz-
ministerium. »Eine Legaldefinition der Systemrelevanz existie-
re nicht«, erfuhr das *ef-Magazin* auf Anfrage. »Es sei vielmehr
immer eine Entscheidung im konkreten Einzelfall notwendig.«
Beispiel Hypo Real Estate, die sich als erste Bank unter den 480
Milliarden schweren Rettungsschirm begab: Selbst wenn man
»Systemrelevanz« unterstellt: Am 26. September hatte die
HRE noch einen Börsenwert von gerade mal 2,9 Milliarden
Euro. Wieso pumpte man in eine solche Bank über 100 Milliar-
den hinein, anstatt sie gleich komplett zu übernehmen? Deut-
licher kann die Politik dem Bürger wohl kaum zu verstehen
geben, dass sie ihn für total naiv, obrigkeitshörig oder nicht zu-
rechnungsfähig hält.
Ähnlich verhält es sich mit einer »Teilverstaatlichung« wie im
Falle der Commerzbank, wo der Bund mit 25 Prozent einstieg.
Dem kleinen Mann wird weisgemacht, dies sei schon fast ein
Schritt in Richtung Vergesellschaftung der Banken. Das Gegenteil ist der Fall. Sollte durch solche Aktionen der Börsenkurs
steigen, dann profitieren vor allem die 75 Prozent der privaten

Aktionäre. Geht die Sache schief, kommt der Steuerzahler für die Verluste aus der Staatsbeteiligung auf.

Noch trügerischer ist der Rettungsschirm – also Geschenke des Steuerzahlers – für Unternehmen der Realwirtschaft. Wenn es für ein Produkt keine Käufer gibt, dann helfen auch Milliardenspritzen nicht – oder führen zur Marktverzerrung.

Afghanistan: Richtig rein oder schnellstens raus?

Würden gänzlich uninformierte Außerirdische die Diskussion über den Einsatz der Bundeswehr in Afghanistan verfolgen, dann kämen sie zu dem Schluss, es handele sich um ein deutsches Bundesland und was die Afghanen dort überhaupt zu suchen hätten. Der mehr oder minder krampfhafte Versuch, die Einheimischen nach den Regeln der amerikanischen und deutschen Leitkultur umzuerziehen, hätte vermutlich selbst Maos Rote Garden neidisch gemacht.

Als nach dem von Deutschland angeordneten verhängnisvollen Luftangriff auf zwei Tanklaster im September 2009 30 Zivilisten getötet wurden, übten selbst engste Verbündete wie Frankreich und England scharfe Kritik. Besonders peinlich: Die Bundeswehr stritt Zivilopfer selbst dann noch ab, als die Nato sie längst eingeräumt hatte.

Der Gipfel der makabren Verblödung aber war erreicht, als ein Afghane namens Mohammadullah Baktasch durch die Medien gereicht wurde, der den Tod seiner eigenen Landsleute begeistert bejubelte. In einer vergleichbaren Lage hätten »nicht nur die deutschen Truppen, sondern alle Regierungs- und internationalen Truppen so gehandelt«.

Sicher ist sicher

Ähnlich wie für Roland Koch der Überfall zweier ausländischer Jugendlicher auf einen Rentner im Dezember 2007 scheinbar gerade zur richtigen (Wahlkampf-)Zeit kam, so bescherte der Mord von zwei Jugendlichen am Münchner S-Bahnhof Solln an einem 50-jährigen Geschäftsmann zwei Wochen vor der Bundestagswahl der Politik ein unverhofftes Thema. Natürlich war – in Erinnerung an Kochs Wahlfiasko wegen Instrumentalisierung der Münchner Untat für Ausländerhetze und Angriffe auf den politischen Gegner – keine Partei so blöd, dies zum Wahlkampfthema zu machen. Andererseits ließ es sich vortrefflich zur Ablenkung von den wirklich wichtigen Themen wie Finanzkrise, Arbeitslosigkeit oder neue Armut nutzen: Im Zusammenspiel mit einigen Medien wurde der Eindruck erweckt, dies könne jedem immer und überall auch passieren, um damit nicht nur altersängstliche Menschen in Panik zu versetzen. Tatsache ist allerdings – so schrecklich diese Verbrechen auch waren –, dass sie eben nicht tagtäglich und in jeder Stadt oder Gemeinde, sondern äußerst selten vorkommen. Bedeutend häufiger kommen zum Beispiel Menschen im Straßenverkehr zu Tode, ohne dass Autofahrer deshalb in Panik gerieten.

Reine Ablenkung

Während aber die Ablenkung durch das Thema »Brutale Schläger« durchaus einen rationalen Kern hat, kann man dies vom Tod der tragikomischen Pop-Ikone Michael Jackson nicht gerade sagen. Kaum jemand dürfte – unabhängig vom jeweiligen Musikgeschmack – Jacksons Verdienste als einer der wenigen echten Superstars seines Genres bezweifeln. Etwas ganz anderes aber ist es, Details über sein Ableben, die Trauer der Fans und die Beisetzung als wichtiger hinzustellen als Informationen über die Rettungsschirme, die Massenentlassungen bei Opel und Arcandor oder die Gesundheitsreform. Dies alles geschieht natürlich nicht »aus Versehen«, obwohl das scheinbare geistige Niveau der einschlägigen TV-Moderatoren durchaus erahnen lässt, dass die sich »nichts Böses« dabei denken. Selbstverständlich braucht man auch für Massenverblödung entsprechendes Personal.

Peinlich

Der Gipfel politischer Peinlichkeit war erreicht, als ausgerechnet Roland Koch, den im Hessen-Wahlkampf so gut wie jeder politische Gegner juristisch ungestraft einen Rassisten nennen durfte, sich mit dem ZDF-Chefredakteur Nikolaus Brender anlegte. »Roland Kochs ZDF-Attacke schadet dem öffentlich-rechtlichen Rundfunk erheblich«, meinte Olaf Zimmermann, der Geschäftsführer des Deutschen Kulturrats. Und die Grünen erinnerten Koch: »Das ZDF gehört nicht der CDU.«
Aber selbst in den eigenen Reihen machte sich Koch nicht nur Freunde. »Die Debatte hat allen Beteiligten und dem Sender nur geschadet«, meinte zum Beispiel sein Parteifreund, der Fernsehratsvorsitzende Ruprecht Polenz. Was Koch eigentlich wollte, außer Machtpolitik der plumpsten Art, ist schwer auszumachen. Zwar faselte er etwas von sinkenden Einschaltquoten, aber selbst seine politischen Freunde nahmen ihm das nicht ab.
Ärgerlich-bizarres Resultat war jedenfalls, dass selbst diejenigen in einer Art »antifaschistischer Einheitsfront« Brender verteidigten, die das ZDF-Programm für jenseits von Gut, Böse, Journalismus und gelungener Unterhaltung hielten. Unter seiner Ägide gelangten Zuschauerbelästigungen wie »Alisa – folge dei-

nem Herzen« oder »Lanz kocht« ins Programm, mit denen er offenbar den Privaten die Zielgruppe der geistigen Unterschichten abwerben wollte. Insofern wäre tatsächlich die Frage zu stellen, wie ein Gefolgsmann Roland Kochs das ZDF noch verblödender gestalten würde. Natürlich könnte man demokratisch inspirierte Sendungen wie *Frontal 21* durch Hetze gegen Arbeitslose und Ausländer ersetzen, sicherlich könnte man auch die »Rosenheim Cops« durch Werbeblöcke verhunzen, und wahrscheinlich könnte man die Menschenjägersendung »Aktenzeichen XY … ungelöst« dreimal täglich ausstrahlen – aber sonst?

Aber immerhin haben wir dem ZDF zumindest das Satire-Kleinod *Die Anstalt* zu verdanken. Und nicht wenige Zuschauer wünschen sehnlich, Urban Priol und Georg Schramm übernähmen die Politberichterstattung, wenn nicht sogar die Regierungsgeschäfte.

Andererseits zeigt sich immer wieder, dass keine Verblödungssatire so extrem sein kann, als dass sie nicht von der Realverblödung übertroffen wird. Letztere ufert nicht zuletzt deshalb dermaßen aus, weil Verblöder und Verblödete auch gleichzeitig Blender sind. So ist es ein beliebtes Partyspiel, inmitten eines gescheiten Disputs gescheiter Leute unvermittelt die Namen frei erfundener Leute zu erwähnen: den Lyriker Vic van Achtern, die Bildhauerin Eva Hastenich oder den römischen Senator Marc Aventis Grautvornix. Jede Wette, dass mindestens einer der klugen Diskutanten vorgibt, von ihnen schon einmal etwas gehört zu haben.

Wer weiß, dass er nichts weiß, weiß mehr als der, der nicht weiß, dass er nichts weiß.
Sokrates

Vollends absurd aber wird es, wenn sich einige Zeitgenossen nicht mit der Rolle des Einäugigen unter Blinden begnügen, sondern sich als hervorragend Sehende wähnen. Wenn sie dann auch noch eine ebenso duckmäuserische wie viertelgebildete Fangemeinde um sich scharen können, die all den Nonsens begierig aufsaugt und ehrfürchtig nachbetet, dann ist der geistig-moralische Supergau perfekt. Insofern ist es bedauerlich und verfehlt, mit Verblödung nur die vermeintlichen »intellektuellen Unterschichten« aufs Korn zu nehmen. Sich über Analphabeten, Alkoholabhängige oder sexuelle Grenzgänger lustig zu machen, ist billig und irgendwann langweilig.

Die wahre Volksverblödung aber findet genau dort statt, wo sie der selbsternannte Bildungsbürger am wenigsten vermutet: in den Medien, der Wirtschaft und vor allem in der Politik. Wer all die hochgestochenen Berichte und Kommentare der »seriösen Medien«, die superwichtigen Konjunkturprognosen der Wirtschaft und die treuherzigen Wahlversprechen der Politik so unreflektiert aufsaugt wie der Bibeltreue das Alte Testament, der ist schon hereingefallen. Heraus kommt ein Abklatsch der Wirklichkeit, der noch weniger wert ist als ein Zerrbild. Letzteres nämlich könnte man – rein theoretisch – entzerren. Was den Bürgern allerdings Tag für Tag, Woche für Woche, Jahr für Jahr zugemutet wird, das ist – wie der Volksmund zu Recht sagt – »so falsch, dass nicht einmal das Gegenteil stimmt«.
Dass noch immer viel zu viele Mitbürger dem geballten Müll der Meinungsmacher vertrauen, ist die schlechte Nachricht. Dass immer mehr Menschen den Verblödungsprofis auf die Schliche kommen – siehe auch manche Nichtwähler –, lässt hoffen.

Bis dahin aber geht die Verblödung – jenseits von politischer Farbenlehre – ungehindert weiter.

Einleitung

Als kürzlich japanische Forscher die Welt mit der Meldung erschreckten, »Schimpansen sind am Computer besser als Studenten«, da trösteten sich allein unverantwortliche Optimisten mit dem Einwand, es könne sich dabei nur um angehende Unternehmensberater handeln. Zwar gilt die Überlegenheit unserer Vorfahren bislang nur für die schnelle und exakte Wiedergabe von Zahlenreihen, die kurz auf einem Monitor aufblinken. Dennoch wird angesichts der geistigen Entwicklung hierzulande die Frage immer drängender, ob wir den Primaten nicht seit langem bei ihrer intellektuellen Aufholjagd ein gutes Stück entgegengehen: Drohen die Deutschen ein Volk von Schwachköpfen zu werden?

Kommt im Bekanntenkreis, am Arbeitsplatz, im Supermarkt oder in Talkshows das Gespräch auf unseren allgemeinen Geisteszustand, fallen schnell Reizwörter wie *Verblödung, Bildungsferne* und *geistige Verwahrlosung*. Natürlich ist sofort die Rede von Pisa, von Denglish stammelnden Abiturienten und von Kassiererinnen, die zwei plus zwei nur mit dem Taschenrechner zusammenzählen können, von Lehramtsstudenten, die Rügen neben Sylt vermuten, und von Volkswirtschaftsdozenten, die sich wundern, warum im *Kapital* von Karl May kein Indianer vorkommt.
Willy Brandts Kampfgefährte Egon Bahr erzählte jüngst von einer jungen Journalistin, die bei ihm um einen Termin mit Herbert Wehner nachsuchte. »Der spricht gerade mit Franz Josef Strauß.« – »Dann versuche ich es später noch mal«, meinte die Garantin der Pressefreiheit. Sicher macht sich dieselbe Journalistin darüber lustig, dass 27 Prozent der Zehnt- und Elftklässler Willy Brandt für einen DDR-Politiker halten – falls sie es nicht selbst glaubt.

»Eine Gehirnwindung weniger, und du gehst auf allen vieren«: Was früher eine flotte Beleidigung war, klingt heute wie eine wissenschaftliche Prognose, vielleicht sogar für große Bevölkerungsgruppen. Wie aber sieht diese Verblödung konkret aus? Wird sie bewusst betrieben und wenn ja: mit welcher Absicht?

Bei der Darstellung von Unwissen sind meist Häme und Bloßstellung im Spiel. Nehmen wir nur die gnadenlos überstrapazierte Standardsituation: Reporter, fiebrig und hibbelig in der Fußgängerzone. Endlich kommt eine Gruppe Opfer, eine fünfköpfige Abordnung der Jugend von heute. Reporter fragt: »Wie heißt denn die Hauptstadt der Türkei?« Die Jugend von heute wechselt Blicke der vielsagenden Art. Einer sagt: »Antalya.« Reporter wendet das Gesicht in die Kamera und macht eine hochwichtige *Na-was-hab-ich-gesagt*-Grimasse.

Nur wusste der Mann vom Fernsehen nicht, dass die fünf subversiv angehaucht waren und ihn bewusst verladen hatten. Aber selbst wenn jemand Ankara für das spanische Wort für Anker hält und auch nicht ahnt, dass eine Allegorie nicht ansteckend ist und ein Hexameter nichts mit Okkultismus zu tun hat: Derlei Unwissen mag ja peinlich und tragisch sein – aber weiß unser Entlarvungsreporter, dass im Jahre 1947 die Verstaatlichung der bundesdeutschen Schlüsselindustrien nicht von der SED, sondern von der CDU Konrad Adenauers gefordert wurde, andererseits aber unsere Kanzlerin bis zur Wendezeit FDJ-Funktionärin für Agitation und Propaganda war, und dass der Spitzensteuersatz unter dem Einheitskanzler Helmut Kohl vor gerade mal zehn Jahren noch 53 Prozent betrug?

Ist dieses Wissen unwichtiger als die Kenntnis der Namen aller europäischer Hauptstädte und sämtlicher Nebenflüsse des Rheins?

Wer also den Verdacht der Volksverblödung auf die »Bildungsfernen« und geistig Verwahrlosten beschränkt, betreibt Verblödung in der Verblödungsdiskussion.

Erklärtes Ziel und Voraussetzung demokratischer Gesellschaften ist der »mündige Bürger«. Dies wäre auch durchaus erreichbar angesichts der Möglichkeiten der *Informationsgesellschaft*. In Wahrheit allerdings werden einige wenige immer klüger, bedrückend viele aber anscheinend immer dümmer. Dahinter steckt System: Denn buchstäblich zur Existenzfrage wird die Verblödung in parlamentarischen Demokratien, da hier das Volk seine Vertreter frei wählt und damit die Regierung und die Gesellschaftsordnung formal frei bestimmt. Dieser *Sachzwang* gilt verstärkt angesichts der nationalen und globalen Verschärfung der sozialen Gegensätze: Die Arm-Reich-Schere öffnet sich immer mehr, und bloßer Kapitalbesitz bringt mehr ein als ehrliche Arbeit.

Man stelle sich nun einmal vor, die Normalbürger wüssten Bescheid über die Fakten und Hintergründe von Armut und Reichtum, Weltwirtschaftsordnung, Konzernpolitik in der Dritten Welt, wirtschaftlichen Verflechtungen und Korruption – ganz zu schweigen von den ökonomischen, politischen und philosophischen Theorien und ihren Folgen.

Wäre unter diesen Umständen eine mit beeinflussbaren Stümpern durchsetzte politische Klasse überhaupt vorstellbar?

Würden informierte, also wirklich mündige Bürger nicht so manchen Politiker sofort als ungeeignet enttarnen und ihr eigenes Urteil über die Gesellschaft sprechen?

Könnten manche hanebüchenen Projekte überhaupt umgesetzt werden, wenn wirklich entscheidungsfähige Bürger darüber urteilten und – sei es auch nur per Wahlen – mitentschieden?

Deshalb ist Verblödung unausgesprochenes oberstes Staatsziel, und dies betrifft beileibe nicht nur die intellektuell-kulturelle Kelleretage: Wer kennt zum Beispiel die Unterschiede zwischen Ordo- und Neoliberalismus, zwischen Keynesianismus, Monetarismus oder Marxismus?

Stattdessen wird plattester Marktradikalismus – allen bisherigen praktischen Erfahrungen zum Trotz – als Heilsbringer-religion etabliert: Der Markt wird zum neuen Gott, zur unbegreiflichen höheren Macht. Selbst der Neoliberalismus-Miterfinder Friedrich August von Hayek sagt unumwunden, sein System funktioniere nur, wenn die Menschen blind an die Marktgesetze glaubten und keine dummen Fragen stellten.[1] Kann aber jemand ohne zumindest oberflächliche Kenntnis dieser Probleme die »richtige« Partei wählen, geschweige denn die Gesellschaft mitgestalten?

Damit diese Unwissenheit möglichst ewig fortbesteht, wird sie auf allen Ebenen bewusst angestrebt und gefördert:

1. So halten viele Bürger die Forderungen »Weniger Staat, mehr Privatisierung«, »Lohnnebenkosten runter«, »weniger Staatsschulden« blindgläubig für »alternativlose Sachzwänge«. Kaum einem ist bewusst, dass es sich um spezielle eigennützige Ziele der Vermögenden handelt, die von der Werbeagentur Scholz&Friends im Auftrag der Arbeitgeberorganisation »Initiative Neue Soziale Marktwirtschaft« (INSM) formuliert wurden und auf vielerlei Wegen in die »unabhängigen Medien« lanciert werden – nicht ohne Wirkung: Selbst sozial und sozialstaatlich eingestellte Bürger »vergessen«, dass

   • der Staat laut Grundgesetz »ihr Staat« ist, der die Kernbereiche wie innere und äußere Sicherheit, Kommunikation, Energieversorgung, Wohnen, Staatsfinanzen, Ausbildung, menschenwürdiges Aufwachsen und Altern für alle Bürger zu garantieren hat,

- Steuern also kein »Ausnehmen der Bürger« sind, sondern der Beitrag zur Finanzierung der gesetzlichen Pflichten des Sozialstaates,
- »Lohnnebenkosten« nichts anderes sind als der sozialstaatliche Beitrag der Arbeitgeber zur sozialen Absicherung der Arbeitnehmer,
- die Globalisierung kein Naturgesetz, sondern simples Menschenwerk ist,
- Chancengleichheit ohne Sozialstaat dasselbe bedeutet wie die »faire« Chance von tausend Leuten im Kampf um einen einzigen Job oder die Chance aller Lotteriespieler auf den Jackpot,
- eine marktradikale Gesellschaft also zwangsläufig immer eine Handvoll Gewinner produziert, wohingegen der Rest mehr oder minder leer ausgeht.

2. Unter dem Deckmantel der »Eigenverantwortung der Eltern« sieht man der zunehmenden geistigen und sozialen Verwahrlosung seit Jahrzehnten mit geheucheltem Entsetzen tatenlos zu. Frei nach dem Motto: »Es kann ja keiner ahnen, dass Alkoholiker vom Kindergeld Schnaps statt Spielzeug kaufen.« Die Folge sind schulunfähige Sechsjährige. Im Schulsystem setzt sich dies fort: Frühzeitig wird über die Bildung und damit über die spätere Schichtzugehörigkeit entschieden, und auch dies weniger nach Leistung als nach sozialer Herkunft. Bezeichnend ist auch die – im Vergleich etwa zu Frankreich und Skandinavien – beschämend geringe Verbreitung der Ganztagsschule. Pisa ist nur die zwangsläufige Folge: junge Menschen, die oft selbst für eine Lehre untauglich sind und deren Leben in Hartz-IV-Armut vorge-

zeichnet ist. Die Grenze verläuft hier lediglich dort, wo den Unternehmen die tauglichen Arbeitskräfte fehlen.

Typisch auch die »Integration«: Klassen mit 80 Prozent Immigrantenkindern fallen nicht vom Himmel, sondern werden anscheinend bewusst gebildet. Dass es auch anders ginge, zeigen die ebenfalls seit Jahrzehnten bekannten Beispiele anderer westlicher Staaten.

Auch vor der Ausbildung von Führungskräften macht die Verblödung nicht halt. Wirtschaftsprofessor Rudolf Hickel bezeichnet heutige BWL-Absolventen als »Fuzzis und Systemzwerge. Der US-Ökonom Robert Kuttner sieht gar »eine Generation von graduierten Idioten heranwachsen, die über eine Reihe von Techniken verfügen, aber nichts von Ökonomie verstehen«.[2]

Um die Idealvorstellung vom unpolitischen Fachidioten abzusichern, wird das frühere Vordiplom jetzt *Bachelor* genannt und so ein kritikloses Schmalspurstudium ermöglicht. Die Geisteswissenschaften werden pauschal als »brotlose Kunst« verspottet, und selbst hier setzen sich im Zuge der »Eigenverantwortung« zusehends »Wissenschaftler« durch, die »Drittmittel einwerben«, also von der Industrie gesponsert sind.

3. Auch in seriösen Medien, besonders in ARD und ZDF, wird das neoliberale Weltbild als »sachliche Information« verpackt: So werden die Abbauer des Sozialstaates als »Reformer« und die Kritiker als »Blockierer« bezeichnet. In Talkshows sowieso, aber auch in Nachrichtensendungen wie *heute journal* oder *Tagesthemen* werden INSM-Vertreter als »unabhängige Wissenschaftler« und »renommierte Experten« ausgegeben. Gleichzeitig wird durch Befragung einzelner Betroffener »Bürgerbeteiligung« vorgegaukelt.

Sogar scheinbar unpolitische Unterhaltung auf Primaten-
niveau wie etwa die *Superstar*- und *Topmodel*-Wettbewerbe
verbreiten neoliberale Gedanken: Anfangs Tausende, später
nur noch einige Auserwählte kämpfen erbittert jeder gegen
jeden – denn nur einer kann gewinnen. Die anderen werden von der Jury verhöhnt, beschimpft und rundum in der
Menschenwürde verletzt.

In Daily Soaps und Komödien wird das alte Märchen »Vom
Tellerwäscher zum Millionär« aufgewärmt: Im Handum-
drehen machen junge dynamische Aufsteiger Karriere als
Firmenchefin, Börsengenie, Modeschöpferin oder Arzt. Den
perspektivlosen Jugendlichen vor der Glotze wird vermittelt, dass »alles möglich ist« und sie Versager sind, wenn sie
nicht einmal eine Lehrstelle ergattern können.

4. Unbedingt notwendig für herrschende Minderheiten sind
   Feindbilder: Läuft eine Regierung Gefahr, von der eigenen
   Bevölkerungsmehrheit gestürzt zu werden, so lenkt es den
   Volkszorn auf den äußeren Feind. Aktuell sind das die »isla-
   mistischen Terroristen«.

   Gleichzeitig wird das »Teile und herrsche«-Prinzip ange-
   wandt, denn für die Reichen verheerend wäre ein, inzwischen selbst von seriösen Wissenschaftlern wie Peter Glotz
   und Franz Walter für möglich gehaltener, Aufstand der Bevölkerung. Gold wert sind daher Fronten wie Alte gegen
   Junge, Frauen gegen Männer, Raucher gegen Nichtraucher,
   »Karriereweiber« gegen »Hausfrauen«, Jobinhaber gegen
   Arbeitslose, Dicke gegen Dünne oder Lehrlinge gegen Studenten. Deutlich wurde der Verblödungscharakter im Wahlkampf 2006, als Alice Schwarzer »die Frau« Merkel unter-
   stützte. Motto: Besser den Kündigungsschutz durch eine
   Frau verlieren als durch einen Mann behalten.

Ein besonders wichtiges Feindbild sind in diesem Zusammenhang die Unterschichten: Gezielt werden exotische Einzelfälle bekennender Faulpelze und extrem Verwahrloster als »typisch« für die Arbeitslosen hingestellt.

5. »Angst essen Seele auf«, weiß man nicht erst seit Rainer Werner Fassbinders Kultfilm. Da sie auch den Verstand ausschaltet, ist Panikmache ein wichtiges Instrument zur Durchsetzung von Politik. Bestes Beispiel war Wolfgang Schäubles (missglücktes) Hysterieschüren zur WM 2006.
Auffällig ist die Zahl der »in letzter Sekunde verhinderten« Attentate: Sogar die Polizei warnt schon vor Panikmache. Aber nicht nur Ausländer, auch Kidnapper, Raubmörder, Sittenstrolche werden zur Mammutgefahr aufgeblasen. Vor allem älteren Menschen und simplen Gemütern soll trotz rückläufiger Verbrechensstatistik suggeriert werden, hinter jeder Straßenecke lauere das Unheil. Umfragen zeigen, dass sich verängstigte Bürger mehr Schnüffel- und Polizeistaat gefallen lassen.

6. Durch *panem et circenses*, »Brot und Spiele«, wollten schon die alten Römer das Volk zufriedenstellen und vor allem von der Politik fernhalten. Es ist das Zuschütten mit unzähligen (auch amüsanten) Lappalien, um nur nicht auf das Wesentliche zu kommen.
Aktuell geschieht dies besonders durch den Einzug des »Boulevard« auch in seriöse Medien – sogar *Spiegel Online* hält über Pooth, Bohlen oder Klum auf dem Laufenden, und selbst in den Nachrichtensendungen der Öffentlich-Rechtlichen nimmt Unpolitisches (Unfall, Entführung, Prinzenhochzeit, Promischeidung) immer mehr Raum ein. Ähnlich wie in *Bild*, findet Politik zunehmend nur noch stichwort-

artig statt. Politmagazine werden gekürzt oder in die Nacht verlegt, dafür das Angebot für »bildungsferne« Mitbürger ständig erhöht. Das Einschaltquotenargument ähnelt dabei einer Knastkantine, die nur Gammelfleisch und Gammelfisch anbietet, und weil 80 Prozent notgedrungen das Gammelfleisch wählen, dieses zum Leibgericht der Insassen erklärt.

7. Ob Videospiel, Wahrsagerei, Telenovela, Groschenroman oder Sekte: Die Angebote zur Flucht in Scheinwelten schießen wie Pilze aus dem Boden. Dabei ist für jede Schicht etwas dabei: Statt sich politisch oder »nur« gesellschaftlich zu engagieren, soll man sich in die eigene Traumwelt flüchten, die ganz bewusst mit der Realität nichts zu tun hat. Aus dem normalen Abschalten wird so bei immer mehr Bürgern ein dauerhaftes Ausklinken aus einer frustrierenden Wirklichkeit.
Auch die Kirchen tragen zur Volksverblödung dort bei, wo sie – in den Augen vieler argloser Christen im Namen Gottes – die neoliberale Entsozialisierung und Umverteilung als »notwendige Reformen« moralisch abdecken.
Wirklichkeitsflüchtige Staatsbürger sind besonders pflegeleicht für die Obrigkeit. Natürlich weisen die Mächtigen und ihre Politiker den Vorwurf der absichtlichen Verblödung zurück – aber verwahrt sich nicht auch eine bildhübsche umschwärmte 25-jährige Frau gegen die Unterstellung, sie heirate den 86-jährigen Milliardär nicht nur aus Liebe?

8. Eine große Erleichterung für die Betreiber der Volksverblödung ist die Angewohnheit vieler Menschen, sich der Meinung der vermeintlichen Mehrheit oder eines »neuen Trends« anzuschließen. Dies ist häufig verbunden mit

dem hirnschonenden Nachquatschen irgendwelcher Phrasen, um sich wichtig zu machen oder um »dazuzugehören«. Auch so mancher Party-Intellektuelle oder Stammtischphilosoph gibt mit bedeutsamer Miene Weltbewegendes über große Politik und Wirtschaftsreformen wieder, das er kurz zuvor bei *Anne Will* aufgeschnappt oder im *Spiegel* gelesen hat. Wenn keiner der Beteiligten den leisesten Schimmer vom Thema hat, braucht auch niemand das blamable Auffliegen zu befürchten.

Zwar wissen wir aus dem Spiel Stille Post, dass die falsche Wiedergabe von Falschem keineswegs etwas Richtiges ergibt. Andererseits kann man jedem alles weismachen, wenn er die Zusammenhänge nicht kennt.

Nun ist Verblödung aber nicht gleich Verblödung: Wer als Finanzberater die optimale Riester-Rente für achtjährige Atomphysiker mit 51 Kindern berechnet, hat andere Defizite als ein hauptschulschwänzender Dschungelcamp-Fan, der beim Raten von vier mal fünf bestenfalls dicht dran ist; und wer Dezibel für einen Internetprovider und Benno Ohnesorg für den Gründer eines Hamburger Volkstheaters hält, steckt in einem ganz anderen intellektuellen Schlamassel.

Da aber gewisse Stufen und Formen des geistigen Notstands an entsprechende Bevölkerungsschichten gebunden scheinen, verdienen sie eine genauere Betrachtung. Mit den Einkommen bewegen sich nämlich logischerweise auch die Lebensumstände und dadurch wiederum die Einstellungen auseinander. Der Umgang miteinander wird gereizter, aggressiver, feindseliger.

Wo früher der Sozialstaat die Klassen und Schichten halbwegs zusammenhielt, die Unterschiede zwischen unten und oben abmilderte und teilweise sogar echte Aufstiegschancen bot und das Gefühl »wir sitzen alle in einem Boot« die Gesellschaft kennzeichnete, machen heute die Schichten »ihr eigenes Ding«.

Die Reichen und Mächtigen klinken sich aus der sozialen Verantwortung und dem gesellschaftlichen Zusammenleben zusehends aus, machen nach unten dicht, »sind wieder elitär, rekrutieren sich in einem lange nicht mehr gekannten Umfang aus sich selbst, nach den – höchst leistungswidrigen – Indikatoren von vertrauter Zugehörigkeit, kulturellen Codes und distinktem Gruppenhabitus«.[3] Integration, soziale Kompromisse und christlich motivierte Solidarität sind ihnen ebenso fremd und zuwider wie die »altmodische« Fürsorgepflicht des Unternehmers.

Gleichzeitig wächst die Armee der Armen, »Bildungsfernen«, Überflüssigen und Chancenlosen, deren erstes spätkindliches Aha-Erlebnis es ist, dass sie unten sind und – wenn nicht ein Wunder oder ein Casting geschieht – immer unten bleiben werden. Überhaupt hat ihr Leben, ihr Erfahrungshorizont mit dem der Reichen nicht das mindeste zu tun.

Sie selbst kommen kaum aus ihrem Viertel heraus und kennen die Welt und sogar Deutschland bestenfalls aus Tourismuswerbung wie *Voxtours*, während für die anderen Chinatour oder Hawaiiurlaub schon fast ödes Einerlei sind. Für ihren Nachwuchs gilt Endstation Hauptschule, während die Kinder der anderen ein Auslandsschuljahr als reine Routine ansehen. Die einen haben »fließend Wasser von den Wänden«, die anderen goldene Wasserhähne. Und wenn sich beide überhaupt treffen, dann im Luxusbordell: die einen als Prostituierte, die anderen als Freier. Die Frage *Sekt oder Selters* ist jedenfalls meist schon vor der Geburt entschieden.

Wenn dann der Aufschwung die Einkommen aus Kapitalbesitz explodieren lässt, während er beim Rest der Gesellschaft »nicht ankommt«, heizt dies die Stimmung nur noch mehr an. Kein

Wunder, dass bereits 61 Prozent der Wahlberechtigten meinen, es gebe keine Mitte mehr, nur noch oben und unten.[4]

> *Die Welt hat sich auf die Begriffe RECHTS und LINKS versteift und dabei vergessen, dass es auch ein OBEN und UNTEN gibt.*
> Franz Werfel

Sogar *Bild* warnte am 5. Mai 2008, alarmiert durch eine Studie der Unternehmensberatung McKinsey: »In Deutschland bricht die Mittelschicht weg – Die deutsche Gesellschaft droht immer stärker in Arm und Reich zu zerfallen.«

Nur allzu verständlich, dass diese ominöse Mittelschicht so langsam ins Grübeln kommt: Was ihr gestern noch als reelle Aussicht auf Karriere, soziale Sicherheit und sorgenfreie Zukunft erschien, erkennt sie jetzt als trügerische »Chance« wie in einem Tele-Gewinnspiel. Die Flausen von den unbegrenzten Möglichkeiten der »Informationsgesellschaft« hatte ihr ohnehin schon der Zusammenbruch des neuen Marktes ausgetrieben, doch nun sieht sie, dass es so langsam eng wird: Der Optimismus mutiert zur Skepsis und die Aufstiegsträume zur Angst vor dem sozialen Abstieg.

Diese Spaltung der Gesellschaft in ein winziges Oben und ein riesiges nivelliertes Unten ist aber für die Reichen und Mächtigen brandgefährlich: Was, wenn die Bevölkerung sich einig wird?

Gezielte und systematische Volksverdummung wird damit zur Überlebensfrage!

Teil I
Der politisch verblödete Bürger

> *Könnten Wahlen etwas verändern, würde man sie verbieten.*
> Rosa Luxemburg

1. Der politisch entmündigte Bürger

Seit im Juni 2008, ausgerechnet zum Auftakt des Patrioten-Festivals Fußballeuropameisterschaft, eine Allensbach-Umfrage verriet, dass nur noch 31 Prozent der Bürger mit der sozialen Marktwirtschaft zufrieden, 38 Prozent aber unzufrieden sind, herrscht im Lager der Reichen und Mächtigen Alarmstufe Rot. Und seit kurz darauf ebenfalls Allensbach ermittelte, dass 45 Prozent der Deutschen den Sozialismus für eine »gute Idee« halten, rechnet man mit dem Schlimmsten.

Gleichzeitig mit der Staatsverdrossenheit nämlich verschärft sich die Legitimationskrise unseres politischen Systems, denn die moderne Universalausrede vieler Volksvertreter, alles sei sowieso nur »alternativloser Sachzwang«, fällt auf sie selbst zurück: »Wenn das so ist«, fragen sich immer mehr Menschen quer durch alle Schichten, »wozu dann noch wählen und sich politisch engagieren?«

Mythos Rationale Wahlentscheidung

Nicht nur die Erfinder des Grundgesetzes, auch ihre politischen Vordenker haben von der parlamentarischen Demokratie ein schönes Bild gemalt. Demnach treffen die Stimmberechtigten eine »rationale Wahlentscheidung«[5] – sie schalten ihr Gehirn ein. Aber mit jenem Organ zwischen den Ohren ist das so eine Sache. Denn auch wer wählen geht, tut dies, weitestgehend notgedrungen, blind: Er kauft die Katze im Sack.

Daran sind die Leute zum Teil selbst schuld, wie der Vater der *Neuen Politischen Ökonomie*, Anthony Downs, skeptisch meint: »Ein großer Prozentsatz der Bürger – einschließlich der Wähler – informiert sich nicht in bedeutendem Ausmaß über die Streitfragen, um die es bei der Wahl geht, selbst wenn diese Bürger den Wahlausgang für wichtig halten.«[6] Dabei nimmt die Unwissenheit mitunter kabarettreife Züge an:

- Fast die Hälfte der Deutschen weiß nicht, wofür Erst- und Zweitstimme eigentlich gut sind. Einige meinen, mit der Erststimme wähle man die Regierung, mit der Zweitstimme die Opposition.

- Viele Wähler kennen nicht einmal die Namen oder die Parteizugehörigkeit von Spitzenpolitikern. So werden Horst Seehofer und Ursula von der Leyen regelmäßig der SPD, Peer Steinbrück und Frank-Walter Steinmeier der CDU zugeordnet. Dass Kurt Beck SPD-Chef ist, wussten selbst ein Jahr nach seinem Amtsantritt im April 2006 nur 35 Prozent.

- Kaum jemand ist informiert über Qualifikation, Position und die Arbeit seiner »Vertreter« und die Prozedur ihrer Nominierung.

- Die wenigsten Bürger kennen die Kompetenzen der einzelnen »Volksvertretungen«, in Bund, Ländern und Gemeinden. Vor allem die EU ist für viele wie ein chinesischer Film ohne Untertitel. Selbst Gerhard Sabathil von der Berliner EU-Vertretung in Berlin beklagt eine »gewisse Bürgerferne« der Europäischen Union. Laut Umfragen nämlich verstehen nur 47 Prozent der Deutschen, wie sie funktioniert. Umso erfreulicher, dass zwei Drittel die Mitgliedschaft in diesem unbekannten Gremium begrüßen und seine Zukunft optimistisch sehen.

- Auch sonst übrigens urteilen die meisten Deutschen liebend gern über Dinge, von denen sie – selbst nach eigenem Bekunden – keinen Schimmer haben. Immer wieder amüsant sind die Umfragen zu den Fähigkeiten der politischen Klasse. Da benotet ein Parkwächter aus Radevormwald die Wirtschaftskompetenz der CDU, eine Kartenlegerin aus Sömmerda das Energiekonzept der SPD und ein Fitnesstrainer aus Tötensen die Bildungspolitik der Linkspartei. Das Tragikomische dabei: Die Demoskopen erfragen diese Nonsensurteile zu Recht – denn auf ebendieser abstrusen Grundlage gehen jene mündigen Bürger wählen.

Mythos Volkswille

Alle Macht geht vom Volke aus – aber wo geht sie hin?
Bertolt Brecht

Daher ist es nur allzu verständlich, dass viele der wichtigsten Entscheidungen, vom Kriegseinsatz und der Rente ab 67 über den Mindestlohn bis hin zur Erbschafts- und Vermögenssteuer, gegen den erklärten Volkswillen getroffen wurden. Über Kernfragen wie die Deutsche Vereinigung, die Einführung des Euro und die EU-Verfassung ließ man das Volk vorsichtshalber erst gar nicht entscheiden – und konnte es zum Glück für die Politik auch gar nicht: Bundesweite Volksentscheide sind im Grundgesetz außer bei einer Neugliederung des Staatsgebiets nicht zulässig.

Dies ist nach Überzeugung der politischen Klasse auch gut so, denn schon für den legendären österreichischen Ökonomen Joseph Schumpeter »fällt der typische Bürger auf eine tiefere Stufe der gedanklichen Leistung, sobald er das politische Gebiet betritt. Er argumentiert und analysiert auf eine Art und Weise, die er innerhalb der Sphäre seiner wirklichen Interessen bereitwillig als infantil anerkennen würde. Er wird wieder zum Primitiven. Sein Denken wird assoziativ und affektmäßig.«[7] Aus diesem wissenschaftlichen Vorurteil machte Konrad Adenauer im Jahre 1949 den Lehrsatz: »Der Durchschnittswähler denkt primitiv; und er urteilt auch primitiv.«[8]

Diese gesunde Menschenverachtung stammt von einem Geistesblitz des irischen Moralphilosophen Hutcheson. Demnach gleicht die Bevölkerung einer minderjährigen Auszubildenden beim lustgreisen Firmenchef, der glaubt, sie meint »ja«, auch wenn sie »nein« sagt. Daher könne man ruhig gegen den Volkswillen alles Mögliche durchsetzen.[9] Derlei freihändige »Legitimation« nennt der Linguist und Philosoph Noam Chomsky ironisch »Konsens ohne Zustimmung«. Die Regierenden fühlten sich wie »Eltern, die ihr Kind davor bewahren, einfach auf die Straße zu laufen«.[10] Für Chomsky ist dies schlicht »Leninismus in Reinform«[11].

Dieser Grundgedanke, das Volk gleichsam vor sich selbst zu schützen, ist zwar auch bei uns umfassend rechtlich abgesichert. Aber ist nicht wenigstens laut Verfassung das Volk der Souverän?

Das Gros unserer Mitbürger, einschließlich der politischen Klasse, denkt über Herkunft und Quintessenz unseres Grundgesetzes ähnlich intensiv nach wie über die Relativitätstheorie oder das Paarungsverhalten unehelicher Spulwürmer. Das ist auch besser so, denn zum einen wurde das Grundgesetz nicht nur nicht durch Volksabstimmung, sondern nicht einmal durch gewählte Volksvertreter verabschiedet, sondern von den biblischen 65 »Vätern des Grundgesetzes«[12], unter ihnen übrigens auch vier Frauen. Diesen *Parlamentarischen Rat* hatten im September 1948 die Ministerpräsidenten der elf Westzonenländer auf Anweisung der Alliierten Frankreich, Großbritannien und USA in Bonn eingesetzt.

Zum anderen steht, ähnlich wie die Zehn Gebote über der sündigen Menschheit, das Grundgesetz über dem Volk. Nach der »Ewigkeitsklausel« Artikel 79, Absatz 3 dürfen die Artikel 1 und 20 sowie die Einteilung in Bundesländer von Menschenhand nicht verändert werden.

Damit aber nicht genug: Auch die Gewissensfreiheit der Abgeordneten nach Artikel 38 macht den Volksvertreter vom Volk und seiner Partei unabhängig. Wenn der also, vielleicht sogar nach einem »Informationsaustausch« mit einem Rüstungslobbyisten, entgegen aller Meinungsumfragen und Parteitagsbeschlüsse die Ablehnung eines blutigen Bundeswehreinsatzes mit seinem Gewissen nicht verantworten kann, bleiben dem Bürger und der Partei nur die Nichtberücksichtigung bei der nächsten Wahl.

Wenn nun aber alles schiefläuft und die Volksvertreter doch etwas Gemeinwohlorientiertes beschließen, so bleibt immer noch die Wunderwaffe Bundesverfassungsgericht, das wie König Salomon über den Sterblichen thront und alles für null und nichtig erklären kann, was deutsche Volksvertreter, Regierungen und Behörden beschlossen haben, man denke nur an das

Verbot der Fristenregelung bei Abtreibungen 1975 oder der damaligen Vermögenssteuer 1995. Wenn auch das BVerfG derzeit überwiegend bevölkerungsfreundliche Urteile fällt – von der Gleichstellung der Homosexuellen über die Verteidigung der Pressefreiheit bis hin zur Absage an diverse polizei- und schnüffelstaatliche Amokläufe –, so bleibt doch entscheidend, dass hier ein Organ über den Volkswillen gestellt wird, das seit seinem Bestehen vorwiegend von Parteipolitikern der zweiten Garnitur geleitet wird: So war CDU-Mann Roman Herzog (1987 bis 1994) vorher rheinland-pfälzischer Staatssekretär unter Ministerpräsident Helmut Kohl, SPD-Frau Jutta Limbach (1994 bis 2002) Berliner Justizsenatorin und CSU-Mann Hans Jürgen Papier (seit 2002) Vizechef der Ethikkommission der Bayerischen Landesärztekammer.

Diese Parteienwirtschaft freilich hat mit der klassischen Gewaltenteilung nichts mehr zu tun; aber sogar diese – bereits von Aristoteles, John Locke und Montesquieu angedachte und in der Unabhängigkeitserklärung der USA von 1776 erstmals umgesetzte – Konstruktion ist so edel nun auch wieder nicht. Mit »Checks and Balances« beabsichtigten die Autoren der US-Verfassung nämlich keineswegs die Stärkung wahrer Demokratie durch gegenseitige Kontrolle der Staatsorgane. Das Ziel war vielmehr, wie der »Vater der Verfassung« und spätere US-Präsident James Madison offen bekannte, »die Minderheit der Wohlhabenden gegen die Mehrheit zu schützen«.[13] Für ihn war Gewaltenteilung ein Mittel gegen die wachsende »demokratische Bedrohung« durch den zunehmenden Anteil derjenigen, »die unter härtesten Bedingungen arbeiten müssen und heimlich eine gerechtere Verteilung der Früchte ihrer Arbeit erflehen«.

Besonders warnte Madison vor einem Wahlrecht, das auch denjenigen »Macht über Eigentum verschafft, die keines besitzen«, denn »wer weder Eigentum noch die Hoffnung auf seinen Erwerb hat, kann nicht mit dem Recht auf Eigentum sympathisieren«. Das Geheimnis der US-Demokratie ist also unglaublich banal, wie auch Noam Chomsky findet: »Folglich sollte die politische Macht in den Händen derer bleiben, ›die dem Reichtum der Nation entstammen und ihn repräsentieren‹ …, während die Öffentlichkeit insgesamt fragmentiert und desorganisiert bleibt.«[14]

Einen kleinen Abklatsch davon erleben wir in Gestalt der Landeslisten der Parteien, denen die Hälfte der Abgeordneten ihr Bundestagsmandat verdankt. Während diese Politiker sich den Teufel um das Volk scheren und sich nur innerhalb der Partei lieb Kind machen müssen, kann der Bürger einzelne Kandidaten nur ablehnen, indem er gleich eine andere Partei oder gar nicht wählt. Ein Merkel-Fan müsste also der Partei seiner Heldin die Stimme verweigern, nur weil er gegen den Dauertalker Wolfgang Bosbach allergisch ist.

Mythos Mitwirkung

Dem Konflikt, den Menschen als Ergebnis von Aufklärung und bürgerlicher Revolution formal alle Möglichkeiten zur aktiven Beteiligung an der Demokratie einräumen zu müssen, sie aber de facto davon abzuhalten, begegnet die Politik durch den Stützpfeiler jeder modernen Demokratie: der *Mitwirkungsillusion*. Und in einer Parteiendemokratie wie der unseren bietet sich der Verweis auf die Mitarbeit in den Parteien geradezu an.

Allerdings überzeugt dieses äußerst großzügige Angebot nicht einmal jeden vierzigsten Wahlberechtigten: Weniger als 1,5 Millionen von knapp 62 Millionen gehören einer Bundestagspartei an.[15] Aber warum? Sind die Menschen im Allgemeinen und die Bundesbürger im Besonderen von Natur aus

»Idioten«[16], die für das Gemeinwohl keinen Finger krumm machen wollen?

Nun wäre eine großangelegte Publikumsbeschimpfung bestenfalls dann berechtigt, wenn sich die Parteien wie ein gemachtes Nest für aktive Demokraten präsentierten. Peinlich aber wirkt die Schuldzuweisung an das angeblich passive Volk, wenn selbst die mitwirkungswilligsten Staatsbürger in Scharen Reißaus nehmen – die aktuellen Bundestagsparteien verloren seit 1990 über ein Drittel ihrer Mitglieder.

Kein Wunder, denn die hochgelobte innerparteiliche Demokratie gleicht zusehends dem berüchtigten Leninschen »Demokratischen Zentralismus«[17]: Die Führung setzt ihre Politik mehr oder minder rücksichtslos nach unten durch. Wer ausschert, fliegt.

So drohte der damalige SPD-Generalsekretär Franz Müntefering bei den Abstimmungen 2001 zum Mazedonienkrieg und 2003 zur Gesundheitsreform den »Abweichlern« mit der künftigen Verweigerung eines guten Listenplatzes und damit mit dem Ende ihrer politischen Karriere. Die superdemokratischen Grünen setzten dies in die Tat um, als sie Hans-Christian Ströbele wegen seiner »regierungsfeindlichen« Haltung in der Friedens- und Sozialpolitik einen aussichtsreichen Platz auf der Berliner Landesliste verweigerten. Ströbele aber blamierte die alternativen Mobber und zog 2002 mit dem bislang einzigen Direktmandat in der Geschichte der Grünen erneut in den Bundestag ein. Und sollte der Demokratische Zentralismus einmal knirschen, dann ist seit Gerhard Schröder die Rücktrittsdrohung ein beliebtes Mittel der Volksvertreter-Erpressung. So koppelte der damalige Kanzler die Bundestagsabstimmung am 16. November 2001 über eine Beteiligung deutscher Soldaten am »Kampf gegen den Terrorismus« mit der Vertrauensfrage.

Diese Variante innerparteilicher Demokratie ist natürlich nicht jedermanns Sache, zieht aber eigennützige Karrieristen magisch an, wie auch der Berliner Politikprofessor Oskar Niedermayer herausfand: »Die meisten Parteiangehörigen entstammen nicht länger traditionellen Trägermilieus, sondern alle Parteien rekrutieren ihre Angehörigen überwiegend aus denselben sozialen Gruppierungen. Männliche Akademiker mittleren Alters aus der neuen Mittelschicht der Beamten und Angestellten dominieren.«[18] Sein Kollege Winfried Steffani resümiert: »Parteien sind Interessengruppen in eigner Sache, die an politischen Führungsaufgaben interessierten Bürgern Karrierechancen eröffnen.«[19]

Wie wenig die politische Kamarilla auch nur im Traum daran denkt, das Volk an den wichtigen Entscheidungen zu beteiligen, zeigt die Schmierenkomödie um die EU-Verfassung, die ursprünglich am 1. November 2006 in Kraft treten sollte. Leider aber mussten die 25 Mitgliedsstaaten dem menschenverachtenden neoliberalen Pamphlet zustimmen. Die deutsche Regierung wusste, dass das Volk so dämlich nun auch wieder nicht sein würde, und ließ eine ehrliche demokratische Abstimmung gar nicht erst zu, sondern entschied wie in China oder früher in der DDR – ohne Volk. Die Länder, die ehrlich abstimmen durften, wie Frankreich oder die Niederlande, lehnten diesen Frontalangriff auf die Menschenwürde im Frühjahr 2005 mit überwältigender Mehrheit ab.

Nun wären Europas Regierungen nicht ihr Geld wert, würden sie nicht in einem zweiten Anlauf – diesmal fast ohne Beteiligung des Volkes – den Freibrief zur schamlosen Umverteilung von Arm nach Reich mit aller Undemokratie durchsetzen wollen. Bedauerlicherweise aber lehnte das einzige Volk, das überhaupt noch abstimmen durfte, die hochfahrenden und sicherlich gut bezahlten Pläne der europäischen Politikerklasse kurzerhand ab. Erster Kommentar von intellektuellen und demokratischen Vorbildern unserer Jugend wie CSU-Generalsekretär Markus Söder: Die Iren sollten einfach noch mal abstimmen.[20]

Und Außenminister Steinmeier inszeniert sich als grotesk-größenwahnsinnige Mischung aus George W. Bush und Bud Spencer und fordert Irland zum Verlassen der EU auf.[21]

Kann Demokratieverständnis verkorkster sein? »Neinsager Irland – Schurkenstaat im Schockzustand«, titelt *Spiegel Online*.[22] EU-Skeptiker gleich Al Khaida? Ab mit ihnen nach Guantanamo?

Diese offensichtliche Abneigung einiger EU-Regierungen gegenüber ihren eigenen Völkern wertet der Politikprofessor Hubert Kleinert, ein früherer Vertrauter von Joschka Fischer, so: »Die politischen Eliten des demokratischen Großprojekts Europa zittern nicht mehr nur vor dem Votum ihrer Bürger, manche flüchten jetzt sogar in offen manipulative Prozeduren.« Ihre Botschaft laute: »Die europäischen Bürger sind einfach zu blöde, um die Segnungen der Gemeinschaft angemessen zu würdigen. Deshalb fragt sie besser gar nicht erst nach ihrem Votum … Dass die größte demokratische Gemeinschaft der Welt mit diesem autoritären Paternalismus eigentlich ihre eigenen Grundprinzipien auf den Kopf stellt, scheint dabei gar nicht mehr aufzufallen.«[23] Kleinert warnt aber die Merkels, Berlusconis und Sarkozys nachdrücklich, die Bürger seien »weder so blöde noch so ahnungslos, wie sie von den Eliten gehalten werden«.

Genau das ist gemeint mit dem Schlagwort »tiefgreifende Legitimationskrise der demokratischen Marktwirtschaft«. Aber vergessen wir nicht: Die Selbstbestimmung der Völker ist die unversöhnliche Antithese zum »Alternativlosen Sachzwang«.

Daher ist gestandenen Neoliberalen schon rein logisch der Störfaktor Demokratie so zuwider wie dem Säbelzahntiger das Wasser. Wie sagte ihr Prophet Hayek so schön: »Liberalismus ist unvereinbar mit unbeschränkter Demokratie.«[24]

Zuschauerdemokratie

Um dem einfältigen und frustrierten Mob dennoch einen Hauch von Einflussmöglichkeit vorzugaukeln, wurde die verfassungsmäßige Volksherrschaft mittels der allgegenwärtigen Glotze zur Zuschauerdemokratie umfunktioniert. »Wie kein anderes Medium suggeriert das Live-Fernsehen unmittelbares Dabeisein, auch bei politischen Events«, schreibt der Gießener Politikprofessor Claus Leggewie. »Es unterstützt damit eine Als-ob-Politik, bei der ein hohes emotionales Engagement in den politischen Betrieb die erhebliche soziale Distanz zu ihm verdeckt und so die Illusion oder Schwundform einer massendemokratischen Mitwirkung erzeugt.«[25]
Dabei ist nicht nur die Sturmflut der TED-Umfragen gemeint, in der über buchstäblich alles »mitentschieden« werden kann: Über die Kakerlakenfresser im Dschungelcamp und die Allwetterfrisur von Angela Merkel ebenso wie über Eliteschulen und den Dritten Weltkrieg. Mindestens ebenso wichtig für die Vortäuschung von Mitwirkung der kleinen Leute ist der Einbau des Betroffenen vom Dienst in die Meinungsmacher-Talks à la *Anne Will, Maybrit Illner* oder *Hart aber fair:* »Seit Anne Will ein extragroßes weißes Sofa in ihr sonntägliches Talkshow-Studio gestellt hat, sitzt er da … Woche für Woche. Nicht mehr nur als schmückendes Beiwerk für einen 30-Sekunden-O-Ton aus dem Off des wirklichen Lebens jenseits von Kurt Beck und Guido Westerwelle, sondern als aktiver Stichwortgeber für das Agenda-Setting der Großkopferten, die auf ihren roten Schalensesseln unruhig mit den Füßen wippen, bis sie endlich dran-

kommen. Es ist zu vermuten, dass man ihn da auch nicht mehr so leicht wegkriegt, den Betroffenen. Er hat sich jetzt auf dem Sofa eingerichtet wie Familie Hoppenstedt bei Loriot.«[26]

Ähnlich wie Max Schmeling, Boris Becker, Gerhard Ertl und Josef Ratzinger stellvertretend für alle Landsleute Boxweltmeister, Wimbledonsieger, Nobelpreisträger und Papst wurden, repräsentiert der Fernsehbetroffene den mündigen Bürger schlechthin. Und was war schon die Last des Titanen Atlas, der die ganze Welt auf den Schultern tragen musste, gegen die Bürde dieser ungewählten Sprecher der Bevölkerung!

Zwangszynikern wie dem *Spiegel*-Autor Reinhard Mohr ist allerdings selbst die vorgetäuschte Mitwirkung der Bürger schon Realität zu viel. Die TV-Betroffenen machten unser schönes Wohlstandsland madig. So sei etwa »im sozial rundum versorgten Deutschland« eine Geringverdienerin, die trotz Vollzeitjobs staatliche Zuschüsse benötige, »in jeder Hinsicht die Repräsentantin einer überschaubaren Minderheit«, die »plötzlich für den Gesamtzustand Deutschlands mitten im konjunkturellen Aufschwung« stehe. Gegen derlei Hamburger Häme muss man sogar die Betroffenenshows in Schutz nehmen: Ende 2007 spürten 81 Prozent der Bürger laut ARD-Deutschland-Trend den hochgelobten Aufschwung nicht.

Deshalb wird umgekehrt ein Schuh daraus: Betroffene und betroffen dreinblickende Politiker gaukeln den Couchpotatoes vor, eine(r) von ihnen und damit quasi sie selbst sagten den Regierenden unverblümt die Meinung, und die wären davon irgendwie beeindruckt. Wenn dann auch noch ein Politiker gönnerhaft und vor allem live verspricht, sich um den Fall höchstpersönlich zu kümmern, dann wird in seinem Büro bereits berechnet, wie viele Stimmen dieses rührende Beispiel bürgerfreundlichen Einsatzes ihm selbst und seiner Partei wohl bringen werde. Und falls einige Wochen später der Boulevard darüber hofberichterstattet, dass tatsächlich der Arbeitslosen X zu einem Job, dem Rentner Y zu einem Hörgerät und der Alleinerziehenden Z zu einem Krippenplatz verholfen wurde, so erlebt die symbolische Politik wahre Sternstunden.

Mythos Gemeinwohlorientierte Politiker

Diese strukturellen Wahrheitsprobleme hängen damit zusammen, dass Politik für »die Bürger« meist gar nicht das Ziel der Parteien ist, sondern »dass die Parteien in der demokratischen Politik den Unternehmen in einer auf Gewinn abgestellten Wirtschaft ähnlich sind. Um ihre privaten Ziele zu erreichen, treten sie mit jenen politischen Programmen hervor, von denen sie sich den größten Gewinn an Stimmen versprechen, so wie die Unternehmer … diejenigen Waren produzieren, von denen sie sich den meisten Gewinn versprechen.«[27] Folglich streben sie im Normalfall »nicht die Regierung an, um vorgefasste politische Konzepte zu verwirklichen, sondern formulieren politische Konzepte, um an die Regierung zu kommen«.[28]

Jenseits irgendwelcher Visionen, Langzeitpläne und Prinzipien suchen die Parteien nach immer neuen »Marktlücken«, um neue Wähler zu gewinnen, ohne die bisherigen zu verprellen. So war ein Otto Schily in Sachen *law and order* selbst von ultrarechten Unionsgrößen kaum zu übertreffen, Gerhard Schröder steckte als Kanzler der Bosse selbst die Konzernlobby der FDP in die Tasche, und umgekehrt überholten die Christdemokraten die SPD locker links bei der Kindergelderhöhung. Die aber schlug bei diesem Bäumchen-wechsle-dich-Spiel spätestens bei der hessischen Landtagswahl 2008 zurück und bediente sich bei der Linkspartei. Die fordert nämlich seit 2005 Mindestlohn sowie Korrekturen bei Hartz IV und der Bezugsdauer des Arbeitslosengeldes und wurde dafür von der SPD-

Führung »als Phantasten, Demagogen, Rückwärtsgewandte verhöhnt und gescholten«. Nun aber sind Schröder, Schily und Clement weg. »Und all die vielen smarten Neusozialdemokraten, die sich 2004 schneidend sarkastisch selbst über die alte Identitätsformel von der ›sozialen Gerechtigkeit‹ mokieren konnten, singen jetzt wieder, ohne rot zu werden, die alten Lieder von der Solidarität und der ›Schutzmacht der kleinen Leute‹«, lästert Franz Walter. »Man ahnt, dass es irgendwann abermals ohne große Begründung in die entgegengesetzte Richtung gehen könnte.«[29] Sogar die CSU zeigte sich vor der hessischen Landtagswahl 2008 flexibel und forderte wie vorher die Linkspartei die Wiedereinführung der Pendlerpauschale.

Da diese machtmotivierte Beliebigkeit natürlich möglichst nicht herauskommen soll, wird dem Bürger die Politik als monströses Kleingedrucktes präsentiert.

Mythos Transparenz – Heimlichtuerei

Heimlichtuerei scheint erste Politikerpflicht. Die wichtigsten Entscheidungen fallen nicht mehr öffentlich im Parlament, sondern in konspirativen Hinterzimmern oder in obskuren Kommissionen, die nicht zufällig nach Lichtgestalten wie jenem Konzernvorstand benannt sind, der vor allem in Sachen exotischer Mieterotik Kompetenz bewies.

Und was geht eigentlich vor in den dubiosen Koalitionsrunden?

Glaubt man den Medien, dann wird dort bis über den Rand der Erschöpfung hinaus unerbittlich über den besten Weg zum Wohl und zur Ehre unseres Volkes gerungen.

Aber erkämpften zum Beispiel die Grünen vor der vergangenen Bundestagswahl wirklich heroisch »gegen den erbitterten Widerstand des Wirtschaftsministeriums und gegen weite Teile der SPD«, dass »der Export von Atomtechnik nicht mehr länger mit deutschen Steuergeldern in Form von Hermes-Bürgschaften unterstützt wird«?[30]

Und diskutierte seinerzeit im rot-roten Senat der damalige PDS-Senator Thomas Flierl in den frühen Morgenstunden den Regierenden Bürgermeister tatsächlich mit brillanten Argumenten »für den Erhalt und die Modernisierung der Berliner Opernlandschaft«[31] unter den Tisch?

Passt es nicht eher zu den beiden SPD-Gutsherren ebenso wie zu den pflegeleichten grünen und dunkelroten Sesselklebern, dass man sich auf ein paar vorzeigbare Miniatur-Erfolge der Juniorpartner geeinigt hat, damit die nicht über Gebühr Stimmen an Dritte verlieren?

Noch amüsanter wird es, wenn die Regierung bei unangenehmen Fragen unmissverständlich signalisiert, dies gehe das Volk und sogar seine gewählten Volksvertreter nichts an und man solle sich doch um seinen eigenen Kram kümmern – so geschehen im BND-Untersuchungsausschuss über die Rolle des damaligen Chefs des Kanzleramtes und heutigen Außenministers Frank-Walter Steinmeier bei der Verzögerung der Freilassung des Deutschen Murat Kurnaz aus Guantanamo.

Während im alten Bonner Bundestag Volkstribunen wie Franz Josef Strauß, Herbert Wehner, Rainer Barzel oder Helmut Schmidt mit inszenierten Redeschlachten das öffentliche Ringen um Politik wenigstens vortäuschten, schiebt man die Schuld für die heutige Funkstille auf das hohe Tempo und die Sachzwänge von »moderner Wissensgesellschaft« und Globalisierung: weder Zeit für Diskussion noch Bedarf danach.

Aber wozu ist die Volksvertretung dann überhaupt noch gut?

Für Franz Walter ist es schon fünf vor zwölf: »Die entscheidenden Weichenstellungen für das ökonomische, ökologische und soziale Leben der Völker fallen in der Tat in halbklandestinen

Netzwerken, die nicht demokratisch gewählt wurden, die daher auch nicht demokratisch abgewählt werden können, die durch keinerlei demokratische Institutionen kontrollierbar sind. Eben das aber geht fraglos und zwingend an die Legitimationswurzeln der Demokratie … langsam wird das Volk unverkennbar misstrauisch.«[32]

Mythos Wahrhaftige Politiker: Lob der Lüge

Deshalb leuchtet die von Anthony Downs zur Theorie erhobene Hoffnung durchaus ein, dass Wählern, die aufgrund politischer Inhalte entscheiden, die bisherigen Leistungen wichtiger sind als die Wolkenkuckucksheime der Wahl- und Parteiprogramme.[33] Immerhin gelten doch diese Versprechen allgemein als Wahlkampflügen, und Politiker wie Franz Müntefering empfinden es sogar als »unfair«, wenn man sie an diesen Lügen misst.[34] Man mag diese Neuauflage von Konrad Adenauers »Was interessiert mich mein Geschwätz von gestern?« als wohltuende Ehrlichkeit werten gegenüber der penetranten Heuchelei wie etwa beim »Untersuchungsausschuss Wahlbetrug« über angebliche rotgrüne Lügen im Bundestagswahlkampf 2002 und der hysterischen Schelte für das »Umfallen« der SPD nach der Hessenwahl 2008 bei der strikten Ausgrenzung der Linkspartei. Dabei erhält man sogar scheinbar Rückendeckung von Franz Walter mit seinem »Lob der Lüge«[35] und dem »Hoch auf die Umfaller«: »Wer vor der Wahl seinen Partner wählt und das Versprechen danach zurückzieht, gilt als Umfaller. Zu Unrecht: Wer auf diesem Weg zur Politik zurückkehrt, gehört ermutigt und bejubelt«,[36] denn »in der Politik geht es nicht um Sinnstiftung, nicht um Identitätswahrung, nicht einmal um Glaubwürdigkeit. Ein Politiker, der ein ›grundehrlicher Kerl‹ sein möchte, wäre eine katastrophale Fehlbesetzung. Und irgendwann würden ihn die Bürger mit Hohn und Spott verjagen.«[37]

Dies aber hat nichts zu tun mit einem Freibrief für eigennützige Lügenbarone, bei Schwarzgeldskandalen, Spendenaffären oder Regierungsversäumnissen die Unwahrheit zu sagen, um die eigene Haut oder den Ruf der Partei zu retten.

Hart an der Grenze zu derlei eigennützigen Lügen bewegt sich auch das »Versprochen, gewählt, gebrochen« der genannten Umfaller wie der SPD 2005 beim Wahlkampfschwur »Keine Mehrwertsteuererhöhung« oder seinerzeit der Grünen bei ihrer Haltung zu Bundeswehreinsätzen.[38] Dass manches Versprechen von vornherein leichtfertig und das Umfallen dann das kleinste Übel gewesen sei, macht die Sache keineswegs besser.

Eine andere Variante der Wahlkampflüge sind Versprechen, die man voraussichtlich wegen der anschließend zu erwartenden Mehrheitsverhältnisse gar nicht durchsetzen kann – und muss. Auch dieser Gesichtspunkt dürfte einen Gerhard Schröder in seinem letzten Bundestagswahlkampf dazu bewogen haben, den linken Klassenkämpfer zu spielen: »Ausbildungsumlage, Bürgerversicherung, Erbschaftsteuer – alles, was das linke Herz begehrt, wird angepackt, so schnell es geht und so weit es der Bundesrat zulässt ...«[39]

Die Folge:
Das »Bauchgefühl« entscheidet die Wahlen

Als Folge von Heimlichtuerei und Lüge entscheidet für TNS Emnid nicht mehr der Kampf um politische Inhalte die Wahlen, sondern die »Kommunikationsverarschung des Wählers« und dessen »Bauchgefühl«[40].

Frei nach dem Motto: Medienwirksame Heldeninszenierung schlägt sachliche Diskussion. So konnten Helmut Kohl 1990 als

»Kanzler der Einheit« sowie Gerhard Schröder 2002 in Personalunion als »Anti-Bush-Kanzler« und »Deichgraf der Nation« *(Die Zeit)* beim Elbhochwasser trotz miserabler Wahlprognosen ihr Amt doch noch retten.

Aber auch das negative Pendant, die Operation Schmutzkübel, hat einen festen Platz, wenn auch mit abnehmendem Erfolg: So gab nicht zuletzt das rassistisch gefärbte Wahlplakat der Hessen-CDU gegen die Spitzenkandidaten von SPD und Grünen, »Ypsilanti, Al-Wazir und die Kommunisten stoppen!« Roland Koch im Januar 2008 politisch den einstweiligen Rest.

Zur selben Zeit zogen Niedersachsens Spitzenkandidat Wolfgang Jüttner und Frau – allerdings erfolglos – in einem *Bunte*-Interview über Ministerpräsident Christian Wulff her, weil er schon wenige Tage nach der Trennung von Ehefrau Christiane mit seiner Lebensgefährtin Bettina Körner zu einem Gala-Empfang der Ministerpräsidentenkonferenz eingeladen hatte.

Bereits Anfang 2001 ging der damalige Außenminister Joschka Fischer aus der »Steinewerfer-Affäre« um Prügelszenen aus seiner linksradikalen Schaffensperiode als beliebtester deutscher Politiker hervor, und vor der Berliner Landtagswahl Ende 2001 erstickte der damalige Bürgermeisterkandidat Klaus Wowereit eine Kampagne wegen seiner Homosexualität durch das legendäre Outing »Ich bin schwul, und das ist auch gut so« bereits im Keim.

Diese positiven Beispiele ändern aber nichts daran, dass statt über Inhalte über Personen und deren Privatleben entschieden wurde.

Wenn »Sachthemen« im Wahlkampf überhaupt auftauchen, dann willkürlich und in plattester Kampagnenform wie etwa 2008 in Hamburg »Innere Sicherheit« der SPD contra »Kindergeld« der CDU. Offensichtlich unredliche Versprechen wie 1990 Helmut Kohls »blühende Landschaften« im Osten oder

1998 Gerhard Schröders »am Abbau der Arbeitslosigkeit wollen wir uns messen lassen« sind nur Spitzen eines gigantischen Wählerverblödungseisberges.

Dass diese, großenteils der Werbepsychologie entlehnte Form der Mehrheitserschleichung häufig funktioniert, wirft die Frage auf: Hat Adenauer am Ende mit seinem – aus seiner Sicht optimistischen – Bild vom primitiven Wähler recht?

Die Nichtwähler als stärkste »Fraktion«

Tatsächlich wählen immer mehr Menschen nicht einmal nach dem Bauch oder ins Blaue, sondern überhaupt nicht.

Bei den Landtagswahlen stellen längst die Nichtwähler die stärkste Gruppe, 2008 in Niedersachsen zum Beispiel 43 Prozent (2002: 33 Prozent). Die strahlende Siegerin CDU (42,5 Prozent) erhielt nur 24,1 Prozent der Stimmen *aller* Wahlberechtigten, die SPD (30,3) 17,3, die FDP (8,2) 4,7, die Grünen (8,0) 4,6 und die Linke (7,1) nur 4,0 Prozent.

Nicht viel besser sieht es im Bund aus, wo die Zahl der Nichtwähler von 9,9 Prozent im Jahre 1972 über 20,9 Prozent in 2002 auf 22,3 Prozent bei der Wahl 2005 stetig gestiegen ist und damit zuletzt unter allen Wahlberechtigten nur knapp hinter dem wirklichen Anteil von CDU/CSU (26,88 Prozent) und SPD (26,18) lag.

Weil aber nicht sein kann, was nicht sein darf, nimmt man die Wähler als das eigentliche Volk. »Die politische Kommunikation konzentriert sich auf den noch wählenden Rest«, konstatiert Heribert Prantl in der *Süddeutschen Zeitung.* »Wahlabende sind Resteabende geworden, die Parlamente Resteparlamente ... Die großen Parteien verhalten sich zu dieser Malaise wie der Autofahrer, der erklärt, ihm seien steigende Benzinpreise egal – er tanke ohnehin immer nur für dreißig Euro.«[41]

Für Prantl hat das eine brisante politische Komponente: »Die Missachtung der Dauer-Frustrierten, die Geringschätzung der Reformverlierer und politische Ausblendung der relativ Armen zeigt sich auch darin, dass sich an Wahlabenden einfach diejenige Partei zum Sieger erklärt, die weniger Stimmen verliert als die andere.«

Und so kann ein Klaus Wowereit nach der Berliner Abgeordnetenhauswahl 2006, bei der ihn gerade einmal 17,9 Prozent der Stimmberechtigten gewählt haben, als Triumphator die Ovationen des Parteipartyvolks entgegennehmen. »Im E-Werk, wo die SPD feiert, wird in dem Moment auch die Musik gewechselt: vom lässigen Surfer-Sound zu lautem Techno. Die Gäste klatschen rhythmisch mit, während Wowereit sich den Weg zur Bühne bahnt. Der Wahlsieger des Abends strahlt, will alle Hände schütteln, an denen er vorbeikommt.«[42]

Politikverdrossenheit

Vor diesem Hintergrund hat das Wehklagen über die »Politikverdrossenheit« der Menschen einen hochgradigen Heuchelfaktor: Wie wir noch sehen werden, sind es beileibe nicht nur die Kloakenmedien, die den Bürger um buchstäblich jeden Preis von der ernsthaften Beschäftigung mit den wichtigen gesellschaftlichen Themen ablenken wollen. Und entsprechend ist auch der Schluss, nur »Bildungsferne« würden sich mit Grausen von »der Politik« abwenden, grundfalsch: Über die Hälfte der Bürger gibt seit langem in Umfragen zu Protokoll, »egal, welche Partei man wählt, ändern tut sich doch nichts«. Mehr als zwei Drittel meinen, »Politiker kümmern sich zu wenig um die Sorgen der Bürger«, und etwa ein Fünftel bewertet ausnahmslos alle Parteien negativ.[43]

Entsprechend wählen immer mehr Menschen nur noch »das

kleinere Übel«. Die Parteien bieten sich gelegentlich sogar selbst so an: Parolen wie »Koch abwählen«, »Rotrot verhindern« oder »Die Alleinherrschaft der CSU brechen« sind längst gängige Praxis.

Und das Unbehagen gilt inzwischen sogar dem politischen System insgesamt: 51 Prozent der Bürger waren Ende 2006 laut ARD-Deutschland-Trend zufrieden mit der Demokratie als Regierungsform. Kümmerliche 27 Prozent beurteilten die Situation im Land als gerecht, 66 Prozent hingegen als ungerecht.[44]

All dies zeugt angesichts der realen Politik eher von einer beeindruckenden Klarsicht. Denn dass das Volk die Figuren der politischen Klasse nicht ausstehen kann, heißt keineswegs, dass ihnen das Gemeinwesen wurscht ist: Ebenfalls mehr als die Hälfte der Bürger interessiert sich sehr wohl für Politik. [45]

Diesen Unterschied zwischen Politik- und Politikerverdrossenheit hebt auch der Gießener Politikprofessor Claus Leggewie hervor: Im »Beteiligungsmangel« zeige sich »nicht pauschale Politikverdrossenheit, sondern Unzufriedenheit mit den etablierten Formen«. Betroffen seien »vornehmlich Parteien, parlamentarische Wahlen und das Personal der Berufspolitik, nicht notwendigerweise unkonventionelle Formen politischer Partizipation, die von der Sammlung von Unterschriften und Petitionen über Demonstrationen bis hin zu Aktionen zivilen Ungehorsams und gewalttätigen und somit strafbaren Handlungen reicht«. Und in der globalisierungskritischen Bewegung sieht Leggewie »das jüngste Beispiel dafür, wie sich auch junge Menschen, die als ›unzufriedene Demokraten‹ unter allen Alterskohorten die größte Distanz zum etablierten Politikbetrieb und seinen Ritualen an den Tag legen, in nennenswerter Zahl interessieren und aktivieren«.[46]

Die Gnade des Vergessens

Nicht zu unterschätzen bei der politischen Verblödung ist die »Gnade des Vergessens« – womit hier nicht die völlig unzureichende politische Schulbildung gemeint ist.

Wenn man zu wenig über die Rolle der Wirtschaft und der Nachkriegspolitiker in der NS-Zeit weiß, über Zwangsarbeiter und die Verurteilung Alfried Krupps als Kriegsverbrecher, über Adenauers Kanzleramtsminister Hans Globke als Mitautor der Nürnberger Rassegesetze und darüber, warum sich der Verleger Axel Springer im Jahre 1938 von der Jüdin Dicky Funke scheiden ließ, so ist das eine Sache. Aber derzeit scheint die Halbwertszeit des kollektiven Gedächtnisses rasend schnell abzunehmen; und das Gras, das über gewisse Sachen wächst, sprießt wie gentechnisch behandelt …

Keine zehn Jahre nach Helmut Kohls verfassungswidriger »Ehrenworterklärung« wird der »Einheitskanzler« als nunmehr CDU-Ehrenvorsitzender wie ein Volksheld gefeiert, der verurteilte Steuerhinterzieher Otto Graf Lambsdorff wird heute nicht nur in Talkshows als »Elder Statesman« ehrfürchtig um Rat gefragt. Und dass unser Sportminister und Antidopingkämpfer Wolfgang Schäuble 1977 im Bundestagssportausschuss die Einnahme von Anabolika anregte, »weil es offenbar Disziplinen gibt, in denen heute ohne den Einsatz dieser Mittel der leistungssportliche Wettbewerb in der Weltkonkurrenz nicht mehr mitgehalten werden kann«,[47] scheint ebenso vergessen wie der Klüngelskandal der SPD Nordrhein-Westfalens.

Selbst die Tatsache, dass staatliche Schlüsselindustrien und ausgebaute Sozialsysteme, die heute zuweilen als »Rückkehr zur DDR« verteufelt werden, bis in die achtziger Jahre in der alten Bundesrepublik Grundlage des Sozialstaates waren, ist heute bestenfalls Seniorenerinnerung oder Politologenwissen.

2. Pseudosozialstaat –
Soziale Marktwirtschaft

Das Wort *sozial* war schon dem Neoliberalismuspapst Friedrich August von Hayek ein Dorn in Auge. »Was es eigentlich heißt, weiß niemand. Wahr ist nur, daß eine soziale Marktwirtschaft keine Marktwirtschaft, ein sozialer Rechtsstaat kein Rechtsstaat, ein soziales Gewissen kein Gewissen, soziale Gerechtigkeit keine Gerechtigkeit – und ich fürchte auch, soziale Demokratie keine Demokratie ist«, sagte er im Februar 1979 in seinem legendären Vortrag an der Uni Freiburg. *Sozial* sei ein »Wieselwort«: Wie ein Wiesel Eier aussauge, ohne die Schale zu zerstören, so raubten »weasel words« anderen Wörtern ihren Inhalt. Kurzum: Er könne nicht sozial denken, denn er wisse gar nicht, was das sei.[48]

Diese Verblödungspolemik richtete sich in erster Linie gegen die deutsche *soziale Marktwirtschaft*. Über dieses Modell schrieb ihr Erfinder Ludwig Erhard: »Am Ausgangspunkt stand der Wunsch, über eine breitgeschichtete Massenkaufkraft die *alte konservative soziale Struktur endgültig zu überwinden*. Diese überkommene Hierarchie war auf der einen Seite durch eine dünne Oberschicht, welche sich jeden Konsum leisten konnte, wie andererseits durch eine quantitativ sehr breite Unterschicht mit unzureichender Kaufkraft gekennzeichnet. Die Neugestaltung unserer Wirtschaftsordnung mußte also die Voraussetzung dafür schaffen, daß dieser … Zustand und damit zugleich auch *endlich das Ressentiment zwischen ›arm‹ und ›reich‹ überwunden* werden konnten.«[49]

Hayeks »Argument« gegen alles Soziale beruht auf einem eigentlich billigen geistigen Bauerntrick: Da niemand soziale Gerechtigkeit definieren könne, gebe es soziale Ungerechtigkeit ebenfalls nicht.

Nun weiß der Normalo häufig nicht, was er will, wohl aber, was er nicht will. Und auch den rationalsten Hayek-Verehrern dürfte es im Nobelrestaurant oder in der Designerboutique, beim Juwelier oder beim Häusermakler nicht anders gehen. Auch kann niemand die optimale Zimmertemperatur exakt angeben. Hätte man Hayek aber in ein Kühlhaus gesperrt, so hätte er sehr schnell eine falsche Temperatur erkannt.

Nichts anderes aber ist es, wenn viele Bürger den gegenwärtigen Turbokapitalismus ablehnen, ohne die gewünschte »soziale Gesellschaft« genau bestimmen zu können. Und daher gründeten Hayeks deutsche Epigonen von *Gesamtmetall* im Jahr 2000 – nachdem kurz zuvor in einer Allensbach-Umfrage 42 Prozent der Deutschen für »einen neuen Weg zwischen Kapitalismus und Sozialismus« plädiert und dies nur 34 Prozent abgelehnt hatten[50] – eine Agentur mit ebendiesem »Unwort« im Titel: *Initiative Neue Soziale Marktwirtschaft* (INSM). Ganz so, als würde man Leitungswasser in »Neuen Champagner« umbenennen.

Die Steigerung in Sachen Irreführung, der von Union und FDP übernommene INSM-Schlachtruf »Sozial ist, *was* Arbeit schafft«, ging allerdings bei halbwegs kritischen Bürgern nach hinten los, weil er zu sehr der Parole von Hitlers Steigbügelhalter Alfred Hugenberg glich: »Sozial ist, *wer* Arbeit schafft.«

Jedenfalls kommt auf die Verdrehungsgenies noch einige Arbeit zu: Soziale Gerechtigkeit halten 83 Prozent der Bevölkerung für wichtig – mehr als jedes andere Thema.[51] Und hier brennt die Luft:

Nach einer Bertelsmann-Studie fanden im Juni 2008 rund 73 Prozent der Bundesbürger die Verteilung der Einkommen und Vermögen ungerecht, nur für knapp 13 Prozent ist sie »im Großen und Ganzen gerecht«. Damit habe sich das »gefühlte Gerechtigkeitsdefizit« seit 2005 trotz des Konjunkturaufschwungs von 25 auf 60 Prozentpunkte mehr als verdoppelt.[52]

Etwa zeitgleich ermittelte das Münchner Meinungsforschungs-institut polis + sinus, dass 40 Prozent der Bürger und sogar mehr als die Hälfte der Ostdeutschen meinen, unsere Demo-kratie funktioniere nicht, 22 Prozent die bundesdeutsche Ge-sellschaftsordnung für nicht verteidigenswert halten und 47 Prozent die Bundestagswahl 2009 möglicherweise boykottie-ren wollen.[53]

Und weil das so ist, sollte man den »sozialen« Namensklau eher mit Genugtuung sehen:

> *Die Kopie ist die ehrlichste Form des Kompliments.*
> Coco Chanel

Fälschungen, ob bei Gemälden oder bei Markenjeans, sind immer Anerkennung für das Original. Sonst könnten sich die Arbeitgebervertreter ja auch – weil Habgier doch so vernünftig ist – *Bund Rationaler Raffkes* (BRR) nennen.

Chancengerechtigkeit

Ein weiteres Schmuckstück der Volksverblödung ist das Zau-berwort *Chancengerechtigkeit*. Es wurde in den 1970er Jahren zunächst von der Union erfunden, wird mittlerweile aber auch von SPD, FDP, Grünen und Linkspartei verwendet, und zwar meist als Gegenentwurf zur *Verteilungsgerechtigkeit*.

In dieser Debatte polemisiert der Berliner Politikprofessor Bodo Zeuner gegen »eine extrem dogmatische und die Bürgerinnen und Bürger für dumm verkaufende veröffentlichte Meinung« zum Thema Gerechtigkeit und stellt die Begriffe klar: »*Vertei-lungsgerechtigkeit* bedeutet, dass das Prinzip der Gerechtigkeit auch auf soziale und ökonomische Bereiche ausgedehnt wird. Auch in Wirtschaft und Gesellschaft, nicht nur in der Politik, soll es gerecht zugehen. Die Forderung nach Verteilungsgerechtigkeit setzt immer die Annahme voraus, dass die Primärverteilung wirtschaftlicher Güter und sozialer Chancen in unserer Gesellschaftsordnung ... nicht immer und nicht von selbst gerecht ist ... *Verteilungsgerechtigkeit gehört zur Demokratie.«* [54]

Durch den Begriff *Chancengerechtigkeit* will der Neoliberalismus die moralischen Grundlagen so umdeuten, »dass Akzeptanz und Förderung der Ungleichheit als gerechtfertigt erscheinen. Das bedeutet vor allem: den Begriff der Gerechtigkeit ... vom klassischen Postulat der Gleichheit abzutrennen und eine Ideologie zu konstruieren, nach der mehr Ungleichheit zu mehr Gerechtigkeit führt.«[55]

Eine der ersten Neudefinitionen von Gerechtigkeit findet sich im Schröder/Blair-Papier vom Juni 1999: »In der Vergangenheit wurde die Förderung der sozialen Gerechtigkeit manchmal mit der Forderung nach Gleichheit im Ergebnis verwechselt. Letztlich wurde damit die Bedeutung von eigener Anstrengung und Verantwortung ignoriert und nicht belohnt und die soziale Demokratie mit Konformität und Mittelmäßigkeit verbunden statt mit Kreativität, Diversität und herausragender Leistung.«[56]

Das hätte selbst der römische Rhetorikpapst Cicero[57] nicht besser verdrehen können: Auch wirtschaftliche Verteilungsgerechtigkeit beabsichtigt natürlich keine leistungsunabhängige materiale Gleichheit, sondern fordert ja gerade eine Begründung für Ungleichverteilung gemeinschaftlicher Güter und Lasten, zum Beispiel durch unterschiedliche Versicherungsbeiträge und Arbeitsleistungen.

Es geht also stets »um Ergebniskorrektur einer aus sich selbst heraus ungerechten Chancenverteilung im Kapitalismus ...«.[58]

Zeuners Fazit: Während zu den Idealen des Bürgertums neben Freiheit und Brüderlichkeit auch die Gleichheit zähle, solle neoliberale *Chancengerechtigkeit* »gerade zur Ungleichheit im Ergebnis führen. Gleichheit ist öde, trist und mittelmäßig, Ungleichheit dagegen ist chic.«[59]

Damit aber entlarvt sich *Chancengerechtigkeit* als hohles Versprechen und die Forderung »Arme müssen reich werden können« als naiv oder zynisch: Wie sollten Erben von Armen und Reichen auch gleiche Chancen haben? Selbst der ewige SPD-Kronprinz Sigmar Gabriel unkt: »Die Lebenserfahrung heute: Trotz Leistung ist der Aufstieg oft nicht möglich.«[60]

Mit Arbeit ist da nicht viel zu machen, wie schon ein Blick auf die Liga der reichsten Deutschen zeigt: Unter den 122 Einzelpersonen und Dynastien sind Witwen und andere Erben nahezu unter sich.

»Auch wenn seit Jahren darüber in politischen Sonntagsreden lamentiert wird: Deutschland wird nicht gerechter«, jammert sogar die *Financial Times Deutschland.* »Die Chancen auf einen sozialen Aufstieg haben sich für begabte Kinder aus ärmeren Elternhäusern in den letzten Jahrzehnten verschlechtert. Die oberen Sozialschichten schotten sich ab.«[61] Fazit: »Während die Realeinkommen stagnieren und Geringverdiener zu Hunderttausenden Hartz IV beantragen, steigen die Unternehmensgewinne und Kapitaleinkünfte.«[62]

Selbst Finanzminister Peer Steinbrück musste einräumen, die Einkommen der Arbeitnehmer seien seit Jahren hinter der Wirtschaftsentwicklung zurückgeblieben und hätten 2006 unter dem Niveau von 1991 gelegen. So lag der Anteil der Löhne am Volkseinkommen 2007 bei 68,8 Prozent – so niedrig wie zuletzt 1960. Umgekehrt wird mehr als ein Viertel aller Einkünfte völlig ohne eigenes Zutun nur durch reinen Kapitalbesitz erzielt.[63]

Zudem sind viele im Aufschwung geschaffene Stellen Niedriglohnjobs. »Das ist zwar besser, als keine Arbeit zu haben«, frotzelt Klaus Georg Koch in der *Berliner Zeitung*. »Aber viele der so Beschäftigten bleiben arm.«

Bei der Chancengerechtigkeit sieht der Potsdamer Soziologieprofessor und Vermögensforscher Wolfgang Lauterbach »ein großes Problem in Deutschland«. Das Prinzip, wonach sich Leistung auszahlen müsse, »funktioniert nicht«.[64] Ähnlich äußert sich auch der Darmstädter Soziologieprofessor Michael Hartmann: »Da von wirklicher Leistungsgerechtigkeit unter den herrschenden gesellschaftlichen Verhältnissen keine Rede sein kann, geht es den Verfechtern dieses Prinzips im Kern um nichts anderes als eine Legitimierung der großen sozialen Unterschiede.«[65]

Übrigens wurde dieser tautologische Unfug, »Die Arm-Reich-Schere beweist, dass sie berechtigt ist«, die ein wenig an Hegels »alles Existierende ist vernünftig« erinnert, wie Fastfood und Cola aus den USA importiert und entstammt der funktionalistischen Schichtungstheorie von K. Davis und W. E. Moore von 1945. Demnach sei die US-Gesellschaft durch gleiche Ausgangschancen und spätere soziale *Differenzierung* nach der individuellen Leistung gekennzeichnet. Folglich verdiene jeder seinen Platz in der Gesellschaft.[66]

Da hilft nur noch die Chancengleichheit beim Lotto: Was wie ein zynischer Oberschichtentipp anmutet, ist allerdings auch das Ergebnis einer Lotto-Studie im Auftrag des renommierten Kölner Max-Planck-Instituts für Gesellschaftsforschung.[67] Demnach »besteht ein Spannungsverhältnis zwischen einer gesellschaftlich geforderten Wertorientierung – erfolgreich zu sein – und einer zwischen den Gesellschaftsmitgliedern ungleich verteilten Verfügbarkeit der Mittel zur Erlangung dieses Erfolgs. Das Lotteriespiel stellt nun eine gesellschaftlich akzeptierte Möglichkeit der Entladung solch strukturell induzierter Spannungen dar. Indem das Glücksspiel die Hoffnung bereithält, den auferlegten materiellen und sozialen Statusschranken zu entkommen, dient es der Kompensation des Gefühls, vom Erfolg abgehängt und vom angestrebten Wohlstand entkoppelt zu sein.«[68]

Im Klartext: Die Unterschichten können ihren Frust ablassen. Entsprechend »steigt die Wahrscheinlichkeit hoher monatlicher Ausgaben für Lotterielose als Anteil am Einkommen einerseits mit sinkendem Einkommen, geringer formaler Bildung und niedrigem Berufsprestige, und andererseits mit dem Grad subjektiv erlebter Eintönigkeit im Berufs- und Alltagsleben, Gefühlen des Benachteiligtseins oder dem Wunsch nach Verbesserung der materiellen Lebenssituation.« Mit dem Los erwirbt der Käufer eine minimale Chance auf einen Gewinn, der ihm sonst unerreichbaren Reichtum bringen würde. Die einzige legale Möglichkeit, an Dinge heranzukommen, die er sich weder durch Einkommen noch durch Erbschaft je wird leisten können, ist der Lotteriegewinn. Er gestattet »das Eintauchen in Phantasiewelten als angenehm empfundener Tagträume. 62,5 Prozent der Lotteriespieler hängen regelmäßig solchen Tagträumen nach. Das Lotterieticket ist eine ›Baugenehmigung für Luftschlösser‹.«

Und damit dies auch so bleibt, läuft die Illusionsfabrik der Massenmedien auf Hochtouren, wobei ihnen die menschliche Urteilsverzerrung hilft: Wenn über seltene Ereignisse permanent berichtet wird, denkt der simpel gestrickte Mitbürger, sie geschähen tatsächlich immer und überall. Tägliche Schlagzeilen über Raubmorde erzeugen bei ihm panische Angst, Verbrechensopfer zu werden, und die obligatorische Hurra-Story über Lottokönige lässt ihn hoffen, »rein statistisch« demnächst an der Reihe zu sein. Selbst für *Spiegel Online* gehören

Aufmacher wie »43-Millionen-Jackpot ist geknackt« längst zum guten Ton.

Noch eins drauf setzt allerdings *Bild*, wenn sie ihrer Klientel weismacht, worüber jeder geistig gesunde 14-Jährige lacht, dass nämlich vergangene Ziehungen irgendetwas mit künftigen zu tun hätten: »Diese Zahlen haben heute Abend die größten Chancen«, behauptete das Springer-Flaggschiff am 24. November 2007; und man fragt lieber nicht, wie viele der mündigen Bürger dies geglaubt haben. Wie nämlich heißt es in der Studie: »Die Beliebtheit des Lottos lässt sich zunächst auf einige Merkmale des Spiels selbst zurückführen. Es handelt sich beim Lotto – im Gegensatz etwa zu Sportwetten – um ein reines Glücksspiel, das keine besonderen individuellen Fertigkeiten, keine besondere Intelligenz sowie keine sozialen oder kulturellen Geschicke erfordert.«

Der Selfmade-Millionär

Noch besser als die Karriereplanung »Lottogewinner« eignet sich für das Hohelied auf die Marktwirtschaft die deutsche Version der US-Satire »Vom Tellerwäscher zum Millionär«. Jeder kann alles erreichen, wenn er nur wirklich will, genügend Selbstvertrauen hat und genügend Eigeninitiative zeigt. Hierbei gibt es zwei verschiedene Varianten:

Erstens: »Alles ist möglich« – Motivationstrainer
Die Abkürzung des Wegs nach oben, die Intellekt und Arbeit sparende Lightversion des Karriereweges, verheißen die sogenannten Motivationstrainer: »›Befreie dich selbst‹ und ›Alles ist möglich‹, viel Pathos und Tschakka: Mit einer Sturzflut pompöser Rhetorik wollen Psychotrainer Arbeitnehmern Erfolg verkaufen«, lästerte der *Spiegel* seinerzeit über die »brül-

lenden und hampelnden Gurus«[69], die im Grunde nichts anderes taten, als einen uralten Kalauer über ein Inserat nachzuspielen: »Für zehn Mark erfahren Sie, wie Sie schnell reich werden.« Wer zahlt, erhält den Tipp: »Geben Sie doch auch so ein Inserat auf.«

Ein besonders erfolgreicher Vertreter seiner Art ist zweifelsohne Jürgen Höller: Der gelernte Speditionskaufmann (Jahrgang 1963) begann 1982 mit einem Fitnessstudio, 1991 mit Motivationsseminaren, avancierte zum Bestsellerautor mit Titeln wie »Sag ja zum Erfolg«, »Sprenge deine Grenzen« oder »Träume nicht dein Leben, sondern lebe deinen Traum«. Auf dem Höhepunkt seines Erfolgs lockte er 14.000 Karrierewillige in die Dortmunder Westfalenhalle und kassierte Tagesgagen von 25.000 Mark.[70]

Leider konnte er seinen Wahlspruch »Wenn einer von Erfolg spricht, dann muss er auch selber welchen haben« nicht durchhalten. Im Jahr 2001 landete die von ihm gegründete *Inline AG* statt an der Börse in der Insolvenz. Am 8. April 2003 wurde er vom Landgericht Würzburg wegen Meineid, Untreue und vorsätzlichem Bankrott zu drei Jahren Haft verurteilt.[71] Seit seiner vorzeitigen Haftentlassung 2004 bietet er wieder Seminare an bei der Firma »Life Learning«, die seiner Frau Kerstin gehört. Im November 2007 wurde ein Insolvenzplan für seine Privatschulden mit einer Quote von 15 Prozent akzeptiert.[72]

Für Kritiker wie die Unternehmensberaterin Jutta Greis sind die simplen Botschaften »geistige Schokoriegel- oder Fastfood-Kultur ... vielleicht ganz unterhaltsam, aber langfristige Effekte haben sie keine. Außer auf dem Bankkonto der Kursanbieter.« Aber wenigstens verschafften derlei Programme, möglichst noch per CD im Stau angehört, »das beruhigende Gefühl, man habe etwas für die Weiterbildung und für seine Karriere getan«.[73]

Unabhängig von der Kritikfähigkeit und dem geistig-morali-

schen Niveau der aufstiegsbesessenen Jünger sollte man sich –
so schwer es auch fällt – Häme verkneifen: Denn die Saat zu
einer Egoistengesellschaft wird von marktradikalen Ideologen
wie etwa Roland Koch gelegt: Man dürfe Begriffe wie *Solidarität* und *Ellenbogen* »nicht gegeneinander ausspielen … Vielmehr bedingen diese Begriffe einander.« … Daher liege es »auf
der Hand, dass eine leistungsfähige soziale Marktwirtschaft
ohne sie nicht fähig wäre«.[74]

Vor allem die Ahnung, die Plätze auf der Sonnenseite der Gesellschaft seien streng limitiert, lässt einige Menschen alles tun,
um nur nicht auf der riesigen Schattenseite zu landen, und
treibt sie sogar zum Glauben an Scharlatane und Heilsprophe-
ten. Nicht selten mit schlimmen Folgen, wie die Münchner
Psychologin Bärbel Schwertfeger fürchtet: »Diese Allmachts-
phantasie ›Ich kann alles erreichen‹ kann bei manchen Leuten
schnell ins Aus führen. Wenn ich heute meinen Job kündige,
weil ich darauf vertraue, dass ich übermorgen Millionär sein
werde, falle ich ziemlich sicher auf die Schnauze. Und die Leute
haben dann noch das Gefühl, dass es an ihnen liegt – weil sie
vielleicht zu viele negative Gedanken haben.«[75]

Zweitens: Andere können es doch auch

Ebendieses Gefühl, »andere können es doch auch«, wird geradezu gezüchtet durch die euphorische Berichterstattung über
angebliche oder tatsächliche Erfolgstypen.

So stellte *Stern TV* im Mai 2007 drei beneidenswerte Figuren
vor, die geschafft haben, was jeder andere auch schaffen könnte,
wenn er nur wollte:

• Susanne S. (49) hatte 1980 eine »Vision vom besseren Leben«. Also pflanzte sie Zwiebeln, kochte daraus vegetari-
schen Brotaufstrich und verkaufte ihn im Nachbardorf. »Die
Leute waren begeistert … Maschinen mussten her und

Menschen, die für sie arbeiten. Mittlerweile ist aus der Öko-Bäuerin eine erfolgreiche und reiche Unternehmerin geworden.« Auf 2000 Quadratmetern produziere sie täglich 40.000 Gläser mit Ketchup, Senf, Saucen. Jahresumsatz: fünf Millionen Euro.

- Oliver E. (22) entwarf mit 14 im Rahmen eines Schülerwettbewerbs eine Webseite für Auto-Unterstelldächer (Carports). Plötzlich kamen Anfragen aus ganz Deutschland. Er gründete eine Firma. Die Mutter half ihrem Sohn, eine Nachbarin wurde seine Sekretärin. Der Erfolg war gigantisch: »Schon mit 18 baute er sich ein luxuriöses 350-qm-Haus. Dort lebt er allein, eine Freundin hat er nicht.« Derzeit habe seine Firma über 60 Mitarbeiter und werde auf zwei Millionen Euro geschätzt.

- Klaus B. (64) »fing tatsächlich als Tellerwäscher an, bevor er sich zum Millionär hocharbeitete. Auf Sylt musste er als junger Mann im Hotel Atlantik für ein paar Mark Fischteller spülen. Als er ein paar tausend Euro gespart hatte, kaufte sich der extrovertierte Lebemann ein heruntergekommenes Haus am Rande von Frankfurt, Grundstein für eine Karriere als Immobilienspekulant. In den 60er und 70er Jahren macht er mit dem Kauf und Verkauf von Häusern ein Vermögen.«

Ein besonderes Schmankerl aus der Rubrik: »Underdog schafft es nach oben« ist der englische Opernsänger Paul Potts, der bei uns bezeichnenderweise durch einen Telekom-Werbespot und daraufhin durch das Internetportal *Youtube* bekannt wurde. Anzusehen wie die wandelnde Unterschicht – schiefe Zähne, grauenhafte Frisur, billiger Anzug, unsicherer Gang –, singt er bei einem britischen Casting die Arie »Nessun dorma« aus Puccinis Oper »Turandot«, und den Juroren ebenso wie dem

Publikum bleibt die schadenfrohe Häme im Halse stecken: Anstatt der üblichen krächzenden Primaten, die normalerweise diese Menschenzoos beherrschen und gewinnen, ist hier jemand, der wenigstens halbwegs gerade Töne herausbringt – und die Leute zu Tränen rührt.

Und sofort reagiert der Verwertungszirkus: Man unterschlägt einfach seinen Universitätsabschluss und seine früheren, wenn auch bescheidenen Bühnenerfolge und inszeniert ihn als Loser, als verklemmten und verschuldeten Handyverkäufer. »Potts sollte der Beweis sein für das große schale Versprechen, von dem Castingshows leben«, schreibt die *Süddeutsche Zeitung*, »dass nämlich Talent alle Grenzen überwindet und jeder ein Star werden, seinen Traum verwirklichen kann – wenn er nur fest genug daran glaubt … Sein Gesang ist technisch eher mittelmäßig. Entscheidend ist, dass er überhaupt sang, dass er, der Handyverkäufer, es geschafft hat. Dafür wurde er vom Publikum nach seinem Auftritt gefeiert. Für seine außergewöhnliche Geschichte.«[76]

Übrigens scheint an diesem Punkt alle Liebesmüh der Propaganda und Gehirnwäsche vergebens: Leistungsorientierung halten nur 50 Prozent der Wahlberechtigten für wichtig oder sehr wichtig.[77]

Charity

Wohltätigkeit (englisch *Charity*) ist ein Relikt vordemokratischer Gesellschaftsformen in der sozialen Marktwirtschaft. Großmütig und vor allem *freiwillig* gibt der Reiche den Bedürftigen einen Teil dessen, was ihnen in einem funktionierenden Sozialstaat sowieso zustehen müsste. Und wollte nicht die Marktwirtschaft sowieso »Wohlstand für alle« garantieren und massenhafte Bedürftigkeit ausschließen?

Im günstigsten Fall gleicht das Verhältnis zwischen edlen Spendern und Almosenempfängern dem zwischen gütiger Herrschaft und Dienstboten. Zwar haben Knecht und Magd keinerlei Rechtsansprüche, aber wenn das Gesinde brav bettelt und anschließend devote Dankbarkeit äußert, soll es sein Schaden nicht sein.

Freiwillig ist hierbei das Schlüsselwort: Wer bei läppischen Steuersätzen freiwillig Schwimmbäder und Denkmäler stiftet, ist hundertmal höher angesehen als jemand, der nur angemessene Steuern zahlt; und wer als Unternehmer *freiwillig* das Gehalt bei Krankheit weiterzahlt, steht moralisch ungleich besser da als bei gesetzlicher Lohnfortzahlung. Derartige mittelalterliche Strukturen finden sich selbst heute noch in einzelnen Familienbetrieben: Wer bei Überstunden, Gehalt und Urlaub stets auf die Großmut des Firmenchefs vertraut und sie mit Freudentränen quittiert, fährt oft besser als jemand, der »nichts geschenkt haben« will und nur fordert, was ihm »gesetzlich zusteht«.

Nun ist es vielleicht menschlich verständlich, sich ein Dankeschön oder gar den Ruf eines Wohltäters zu ergaunern. Andererseits ist es ja gerade der Clou eines sozialen Rechtsstaats, dass die Bürger einen Rechtsanspruch auf gewisse Dinge besitzen und gerade nicht vor Dankbarkeit erbeben müssen. Folglich wäre sogar das Idealmodell einer mildtätigen Oberschicht, die den verarmten Bevölkerungsteilen uneigennützig und diskret über das Gröbste hinweghilft, in westlichen Demokratien keineswegs ein Ruhmesblatt für die besseren Kreise, sondern eine Blamage und Schande für die Gesellschaft.

All das gilt natürlich erst recht im Weltmaßstab. Ob *Welthungerhilfe, Misereor* oder *Brot für die Welt:* Bevor irgendjemand ob seiner eigenen Mildtätigkeit vor Rührung zerfließt, sollte er sich seiner eigenen Staatsbürgerschaft erinnern und daran denken, dass die meisten armen Länder nicht arm wären ohne die Ausplünderung durch die Industrienationen. Wir lindern mit unseren Spenden in Regionen meist genau die Not, die es ohne uns gar nicht gäbe.

Wie Charity als »Geschäft mit dem Guten« aber praktisch abgewickelt wird, hat nicht einmal mit diesem Idealbild das Mindeste zu tun, wie Marcus Rohwetter in der *Zeit* am Beispiel des *Burda*-Spektakels *Tribute to Bambi* 2006 in Stuttgart eindrucksvoll schildert: »Ein ›Charity-Ereignis‹, eine Benefiz- und Spendengala, die mit herkömmlichen Formen der Wohltätigkeit ungefähr so viel gemein hat wie ein Showroom von Prada mit dem Wartesaal beim Sozialamt.« Hier zeigt sich Charity in echt: als »Sinnstiftung des Lebens von Unternehmergattinnen ebenso wie der Rückführung halb vergessener Prominenter ins Rampenlicht«: Vor 800 Gästen geht es am Vorabend der berüchtigten Bambi-Verleihung um notleidende Kinder. »Die Kinder selbst sind nicht hier. Stattdessen Prominente, die man auf vielen roten Teppichen antrifft … Stars und Sternchen aus Film und Fernsehen … Das wird ein phantastischer Abend. Zumindest für die Fotografen.«[78]

> *Die Aufmerksamkeit anderer Menschen ist die unwiderstehlichste aller Drogen. Ihr Bezug sticht jedes andere Einkommen aus. Darum steht der Ruhm über der Macht, darum verblasst der Reichtum neben der Prominenz.*
> Georg Franck

Aber könnten all die Prominenz-Junkies wirklich immer sagen, um welchen »guten Zweck« es gerade geht? Um Robbenarmut in Afrika oder Kindersterben im Dschungelcamp? Um Madenkauen für Krebskranke oder am Ende um Therapieplätze für geltungssüchtige C-Promis?

Ob »Stars zu verschenken« für Aids-Kranke auf SAT 1, José Carreras für Leukämiepatienten in der ARD oder »Ein Herz für Kinder« im ZDF: Die Charity-Branche boomt: »Deutschlands High Society präsentiert ihre Version von sozialer Verantwortung.«[79]

Will sagen: Die oberen Zehntausend nehmen den notleidenden Kindern ihr Elend nicht übel. Aber feiern die Schönen und Reichen auf den rauschenden Charity-Partys eigentlich mehr ihren unendlichen Edelmut oder ihren unermesslichen Prunk? Andererseits scheint aber sogar diese pervertierte Art sozialen Gewissens einen positiven Nebeneffekt zu haben. Immerhin finanzieren die Spender – wenn auch nur als Tropfen auf den heißen Stein – jene Aufgaben im Bildungs- und Sozialwesen, für die dem Staat das Geld fehlt. Das ist zweifellos besser als nichts – auch wenn sie damit nur einen Bruchteil jenes Geldes an die Allgemeinheit zurückzahlen, das ihnen der Staat durch sozial gerechtfertigte Steuern ohnehin hätte abknöpfen müssen.

Heuchlerfeind Henryk M. Broder jedenfalls hat sie gefressen, »die vielen Galas zugunsten hungernder, missbrauchter, vernachlässigter Kinder zwischen Hamburg und Hawaii, bei denen Menschen, die ihren Katzen und Hunden diamantenbesetzte Halsbänder kaufen, ein paar Euro spenden und sich hinterher total super fühlen, wie Albert Schweitzer in Lambarene«.[80]

Wo aber landet das Geld der prominenten Wohltäter wirklich? Ein Paradebeispiel für den Umgang mit Spenden liefert die als »Charity-Queen« und »Mutter Teresa in Chanel« bekannte Düsseldorfer Society-Lady Ute-Henriette Ohoven, die mit ihrer *Stiftung Unesco – Bildung für Kinder in Not* seit 1991 schon 30 Millionen US-Dollar gesammelt haben will. Unter dem Titel »Champagner statt Charity« berichtet der *Stern* von Ohovens »Nacht der 1000 PS« im Sommer 2005 in Mannheim. Für 51.000 Euro hatte Fernsehkoch Tim Mälzer eine Angeberuhr ersteigert, aber nicht um sie zu tragen. »Ist nicht mein Stil … ich wollte etwas spenden.« Gala-Manager Christian Marek aber zog – angeblich wie vereinbart – die Partykosten ab und überwies nur 11.000 von insgesamt 67.800 Euro Gesamterlös an Ohovens Stiftung. Kurzum: Mälzers Kohle half nicht hungernden Kindern, sondern durstigen Schickimickis.

Ehrenamt: Der Hilfsbereite ist der Dumme

Von der nassforschen Bauernfängerei zur dummfrechen Demagogie aber wird die Ideologie, »Lieber selber helfen statt immer gleich nach dem Staat rufen«, wenn sie an die breite Bevölkerung gerichtet ist.

Die allerdings braucht derlei sozialstaatsfeindliche Aufmunterung kaum: Mehr als ein Drittel aller Bundesbürger ab 14 Jahren arbeiten nämlich ehrenamtlich – also gratis oder gegen geringe Aufwandsentschädigung – in Vereinen, Initiativen, Projekten, Selbsthilfegruppen oder karitativen Einrichtungen aktiv mit.

Die breite Propaganda einer solchen *Bürgergesellschaft* soll aber die Hilfsbereitschaft vieler Menschen ausnutzen, um den Abbau des Sozialstaates zu übertünchen und zu beschleunigen:

- Ehrenamtliche Helfer im Gesundheitswesen werden dazu missbraucht, bezahlte Jobs abzubauen.
- Wenn Eltern gratis die Schule renovieren, nehmen sie den Handwerksbetrieben die Aufträge weg.
- Der Kindersuppenküche *Arche* in Berlin-Hellersdorf strich der rotrote Senat Ende 2007 die staatlichen Mittel, offen-

bar um von human gesinnten Bürgern Spenden zu erpres-
sen.

- Das durch Gratisarbeit ersparte Geld wird aber nicht etwa
  für Bereiche wie Bildung, Soziales, Gesundheit oder Umweltschutz verwendet, sondern unverzüglich für die Belan-
  ge der Konzerne und der Reichen. Hier eine Subvention, da
  eine Senkung des Spitzensteuersatzes, dort ein Verzicht auf
  die Vermögensteuer.

Der ehrenamtliche Helfer steht am Ende da wie eine Frau, die
zur Finanzierung eines Familienurlaubs neben ihrem Job noch
putzt, Zeitungen austrägt und babysittet, dann aber erleben
muss, dass ihr Mann das gesamte Geld versäuft. Nicht nur »der
Ehrliche ist der Dumme«, wie Ulrich Wickert sagt. Der Hilfsbe-
reite ist es auch.

»Vollbeschäftigung« nach Marktwirtschaftsart

Weitaus problematischer als Aufstieg und Ehrenamt ist für die
Mehrheit der Bürger die Frage, ob man überhaupt einen Arbeitsplatz hat und man mit ehrlicher Vollzeitarbeit wenigstens
sein Existenzminimum sichern kann.

Am 16. April 2008 konnten sich Wohlstandsbürger und Marktwirtschaftler entspannt zurücklehnen. »Weniger Wachstum,
mehr Jobs«, jubelte die *Tagesschau*. Die führenden Wirtschafts-
propheten versprachen für 2009 weniger als drei Millionen Arbeitslose – so gut wie Vollbeschäftigung. Die eitle Freude währ-
te genau 48 Stunden.

Am 18. April meldete ebenfalls die *Tagesschau:* »Immer weniger Lohn für immer mehr Beschäftigte«, und sogar *Welt Online* titelte: »Bei Niedriglöhnen fast schon US-Verhältnisse. 6,5
Millionen Beschäftigte verdienten unter 9,13 Euro. Damit stieg

binnen zehn Jahren der Anteil der Geringverdiener von 15 auf 22,2 Prozent, doppelt so viel wie in Frankreich und nur knapp unter dem US-Niveau von 25 Prozent.[81] Die Folge: Immer mehr Menschen brauchen nach US-Vorbild zwei oder drei Jobs, um halbwegs über die Runden zu kommen.

Aber auch in der Statistik wird herumgelogen, dass sich die Balken biegen. So meldete die Bundesagentur für Arbeit im Frühjahr 2008 mit 3,5 Millionen die niedrigste Arbeitslosigkeit für den März seit 15 Jahren. FDP-Generalsekretär Dirk Niebel nannte dies zu Recht, aber anders als von ihm gemeint, »Schönfärberei«. In Wahrheit nämlich sind 3,2 Millionen Hartz-IV-Empfänger nicht erfasst, und selbst wenn man Kranke abzieht und Menschen, deren Lohn durch Arbeitslosengeld II noch aufgestockt werden muss, bleiben laut Frontal 21 über fünf Millionen Menschen ohne Job, die arbeiten können und wollen.[82]

Mindestlohn:
Existenzminimum gefährdet den Aufschwung

Nun kann man die teilweise »kämpferisch« vorgetragene Forderung nach Mindestlohn durchaus als symbolische Politik betrachten. Schließlich kann sich selbst derjenige als soziales Mitglied der »Sozialen Front« ausgeben, der wie Berlins Thilo Sarrazin nur fünf Euro vorschlägt.[83] Wie ernst der früheren Arbeitnehmerpartei SPD die Sache ist, kitzelte Oskar Lafontaine aus den Ex-Genossen heraus, als seine Fraktion im Juni 2007 einen Antrag zur Einführung von Mindestlöhnen in den Bundestag einbrachte, der fast wortwörtlich einer SPD-Unterschriftenaktion glich. Peinlicher ging's nicht: In namentlicher Abstimmung stimmten die SPD-Abgeordneten gegen ihren eigenen Text.[84]

Viel interessanter aber sind die Argumente der Gegner. So

warnte Ende 2007 das Institut für Wirtschaftsforschung (IFO), ein flächendeckender Mindestlohn könnte bis zu 1,9 Millionen Arbeitsplätze kosten[85] – und schoss damit einen kapitalen Freudschen Bock: Dies nämlich hieße, dass auch eine steinreiche Marktwirtschaft eine menschenwürdige Bezahlung der Arbeitnehmer nicht verkraftet. Denn was bedeutete der Streit um den Postmindestlohn und die Pin AG anderes als die Botschaft: Ohne Hungerlöhne ist die Briefzustellung in der Bundesrepublik des 21. Jahrhunderts leider nicht mehr möglich.

Dazu lieferten unsere selbsternannten Eliten einmal mehr ein Musterbeispiel politischer Verwahrlosung. So meldete der *Spiegel* im März 2007 »Union und Wirtschaft lästern über Mindestlohn-Schlappe der SPD«. Man feixt sich eins – obwohl laut einer Infratest-Umfrage 80 Prozent der Bürger eine untere Lohngrenze in manchen oder allen Branchen fordern. [86]

Mit der permanenten Drohung allerdings, in Billiglohnländer abzuwandern, kommen die Marktwirtschaftler erst recht in Teufels Küche – vor allem wenn sie die skandalumwitterte Verlegung des Bochumer Nokia-Werkes nach Rumänien als Beispiel heranziehen.

Dem finnischen Handy-Hersteller wird für die nächsten 30 Jahre an seinem neuen Standort im rumänischen Jucu die Immobiliensteuer erlassen. Hinzu kommt ein Steuersatz für Unternehmensgewinne und Privateinkommen von läppischen 16 Prozent. Nun fragt man natürlich, wie ein Entwicklungsland faktisch ohne Steuereinnahmen auf der Erfolgsspur sein kann. Und … Überraschung: Seit dem EU-Beitritt am 1. Januar 2007 schwimmt Rumänien in EU-Fördermitteln – allein 2008 rund drei Milliarden Euro. Daher zählt Rumänien zu den attraktivsten Ländern für ausländische Direktinvestitionen. Und die machen Rumänien zur Kolonie: 72 Prozent der Exporte erfolgen bereits durch ausländische Unternehmen.[87]

Deutsche Steuerzahler finanzieren also per EU rumänische Miniatursteuern, mit denen Unternehmen aus Deutschland nach Rumänien gelockt werden, was dann als Argument für deutsche Steuersenkungen verwendet wird. Ähnliches gilt für Rumäniens Löhne, Sozialleistungen und Arbeitsbedingungen, die nur noch in Zeiten von Onkel Toms Hütte unterboten wurden. Dies wiederum dient als Vorwand für plumpsten Nationalismus.

Kombilohn: … dann springt eben das Volk ein

Aus der Sicht ebenso sozialer wie naiver Bürger ist der Kombilohn eine feine Sache. Der Staat – also das Volk – rettet und schafft viele Jobs. Er »finanziert Arbeit statt Arbeitslosigkeit« und tut etwas für das materielle Wohl und das Selbstwertgefühl der Betroffenen. Welche Eltern greifen (wenn irgend möglich) nicht außerplanmäßig in die Familienkasse, um dem Sohnemann die Beitragserhöhung für den Sportverein zu zahlen? Was aber, wenn die Eltern erfahren, dass der Filius für 50 Euro monatlich zu einer Animierdame geht? Und was erst, wenn der Filius diese Kosten zu unabänderlichen Fixkosten erklärt? »Wir finanzieren dir doch nicht die Nutte!«, würden die Eltern vermutlich brüllen.

Genauso ist es aber mit dem Kombilohn: Prima Sache – wäre da nicht die Marktwirtschaft. Denn zu den *Fixkosten* des Unternehmens gehört – von den Managergehältern ganz abgesehen – der Gewinn inklusive der Traumrenditen der Investoren; und auf dieser Basis berechnet er den Höchstbetrag für Arbeitslöhne. »Wir finanzieren dir doch nicht den Profit«, müsste der Bürger also sagen, »erwirtschafte ihn gefälligst selber.«

Im Grunde bestätigt sich hier ein weiteres Mal die Grundregel: »Nur wenn es der Wirtschaft gutgeht, geht es auch dem Volk gut.« Oder mit Ernst Bloch: »Da es nicht für alle reicht, springen die Armen ein.«[88]

Das Ganze ist eine neuerliche Bankrotterklärung der freien Marktwirtschaft, die angeblich am besten funktioniert, wenn sich der Staat nicht einmischt – und doch öfter und unverschämter nach Staatsgeldern ruft, als alle Hartzianer zusammen es jemals könnten.

Nicht zu vergessen die heilige Kuh *Konkurrenz:* Lohnzuschüsse verzerren den Wettbewerb – es sei denn, alle Unternehmen bekämen sie. Wer möchte nicht gern am Mitnahmeeffekt teilhaben, wenn einem die Steuergelder dermaßen aufgedrängt werden?

Arbeitsgesellschaft: Zu wenig Arbeit für alle?

Zu den lustigsten Hirnvernebelungen gehört die Behauptung, infolge der Produktivität der Arbeit würde Letztere der Menschheit bald ausgehen. Man muss schon schwer sciencefictiongeschädigt sein, um eine Entwicklungsstufe der Geschichte zu erwarten, in der Automaten selbst die kreativste oder diskreteste menschliche Tätigkeit ersetzen könnten.

»Irgendwas zu tun gibt's immer«, sagt ein Sprichwort, man nehme nur den gesamten Dienstleistungsbereich: Warum sollten Kinderbetreuung, Bildung, medizinische Versorgung oder Altenpflege nicht für den Normalbürger auf das Niveau der oberen Zehntausend angehoben werden? Allein dafür würden »eigentlich« Hunderttausende gebraucht, die wiederum »eigentlich« von einer der reichsten Gesellschaften der Welt bequem bezahlt werden könnten.

Das Problem hat folglich nicht »unser Land«, sondern die Marktwirtschaft: Ein zweiter, dritter, vierter Arzt pro 500 Einwohner wäre nämlich keineswegs wie ein Kühlschrank bei den

Inuit. Und das ist nur die egoistische nationale Sicht: Weltweit empfiehlt die WHO sogar nur einen Arzt für 10.000 Einwohner als Fortschritt; und auch global ist »eigentlich« Reichtum im Überfluss vorhanden.

Da es aber in der Marktwirtschaft nie um echten Bedarf, sondern immer nur um *zahlungskräftige Nachfrage* geht, sind Millionen gesunder und arbeitswilliger Menschen zur Untätigkeit verurteilt, die eigentlich dringend gebraucht würden.

Dass aber dieses groteske Missverhältnis den »Marktteilnehmern« tatsächlich als ein überlebensnotwendiger »alternativloser Sachzwang« entgegentritt – dass also weder die Krankenschwester auf ihren Lebensunterhalt noch die Heuschrecke auf ihren Maximalprofit verzichten kann, gehört zur historischen Tragik der Marktwirtschaft.

Um dies zu vertuschen, wird »Arbeit als knappes Gut«[89] ähnlich wie Gold oder Erdöl dargestellt, das zu besitzen oder zu erhaschen sich der Bürger um jeden Preis menschenunwürdiger Bezahlung und Behandlung glücklich schätzen darf. Nicht zufällig veranstalten besonders die Gossenmedien ein demütigendes Hauen und Stechen um Jobs oder Ausbildungsplätze. »In jeder Sendung kämpfen drei Menschen um einen Lehrvertrag«, bewirbt ProSieben seine Lehrstellenjagd *Deine Chance*, bei der die Kandidaten in Disziplinen wie Schnittdirektrice, Friseur, Restaurantfachfrau, Fotograf oder Konditor um die Gunst zumeist ungehobelter Wichtigtuer Marke Superstar-Jury buhlen müssen wie die Reeperbahn-Wally um die Freier.

Auch Arbeitslose müssen nicht verhungern

Zu der vorprogrammierten steigenden Massenarbeitslosigkeit müssen sich Politik und Wirtschaft natürlich etwas einfallen lassen, weniger aus innerer Verpflichtung gegenüber Grundgesetzwerten wie Menschenwürde und Streben nach Glück – nie war Papier geduldiger – als vielmehr aufgrund der Überlegung, eine zusehends erdrückendere und ärmere Mehrheit würde ihrer eigenen Verelendung womöglich nicht endlos tatenlos zusehen.

Kritiker der rotgrünen Regierungsära spotten, eine dermaßen kapitalfreundliche und bevölkerungsfeindliche Politik habe sich die CDU niemals getraut. Und tatsächlich ist es weder Helmut Kohl noch Roland Koch, ja nicht einmal Wolfgang Schäuble gewesen, der sich die vorhumane Forderung des Apostels Paulus zu eigen machte, Arbeitslose müsse man eigentlich verhungern lassen (»Wer nicht arbeitet, soll auch nicht essen«)[90]. »Nur wer arbeitet, soll auch essen«, forderte Franz Müntefering 2005 in der Hartz-IV-Debatte.[91]

Demgegenüber ist heute das bedingungslose Grundeinkommen im Gespräch, das im Unterschied zu Sozialhilfe und Arbeitslosengeld nicht an Leistungsbereitschaft, Arbeitspflicht oder Bedürftigkeit gebunden ist.[92] Das wäre auch noch schöner, findet der belgische Ethikprofessor Phillippe Van Parijs. Schließlich sei ja das Grundeinkommen schon eine Gegenleistung – nämlich für die Ausgrenzung aus dem Arbeitsleben und allen damit verbundenen Vorteilen.[93]

Das klingt tatsächlich nach einem Leben in Würde und ohne Existenzangst – »wenn der Preis stimmt«. Aber nicht überall, wo Grundeinkommen draufsteht, ist auch Grundeinkommen drin. Die Grünen Baden-Württembergs denken zum Beispiel an 420 Euro.[94] Und auch das ist fast schon zu viel, glaubt man dem Berliner Finanzsenator Thilo Sarrazin, der sich als »Tim Mälzer für Arme« betätigte: Liebevoll und fürsorglich stellte er einen Speiseplan für Hartz-IV-Singles zusammen, voll lukullischer Köstlichkeiten wie etwa ein Mittagsmenü mit Bratwurst für 38 Cent mit 150 Gramm Sauerkraut für 12 Cent und

Kartoffelbrei für 25 Cent plus Gewürze und Öl für 20 Cent. Insgesamt bewegt sich der sozialdemokratische Armenkoch auf Tagessätzen zwischen 3,76 Euro und 3,98 Euro. »Man kann sich vom Transfereinkommen vollständig, gesund und wertstoffreich ernähren«, so Sarrazin. Schließlich liege ja der tägliche Regelsatz, für den sich Berlins Arbeitslose den Wanst vollschlagen, bei 4,25 Euro. Hintergrund für Sarrazins kulinarische Eskapaden: Der rotrote Senat befürchtete, dass er als Ergebnis der Diskussion um Kinderarmut mehr Geld für »Transferleistungen« ausgeben und den Sparkurs verlassen müsse. [95]

Exakt wie der Einsatz der Trompeter beim Berliner Militärorchester ertönte unverzüglich das überparteiliche Protestgeschrei und erwartungsgemäß pfiff der Regierende Bürgermeister Klaus Wowereit seinen Provokateur augenzwinkernd zurück.

Die Rentenlotterie: Reise nach Jerusalem

Da das Lügen, Verdrehen, Verschweigen und Vortäuschen zum Alltagsgeschäft der Politik gehört, wird der Begriff »Betrug« seit geraumer Zeit inflationiert. Kaum irgendwo aber trifft er mehr zu als auf die Alterssicherung.

Man stelle sich folgende Traueranzeige des Sohnes zum Tod der Mutter vor: »Zweizimmerwohnung frei, 60 Quadratmeter, 580 Euro Kaltmiete.« Er wäre bei so viel Kälte und Geschmacklosigkeit überall unten durch. Dabei hat er das Ereignis doch nur aus der Sicht der Immobiliengesellschaft geschildert.

Nicht anderes aber verhält sich, wer die Beiträge zur Sozialversicherung als »Lohnnebenkosten« bezeichnet. Er übernimmt die Sichtweise des Unternehmers.

Auch die »Rechnung« selbst gleicht einem Hütchenspiel. Da Arbeitnehmer und Arbeitgeber je die Hälfte einzahlen, spart

Letzterer bei einer Beitragssenkung auf Kosten des Ersten. Daher kann man die Freude mancher Arbeitnehmer über gesunkene Beiträge, mit denen sie an der Altersarmut basteln, nur als grenzdebil bezeichnen.

Entsprechend ist auch die Ergänzung der staatlichen durch die private Altersvorsorge eine Beleidigung für den Verstand: Denn meist noch viel mehr als das, was die Bürger an staatlichen Rentenbeiträgen sparen, sollen sie Privatversicherern hinterherwerfen.[96] Zudem hilft bei der angeblichen Erfolgsgeschichte der Privaten der verhasste Staat stets ein wenig nach: Durch die *Riester-Rente* sponsert er die Versicherer – man gönnt sich ja sonst nichts – allein im Jahre 2008 mit über zwei Milliarden Euro.[97] Dieses Geld fehlt natürlich der gesetzlichen Versicherung.

Wenn private Renten überhaupt einigermaßen sicher sind, dann ausschließlich deswegen, weil im Notfall der Steuerzahler einspringt, wenn sich die skrupellosen Maximalprofitjäger mal wieder verzockt haben – wobei der Staat nicht etwa nur die reinen Verluste ausgleicht, sondern die entgangenen Phantasierenditen gleich mit. So wird der Schaden vom Aktionär abgewendet, der Bürger aber beklagt fehlende Kindergärten oder verrottende Schulen.

Lehrbuchmäßig demonstriert wurde dieses System der Privatisierung der Gewinne bei gleichzeitiger Sozialisierung der Verluste im Herbst 2003. Da deuteten die Versicherer an, man werde einige saubere Konzerne fabrizieren und damit die Bürger um ihre Renten bringen, sollte der Staat nicht zugunsten der Aktionäre noch ein paar Steuermilliarden lockermachen. Prompt beschloss die rotgrüne Regierung ein Hilfspaket, was selbst für die Union »Politik auf Zuruf von Interessenvertretern« war. Sogar die Konzerne taxierten den Wert des erpressten Obolus auf gut fünf Milliarden Euro; und selbst in der

SPD-Fraktion wurde Kritik laut, man müsse wegen dieses Geschenks zwei Milliarden Euro in der Rentenkasse einsparen.[98] Selbst diese Unredlichkeit ist aber noch harmlos, verglichen mit einem dreisten Coup, der als *Riester-Abzocke* in seriöse Geschichtsbücher eingehen dürfte. Und man kann es durchaus als Symptom der gesellschaftlichen Komplettverblödung werten, dass ein eigentlich simpler Sachverhalt erst vom Aufklärungsmagazin *Monitor* im Januar 2008 entlarvt werden musste.[99] Wie lautete doch gleich der Werbespot der Bundesregierung?

> *»Hallo, schon mal was von der Riester-Rente gehört?«*
> *»Ja! Die soll ja die langfristig vorgesehene moderate Absenkung des Rentenniveaus der zukünftigen Rentner in der gesetzlichen Rentenversicherung kompensieren. Ich ›Riester‹ jetzt auch!«*

Die verheimlichte Pointe: Wer wegen dieser »moderaten Absenkung« von der Rente nicht leben kann, hat Anspruch auf staatliche Grundsicherung. Und mit der wird die Riester-Rente gegengerechnet. Der Altersarme hat also für das Sozialamt »geriestert«. Sogar der Vorzeige-Experte Bert Rürup gibt zu: »Das bedeutet für Geringverdiener, die erwarten, dass sie ja auf die Grundsicherung im Alter angewiesen sein werden, dass es durchaus rational ist, keinen Riester-Vertrag abzuschließen, so generös sie auch immer gefördert ist.«[100]

Der Skandal im Skandal: Selbst Walter Hirrlinger, Chef des Sozialverbands VdK, »glaubte, das ist gar nicht so. Und die meisten, die eine Riester-Rente abschließen, glauben das auch nicht. Sonst würden sie die Riester-Rente nicht abschließen.« Es ist nämlich keineswegs ein Problem einiger abgehängter armer Würstchen. Bereits für einen Durchschnittsverdiener lohnt sich Riester nicht, wenn er 2030 in Rente geht und nicht mehr als 32 Jahre voll in die gesetzliche Rentenkasse eingezahlt hat. Laut Rentenguru Professor Winfried Schmähl könne wegen des Abbaus der Staatsrente in 15 bis 20 Jahren für Millionen »die Riester-Förderung gewissermaßen sich in Luft auflösen«.[101]

Allerdings gewinnt Meinhard Miegel vom Bonner *Institut für Wirtschaft & Gesellschaft* alledem wenigstens etwas Positives ab: »Zu riestern ist immer eine gute Tat zugunsten der Allgemeinheit.«[102]

Wer dieser Logik folgt, könnte allerdings auch alles in Lose der *Glückspirale* investieren: Auch dort dient der Einsatz ja einem sozialen Zweck, und man kann sogar noch mehr gewinnen als nur eine sichere Rente an der Grenze des Existenzminimums.

Warum aber blieb das alles so lange unter dem Teppich? Der ehemalige Regierungsberater Schmähl klagt an: »Entweder hat man das, das wär' dann natürlich das Schlimmste, bewusst verschwiegen, oder man wollte es einfach nicht wahrhaben, weil eben eine ganz bestimmte Politik durchgesetzt werden sollte.«[103]

Sehr gut ins Bild passen auch die Reaktionen:

- Die Amateurzyniker der Deutschen Rentenversicherung meinten, viele Senioren hätten doch im Alter zusätzliche Einkommen, »etwa aus Zinserträgen oder Mieten«.[104]
- Rentenminister Olaf Scholz attestierte *Monitor* schriftlich »ein falsches Verständnis vom Sozialstaat und vom Begriff Gerechtigkeit« und lehnte jegliche Korrektur ab, die Arbeitgeberverbände warnten vor Schnellschüssen, sein SPD-Kumpan Peer Steinbrück empfahl nach dem Motto *jetzt erst recht* »uneingeschränkt« die Riester-Rente.[105]

- Die neoliberale Zocker-Logik bringt Hermann-Josef Ten-
  hagen, Chefredakteur des Kapitalvermehrungsblättchens
  Finanztest, auf den Punkt: »Für jeden, der die Chance sieht,
  im Alter nicht vom Sozialamt abhängig zu sein, sollte die
  Riester-Rente die erste Wahl sein.«[106]

Allerdings will zumindest der Normalbürger sein Leben nicht
auf dem schaurig-schönen Prickeln des »Alles oder Nichts«
aufbauen: 72 Prozent der Bundesbürger sehen sich als »Hungerrentner von morgen«: Sie fürchten laut TNS-Umfrage, »im
Rentenalter in den nächsten Jahren ihren Lebensstandard nicht
mehr halten zu können«.[107]
Nach dem Motto, »ist doch egal, welche Rente später futsch
ist«, kann der gutgläubige Bürger jetzt auch in den Filialen einer Einkaufskette eine Rentenversicherung abschließen. Man
zahlt pro Monat mindestens 19,90 Euro ein, und von jedem
Einkauf mit einer speziellen Kreditkarte gehen 0,5 Prozent auf
das Rentenkonto. Zusätzlich überweisen 180 Online-Partner
bis zu zehn Prozent des Umsatzes als Gutschrift auf das Rentenkonto. Nicht begeistert von diesem Supermarkt-Coup der
*Lebensversicherer Arag, RheinLand Versicherungsgruppe und
Ontos* ist die Stiftung Warentest: Man kaufe womöglich wegen
des Bonus teurer ein.[108]
All das Verwirrspiel aber hat einen leichtverständlichen Kern, wie
der Mannheimer Wirtschaftsprofessor Martin Weber zeigt: Er berichtet von der bedeutend besseren und seriöseren schwedischen
Vorsorge durch einen staatlichen Fonds. »Wenn ich nun Vertreter
der deutschen Finanzindustrie frage, warum es hierzulande nicht
möglich ist, einen solchen Fonds aufzulegen, höre ich nur: Wir
wissen zwar, wie das geht, wir würden aber zu wenig daran verdienen. Das ist aus der Sicht der Industrie sogar nachvollziehbar.
Aber als Anleger befriedigt mich diese Antwort nicht.«[109]

Die Gerechtigkeitsfalle

Aber auch der Begriff der »sozialen Gerechtigkeit« hat eine offene Flanke zur Volksverdummung. Wie schon abgedeutet, folgt aus einem gemeinsamen Gespür für Ungerechtigkeit keineswegs eine einheitliche Vorstellung von Gerechtigkeit. Dies kann auch gar nicht anders sein in einer Gesellschaftsform, die Eigennutz und Ellenbogengebrauch zur ersten Bürgerpflicht erklärt und die Konkurrenz der »Marktteilnehmer« und letztlich aller Menschen zur Grundlage hat.

Da auch »demokratische Sozialisten« wie die SPD und die Linkspartei die »Marktwirtschaft an sich« als eine Art unabänderliches Naturgesetz wie etwa die Schwerkraft darstellen, sind für sie letztlich »nicht die Ursachen von Zumutungen Thema, sondern die Unausgewogenheit der Opfer«.[110] Zwar wird plakativ die Umverteilung nach unten gefordert (»stärkere Belastung der breiten Schultern«), aber was wären denn »angemessene« Reichensteuern? Wobei die Frage ohnehin bedeutungslos ist. Weil bis auf weiteres für spürbare Millionärsabgaben parlamentarische Mehrheiten fehlen, muss die »Realpolitik« nach »gerechten Kompromissen« suchen, zum Beispiel zwischen

- Jungen und Alten: Verfressen die Rentner die Zukunft der künftigen Generationen?
- Arbeitslosen und Jobinhabern: Verhindern höhere Löhne neue Jobs?
- Kranken und Gesunden: Zahlen die Gesundheitsapostel die Krankheiten der Raucher, Trinker, Fitnessmuffel und Fastfoodvertilger?
- Studenten und Nichtakademikern: Wieso finanziert das gemeine Volk einer privilegierten Gruppe den Weg in Spitzenjobs und Traumgehälter?

- Wessis und Ossis: Was haben die alten mit den neuen Bundesbürgern zu tun?

Alle diese Probleme bieten natürlich erstklassige Möglichkeiten, die einzelnen Gruppen gegeneinander auszuspielen, wie zum Beispiel bei *Anne Will* im März 2008: Ein Paradebeispiel »realpolitischer Kompromisse« liefert dort ausgerechnet die Berliner Linkspartei in Gestalt des »Haushaltsexperten« Carl Wechselberg: »Wir schließen Bibliotheken und Jugendeinrichtungen, wir sparen am Blindengeld, wir verteuern das Sozialticket – und dann sollen Anliegerstraßen, Parktaschen und Bürgersteige prinzipiell völlig umsonst für die jeweiligen Nutzer gebaut werden?«[111]

Alle Beteuerungen, die einen nicht gegen die anderen auszuspielen und »faire Lösungen« zu finden, gehen so zwangsläufig ins Leere. Vielmehr ist das Streben nach Gerechtigkeit auf marktwirtschaftlicher Basis auch Nährboden für Neid und Missgunst, wie dem Mitbegründer der Politischen Wissenschaft in Deutschland, dem Hamburger Professor Siegfried Landshut (1897 – 1968), am Beispiel der israelischen Kibbuzim klar wurde: »Wenn es jedem einzelnen nur darum zu tun ist, die absolut gleichen Vorteile des Lebens mit den anderen zu genießen, so wird jeder kleinste Unterschied und jeder geringste Umstand von ihm schon als eine Ungerechtigkeit und als eine Verletzung der allgemeinen Idee empfunden werden. Gerade dann werden die Möglichkeiten der Differenz endlos.«[112]

Auch wenn von dieser extrem übersteigerten Angst, zu kurz zu kommen, nur eine soziopathische, von gewissen Medien aufgehetzte Minderheit befallen sein mag: Ein kleiner Neidhammel (Motto: »Ich gönne ihm das, aber ...«) steckt wohl in den meisten: Ob Anwälte oder Ärzte, Bauarbeiter oder Beamte, »Krankmacher« oder »Karrieristen«, Handwerker oder Häuslebauer,

Journalisten oder Jogger, Asienurlauber oder Autobesitzer: irgendeine Gruppe gerät immer ins Fadenkreuz der Spötter und
Neider. Und wenngleich der Vorwurf des »Sozialneides« aus
dem Munde der Schönen und Reichen gegenüber Sozialkriti-
kern reichlich gewagt ist, so liegt in ihm dann ein Körnchen
Wahrheit, wenn der Kritiker gar keine »gerechtere Gesellschaft«, sondern nur selbst ohne Rücksicht auf Verluste »reich
und berühmt« werden möchte – ein Schelm, wer da an manche
Pazifisten und Sozialisten der Grünen denkt, die nach erfolg-
reichem Marsch nach oben plötzlich für Krieg und Hartz IV
eintraten.

Deshalb läuft auch die noble Idee der »sozialen Marktwirtschaft« bestenfalls darauf hinaus, den Superreichen Geld weg-
zunehmen und ansonsten den Verteilungskampf munter fort-
zusetzen. Dies allerdings kann durchaus der momentan einzig
gangbare Weg zu einer sozialeren Gesellschaft, also für Humanisten ein echter »alternativloser Sachzwang« sein.

3. Pseudorechtsstaat

Das Vertrauen vieler Bürger darauf, dass in unserem Rechtsstaat
alles mit rechten Dingen zugeht, gründet sich auf das grundge-
setzliche Versprechen: »Alle Menschen sind vor dem Gesetz
gleich« (Artikel 3). Dies betrifft natürlich vor allem die Gleich-
behandlung von Arm und Reich. Wie aber sieht die Praxis aus?

Die Kleinen jagt man ...

Vielleicht hat bislang mancher gestoppte Verkehrssünder bei
seinem Spruch »Jagt mal lieber Verbrecher!« noch gedacht, in
Wahrheit täte der Staat das natürlich. Aber dann kam der Fall

Klaus Zumwinkel – der Supergau der Reichen und Mächtigen. Ausgerechnet Deutschlands Vorzeigemanager schlechthin, bezeichnenderweise auch noch als neuer Vorstandchef des in Verruf geratenen Spendeneintreibers *Unicef Deutschland* im Gespräch, war Anfang 2008 wegen Schwarzgeldexports medienwirksam aus seinem Kölner Haus von der Polizei abgeführt worden. Ein sehr sensibler Bereich: Immerhin antworteten in einer Forsa-Umfrage von 1999 auf die Frage, »wie wird man in Deutschland am ehesten reich«, 32 Prozent mit *Steuerhinterziehung* und »nur« 31 Prozent mit Erbschaft.[113]

Wer als Politiker etwas auf sich hielt, gab sich empört, angewidert und vor allem wild entschlossen: Es war das Festival der Heuchler. Überhaupt: Wieso eigentlich ausgerechnet Zumwinkel? Laut *manager magazin* hatte sich der Post-Chef »im Laufe eines Jahres so viel Feinde gemacht wie wahrscheinlich noch nie zuvor in seinem ganzen Leben«. Vor allem den Mindestlohn für Briefzusteller hatte er »mit all der Macht, die dem bestens vernetzten Manager zur Verfügung stand«, per Entsendgesetz erzwungen. Dies bedeutete die Insolvenz für die PinAG, die Tochter des Axel-Springer-Verlags, und für den Konzern 620 Millionen Euro Verlust.[114]

Nun hat Friede Springer bekanntermaßen für Angela Merkel Wahlkampf gemacht, und das Ganze spielt im CDU-Land Nordrhein-Westfalen. Prompt fragen die neoliberalismuskritischen *NachDenkSeiten*: »War es etwa ein Racheakt?«[115] In Wahrheit nämlich grenzt der angebliche Kampf des Staates *gegen* eher an Beihilfe *zur* Steuerhinterziehung. Die Bundesländer als Zuständige sehen eine korrekte Steuereintreibung als unnötigen Standortnachteil und werben damit mehr oder minder offen bei den Investoren.[116]

Nach Erkenntnissen von ver.di wird nur etwa die Hälfte der Einkommen aus Unternehmertätigkeit und Vermögen versteuert. Umso bezeichnender, dass etwa 3.000 Betriebsprüfer fehlen. Und das, obwohl zum Beispiel allein im Jahr 2006 die 13.500 Betriebsprüfer 14 Milliarden Euro eintreiben konnten, plus 1,4 Milliarden aus der Überprüfung der Mehrwertsteuer. Macht über eine Million Euro pro Prüfer.

Dabei kann derzeit nur jede zehnte Steuererklärung der Einkommensmillionäre geprüft werden. Besonders wirtschaftsstarke und große Länder haben laut Bundesrechnungshof die geringste Prüfungsdichte. So schickte Nordrhein-Westfalen Anfang 2008 gleich 1.200 Steuerfahnder in den vorzeitigen Ruhestand.[117]

Und während noch SPD-Generalsekretär Hubertus Heil vollmundig von einer »Gruppe neuer Asozialer« sprach, und Carsten Volkery dazu im *Spiegel* frotzelte, »Merkel wird sich anstrengen müssen, um der SPD auf diesem Feld Paroli zu bieten«, winkten die EU-Innenminister Liechtensteins Beitritt zum Schengener Abkommen durch: Statt mit der Steueroase Tacheles zu reden, hoben sie die Grenzkontrollen zum Fürstentum auf und erleichterten damit bewusst den illegalen Geldexport.

Diese Verlogenheit hat Methode und Tradition. So belohnte ausgerechnet das »Gesetz zur Förderung der Steuerehrlichkeit« nicht die Ehrlichen, sondern die reumütigen Gangster, die man nicht *Wirtschaftsverbrecher*, sondern verständnisvoll und fast zärtlich *Steuersünder* nennt: Wer beiseitegeschafftes Geld nachversteuerte, zahlte 2005 und 2006 nur 15 statt 48 Prozent Spitzensteuersatz wie die braven Bürger.

Für den Bremer Wirtschaftsprofessor Rudolf Hickel ist das »ein sozialpolitischer Skandal, denn mangels Geld in der Kasse werden Arbeitslose geschröpft, während den Steuerhinterziehern Steuergeschenke gemacht werden«.[118]

Für Christian Bommarius von der *Berliner Zeitung* korrespondiert »die Nachsicht, ja der Respekt, den der Staat ertappten sogenannten Steuersündern erweist … mit dem Bewusstsein der Betroffenen, keineswegs Täter der Steuerhinterziehung zu sein, sondern Opfer des Staates, dessen undurchdringliches/ ungerechtes/ wucherndes/ mutmaßlich verfassungswidriges Steuerrecht die Hinterziehung beziehungsweise die Flucht des Kapitals ins Ausland geradezu erzwingt. Diese staatliche Nötigung hatte allein in den 90er Jahren bei mehr als 600.000 Opfern Erfolg und erzwang die einträgliche Anlage von mehr als 300 Milliarden Euro in sogenannten Anrainer-Steueroasen wie der Schweiz, Liechtenstein, Luxemburg oder Österreich. Nur tauchte von den 600.000 Opfern bis 1999 kaum eines in der Polizeistatistik auf.« Fazit: »Als Steuerhinterzieher muss man in Deutschland schon ein Kamel sein, um durch das Nadelöhr einer Verurteilung zu gehen.«[119]

Und so folgt die nächste Verblödungsstufe: Ein Linzer Ökonom namens Professor Friedrich Schneider darf in *Spiegel Online* behaupten: »Normalbürger hinterziehen mehr Steuern als Reiche.« Will sagen: Wer geschmuggelte Zigaretten raucht oder eine Haushilfe schwarz beschäftigt, soll sich gefälligst an seine eigene Nase fassen und die armen Millionenhinterzieher in Ruhe lassen. Wieso macht man nicht den ganzen Schritt und schult die Steuerfahnder zu Schwarzraucherjägern um? Bereits jetzt sind öffentlich-rechtliche *Bild*-Ableger wie *Hallo Deutschland*[120] voll von Berichten, wie etwa todesmutige Fahnder unter Einsatz von Leib und Leben Rentnerpaare mit drei unverzollten Zigarettenstangen verfolgen und stellen.[121]

… die Großen lässt man laufen

Bekanntlich müssen Deutschlands Richter in ihrem Amtseid nicht schwören, die Kleinen zu hängen und die Großen laufen zu lassen. Genau diesen Eindruck vermitteln aber immer mehr

Urteile. Als würde die Dritte Gewalt das böse Wort von der »Klassenjustiz« ständig aufs Neue beweisen wollen, fällt sie ein Skandalurteil nach dem anderen:

- Deutsche-Bank-Chef Josef Ackermann kam im Februar 2007 im spektakulären Mannesmann-Prozess gegen 3,2 Millionen Euro »Geldauflage« mit einer Verfahrenseinstellung davon. Im ersten Prozess 2004 hatten ihn seine Pappenheimer vom Landgericht Düsseldorf sogar freigesprochen, waren aber vom BGH zurückgepfiffen worden.
- VW-Personalvorstand Peter Hartz erhielt am 25. Januar 2007 vom Landgericht Braunschweig wegen Untreue und Begünstigung des VW-Betriebsratschefs zwei Jahre auf Bewährung plus 576.000 Euro Geldstrafe. Er hatte Untreue durch Betriebsratsbestechung in 44 Fällen zugegeben, wofür ihm bis zu 15 Jahre Freiheitsstrafe gedroht hatten.
- Ex-Bundesinnenminister Manfred Kanther bekam am 25. September 2007 vom Landgericht Wiesbaden wegen Untreue 54.000 Euro Geldstrafe verordnet. Er hatte den Sündenbock in der Schwarzgeldaffäre der Hessen-CDU gespielt. Die Bezeichnung erfundener Spender als »jüdische Vermächtnisse« stieß auch in Israel auf helle Empörung und zwang Roland Koch zu einer Entschuldigung.
- Ex-Kanzler Helmut Kohl erreichte 2001 als Hauptfigur der CDU-Spendenaffäre im Ermittlungsverfahren wegen Untreue zum Nachteil seiner Partei gegen 300.000 Geldbuße eine Einstellung »wegen geringer Schuld« – eine »erkaufte Unschuld« *(Kontraste)*. Dabei hält der Einheitskanzler bis heute sein verfassungswidriges Ehrenwort und schweigt über die Spender, was ihn inzwischen zum umjubelten Parteihelden macht.

Das Mauscheln der Staatsanwaltschaft mit den Verteidigern der Reichen und Mächtigen mit dem Ziel Milde gegen Geld gilt Kritikern als »mittelalterlicher Ablasshandel«, wird aber von der Politik als »Prozessökonomie« erbittert verteidigt. Befürwortern wie Schleswig-Holsteins Justizminister Uwe Döring (SPD) gefällt allerdings nicht, »wenn der Eindruck entsteht, dass man sich freikaufen kann, dass Wirtschaftsführer mit teuren Anwälten immer glimpflich davonkommen und dass es so was gibt wie eine Scheckbuchjustiz, das strapaziert natürlich das Rechtsempfinden«. [122]

Nicht alle lassen sich allerdings von solchen unverfrorenen Plädoyers für den »Urteilskauf« blenden. So erstattete nach dem Mannesmann-Urteil eine Hamburger Kanzlei gegen die Richter des Landgerichts Düsseldorf, die Ankläger sowie die sechs Angeklagten Strafanzeige wegen Rechtsbeugung und Strafvereitelung. [123]

Zum Vergleich: Im Herbst 2007 wird eine Seniorin aus Heppenheim wegen Diebstahls eines Duftsprays im Wert von 1,99 Euro vom zuständigen Richter am Amtsgericht Bensheim zu einer Freiheitsstrafe von zwei Monaten auf Bewährung verurteilt, da sie »Wiederholungstäterin« sei.

Pseudokorruptionsbekämpfung

Dass Papier geduldig ist und oft mehr wert als das darauf Geschriebene, gilt gelegentlich auch für Gesetze. Man denke nur an Artikel 21 der Verfassung des Landes Hessen, wonach ein richterliches Todesurteil nur aufgrund eines Strafgesetzes und nur bei besonders schweren Verbrechen erlaubt ist, oder Artikel 14 des Grundgesetzes über die Enteignung zugunsten der Allgemeinheit.

Andererseits ist es manchmal sehr aufschlussreich, welche Gesetze mit allen legalen und halbseidenen Mitteln verzögert, verwässert oder verhindert werden.

Ein klassischer Fall ist die Abgeordnetenbestechung. Deutsche Politiker sind bekanntlich seit jeher dermaßen integer, dass man ein solches Gesetz erst seit 1994 benötigte. Und es dauerte bis zum 2. April 2007, dass der erste deutsche Volksvertreter wegen Bestechlichkeit verurteilt wurde. Ein Neuruppiner Stadtrat bekam neun Monate auf Bewährung, weil er gegen ein persönliches »Darlehen« von 10.000 Euro für eine Ausfallbürgschaft der Stadt zugunsten einer Investitionsgesellschaft gestimmt hatte.

Dies erschütterte die Politik auch deshalb, weil man den entsprechenden Paragraphen 108e des Strafgesetzbuches bewusst so eng gefasst hatte, dass nur Idioten dagegen verstoßen könnten. So geht es zum Beispiel nur um Stimmenkauf, nicht aber um Stimmungsmache. Ebenso sind Dankeschön-Spenden nach der Abstimmung, Überweisungen an den Ehegatten des Abgeordneten oder Stimmenkauf für die entscheidenden Fraktionssitzungen (die die Parlamentsentscheidung meist vorwegnehmen) straffrei.

Im Jahre 2004 jedoch musste Deutschland unter internationalem Druck die UN-Konvention gegen Korruption unterzeichnen, die eine umfassende Strafbarkeit von Korruption, nicht nur beim Abstimmen, fordert. Allerdings denkt die Politik nicht im Traum an die Umsetzung der Konvention. Als Grund sagte der CDU-Bundestagsabgeordnete Siegfried Kauder allen Ernstes, er kenne »keinen einzigen Beispielfall eines bestechlichen Bundestagsabgeordneten. Deswegen gibt es hier keinen vordringlichen Handlungsbedarf.«[124]

Kein einziger Fall? Warum eigentlich? Eine Antwort geben Prozesse wie dieser: Im Zuge des Klüngelskandals erhält Norbert Rüther, Ex-Chef der Kölner SPD-Ratsfraktion, im September 2005 vom Landgericht Köln unter anderem wegen Bestechlichkeit eine Freiheitsstrafe von zwei Jahren und drei Monaten. Er habe rund 75.000 Euro von einem Müllunternehmer erhalten, der auf einen lukrativen Vertrag mit der Stadt Köln hoffte. Im Juli 2006 aber kassiert der Bundesgerichtshof das Urteil: Als damaliger Abgeordneter habe er das Geld durchaus annehmen dürfen.[125]

Nimmt man nun noch die zahlreichen Möglichkeiten der Korruptionsverschleierung dazu, vom überbezahlten »Gastvortrag« und Beratervertrag über das USA-Studium für den Sohn bis hin zum Versprechen eines Traumjobs nach der aktiven Politikerlaufbahn – so brauchen sich aus strafrechtlicher Sicht unsere Volksvertreter also keinerlei Hemmungen aufzuerlegen.

Und auch Berufsmahner Günter Grass könnte sich seine donnernde Forderung nach »Hausverbot für Lobbyisten« im Bundestag sparen. Sollen die 4.500 registrierten Interessenvertreter[126] doch alles kaufen, was bis drei nicht im Abgeordnetenbüro ist.

Dass sie sich bei der Offenlegung ihrer lukrativen Geldquellen dennoch zieren, hat einen schlichten Imagegrund: Wer will schon als »gekaufte Marionette« dastehen?

Deshalb musste erst das Bundesverfassungsgericht die Volksvertreter zur Offenlegung ihrer Nebenjobs über 1.000 Euro monatlich verpflichten. Auch jetzt erfährt der Bürger zwar keine Details, aber er weiß, wer auf welcher Gehaltsliste steht. Er bekommt wenigstens »eine Idee davon, was man verdienen kann«.[127] Und er ahnt: Noch zahlreicher als die Wege nach Rom sind die Wege des Einflusses der Wirtschaft auf die Politik. Kein Wunder also, dass er die Wirtschaft als Koch und die Politik als Kellner betrachtet. Daher schneidet sich die Politik mit ihrer Saubermannlegende ins eigene Fleisch Wie viele Bürger dürften wohl ernsthaft glauben, seit 1949 habe es im Bundestag unter Tausenden Volksvertretern keinen einzigen bestechlichen gegeben? Aber wie viele Bürger werden umgekehrt ihr Misstrauen gegenüber der Politik gleich auf die Justiz ausdehnen: »Lässt man nicht wirklich die Großen laufen?« Nebenbei: Der Bürger muss dem Abgeordneten keineswegs die Schuld nachweisen. Es reicht, wenn er ihn im Rahmen der Gedankenfreiheit für korrupt hält und ihn – womöglich samt seiner Partei – nicht mehr wählt.

Was ist eigentlich Korruption?

Dabei werden viele Varianten der Korruption gar nicht als solche betrachtet. Bestechlich ist man ja angeblich nur, wenn man für eine verbotene Gefälligkeit eine materielle Gegenleistung erhält. Dabei interessiert den Bürger doch grundsätzlich: Trifft der Politiker eine Entscheidung um der Sache willen oder unter eigennützigen Gesichtspunkten?
Dazu einige Beispiele:

- Wirbt ein Politiker für die »Armut per Gesetz« aus innerer Überzeugung oder weil er sich als Gegenleistung Karrierevorteile wie einen sicherer Listenplatz, ein Parteiamt oder gar einen Ministerposten erhofft? (Die Drohung mit Karrierenachteilen ist dabei dasselbe in Grün: Erpressung ist nichts anderes als »negative Bestechung«.) Ist es im zweiten Falle überhaupt wichtig, ob er ein Angebot erhielt und ob seine Hoffnung sich erfüllt?
- Die immateriellen Werte wie Macht und Ruhm sind Politikern oft wichtiger als der schnöde Mammon: Manch einer würde ja Geld bezahlen, um einmal in der Talkshow aufzutreten, vom Fernsehen interviewt zu werden oder zu Staatsempfängen, Kanzlerfesten oder *Wetten dass* zu dürfen. Ist

es wirklich abwegig, dass Politiker die Arbeitslosen Arbeitslose und die Bildung Bildung sein lassen und ihre »Meinung« so ausrichten, dass sie ins Rampenlicht kommen und möglichst lange darin bleiben?

• Wird die Sache dadurch besser, dass eine gesamte Fraktion sich genauso verhält, weil sie um keinen Preis eine Koalition gefährden will? Wenn ihre Minister aus der Regierung fliegen, dann rutscht die gesamte Kolonne abwärts auf der Karriereleiter. Der Minister wird Fraktionschef, der bisherige Fraktionschef verdrängt den bisherigen Vize, der nur noch einfacher Abgeordneter ist und so weiter. Und deshalb wird abgelehnt oder zugestimmt – egal, worum es inhaltlich gerade geht.

Dem Wähler wäre im Kampf gegen seine eigene Verblödung schon viel geholfen, wenn er sich stets die simple Frage stellte: Stimmt der Politiker zum Beispiel der Bahnprivatisierung zu, weil er ehrlichen Herzens den Investoren eine Verbesserung des Schienenverkehrs zutraut oder weil er schlicht keinen Bock hat, sich nach der nächsten Wahl auf dem Arbeitsmarkt durchzusetzen?

4. Pseudoumweltschutz

Fragt man den gutgläubigen Durchschnittsbürger nach dem Umweltverhalten der Deutschen, so bezeichnet er unser Land möglicherweise ernsthaft als vorbildlich. Vielleicht nennt er als Beweis auch noch die beeindruckende Medienshow der Kanzlerin rund um Klimagipfel und Kyoto-Protokoll.

Die Wahrheit allerdings sieht ein wenig anders aus: Nach marktradikaler Logik schadet »übertriebener« Umweltschutz der Volkswirtschaft, weil wichtige Investitionen und natürlich die Schaffung vieler, vieler Arbeitsplätze nur bei einem Freibrief für die rücksichtslose Zerstörung der Natur möglich seien.

> »Hängt die Grünen, solange es noch Bäume gibt.«
> Mehmet Scholl

Wann immer es also um neoliberale Klimaschutzverhinderung geht, steht Deutschland unerschrocken an vorderster Front. So rückte die EU-Kommission auf massiven Druck der Bundesregierung und der deutschen Autokonzerne vom Plan ihres Umweltkommissars Stavros Dimas ab, die klimaschädlichen Auto-Abgase bis 2012 vor allem durch sparsame Motoren zu reduzieren. Zuvor hatten die deutschen Hersteller mit dem Verlust Zehntausender Arbeitsplätze gedroht, falls sie Neuwagen umweltfreundlich modernisieren müssten. Auf Deutsch: Auch Klimaschutz – »die Bewahrung der Schöpfung« – ist mit der Marktwirtschaft unvereinbar.

Das gibt uns die deutsche Wirtschaft auch gern schriftlich: Ein Positionspapier des Deutschen Industrie- und Handelskammertags (DIHK) fordert, die Vorgabe, bis 2020 die Abgasemissionen um 40 Prozent zu senken, zu streichen, das Umweltministerium zu zerschlagen und wichtige Kompetenzen dem Wirtschaftsministerium zuzuweisen. Naturschutzregelungen hätten »in der Praxis zahlreiche Infrastrukturvorhaben und Standortentwicklungen behindert«.[128]

Und auch die Bundesregierung ist ihr Geld wert: Die geplanten Grenzwerte seien »für uns unannehmbar«, polterte Bundeswirtschaftsminister Michael Glos. Es gehe »nicht nur um Umweltpolitik, sondern um knallharte industriepolitische Interessen«. Und Verkehrsminister Tiefensee griff einmal mehr in seine Kiste der tausend Peinlichkeiten: »Eine spritsparende Fahrweise könnte zusätzlich helfen, das Klima zu schonen.«[129]

Aber auch sonst kann der Umweltfreak Gutes tun, zum Beispiel mit dem freiwilligen CO_2-Ablassbrief der Touristikbranche: Zum Beispiel 7 Euro für einen Flug München – Mallorca und 65 Euro für Frankfurt – Bangkok. Das Geld geht an eine Non-Profit-Organisation und soll direkt in Solar-, Wasserkraft-, Biomasse- und Energiesparprojekte in einzelnen Entwicklungsländern fließen und dort Treibhausgase einsparen.[130]

Kommentar von Henryk M. Broder: »Damit wird die Luft nicht sauberer, aber der Urlauber kann seinen Aufenthalt auf Phuket mit gutem Gewissen genießen – um den Preis einer Flasche Prosecco.«[131]

Ein Höhepunkt symbolischer Umweltpolitik war die »Aktion Licht aus« am 8. Dezember 2007. *Greenpeace, BUND, World Wildlife Fund (WWF), Bild, ProSieben* und *Google* riefen zur Fünfminutenverdunkelung von 20.00 bis 20.05 auf, und acht Millionen Menschen demonstrierten so für den Klimaschutz. Kommunen, Kirchen und Parlamente stimmten zu, berühmte Bauwerke wie Brandenburger Tor, Kölner Dom, Schloss Neuschwanstein und Heidelberger Schloss blieben duster. Zahlreiche Prominente wie die unvermeidlichen Veronica Ferres, Maria Furtwängler, Matthias Platzeck und Franz Beckenbauer unterstützten das sinnstiftende Spektakel.

Ein wirkliches Husarenstück des wirtschaftsfreundlichen SPD-Kompetenzduos aus Verkehrsminister Wolfgang Tiefensee und Umweltminister Sigmar Gabriel ist der *Energiepass*. Das Dokument ist seit Anfang 2009, für Bürohäuser ab Juli 2009 Pflicht, kostet 300 Euro und soll Mietern und Käufern von Wohnungen oder Häusern Auskunft über den Energieverbrauch geben; denn was nutzt eine attraktive Kaltmiete bei astronomischen Heizkosten?

Der Clou: Der Gesetzgeber erlaubt auch einen Billigpass für 15 Euro aus dem Internet. Darin sieht Professor Gerd Hauser vom Fraunhofer Institut für Bauphysik »eine Katastrophe für den Energiepass, weil mit schlichter Eingabe von Daten, die niemand kontrolliert, ein Energiepass erzeugt wird. Es hat fast den Charakter eines amtlichen Dokuments und taugt in Wirklichkeit nichts.« Schuld sei die Lobbyarbeit der Wohnungswirtschaft. Die befürchte wohl, »dass sehr marode Immobilien schlecht vermietbar sind und dass Kosten auf diese Gebäude zukommen«.[132]

Bei der *Mülltrennung* verstehen die Deutschen keinen Spaß. So gehört bei der Entsorgung eines Teebeutels der Tee in die Komposttonne, die Metallklammer zum Alteisen, das Teeschild zum Altpapier und Beutel samt Schnur in den Restabfall. Dabei hat sich längst herumgesprochen, dass der liebevoll aufgeteilte Müll meist wieder zusammengekippt und dann von Maschinen erneut getrennt wird. Die nämlich können längst das, was der mündige Bürger nicht auf die Reihe bekommt: Etwa die Hälfte des von Menschenhand getrennten Mülls landet im falschen Container.[133] Einzig positiver Aspekt: Die Deutschen können sich als angebliche Umweltschutzweltmeister selbst auf die Schulter klopfen.

All das ist aber noch gar nichts gegen das *Dosenpfand*. 1991 vom damaligen Umweltminister Klaus Töpfer eingeführt und 1998 von Nachfolgerin Angela Merkel bürokratisch weiterentwickelt, hatte das Dosenpfand unter Minister Jürgen Trittin die einzige Funktion, den Grünen in der Schröder-Regierung nach der Abkehr von Friedens- und Antikernkraftpolitik einen – wenn auch armseligen – Erfolg zu verschaffen. Vor allem in den Jahren 1999 bis 2004, als die zivilisierte Welt über die westlichen Invasionen in Jugoslawien, Afghanistan und im Irak und die immense Zahl der menschlichen »Kollateralschäden« diskutierte, stritten Bundestag, Bundesrat, Verwaltungsgerichte, Bundesgerichtshof und selbst der Europäische Gerichtshof unter reißerischer Begleitung durch den Boulevard etwa über die Frage, ob ein Supermarkt eine woanders gekaufte Seltersflasche zurücknehmen muss. Sogar die Bundeswehreinheiten in Kabul mussten sich im Jahre 2003 erst umständlich vom Dosenpfand befreien lassen.

Mehr noch als dem Umweltschutz nutzte das Einwegpfand übrigens der Branche: Bis 2006 kapitulierten Millionen Endverbraucher vor dem Chaos und ließen Pfand für 1,4 Milliarden Euro einfach verfallen.

Herzstück der Verblödung aber ist die Ökosteuer, vor allem in Form der Strom-, Kraftfahrzeug- und Mineralölsteuer. Welcher Bürger möchte nicht irgendeinen Beitrag zum Kampf gegen Klimakatastrophe und Umweltdesaster leisten? Und wenn man die Verschwendung am eigenen Geldbeutel spürt – umso besser.

Nun ist die Ökosteuer aber zum einen, ähnlich wie die Mehrwertsteuer, eine reine Endverbrauchersteuer, die die Unternehmen gar nicht, dafür aber die Bürger umso stärker trifft, je weniger sie haben. Für Norma Loh aus Essen wird die Golf-Reise nach Rimini wegen der Spritpreise schnell zum Luxusurlaub, während Kurt Krösus sogar die Ferrari-Fahrt von Blankenese nach Peking locker aus der Schampus-Kasse zahlt.

Zum anderen fließen die Steuereinnahmen nicht einmal zu einem Prozent in erneuerbare Energien, aber zu fast neunzig Prozent in die Rentenkassen. Hier aber dienen sie nicht der Sicherung seniorenwürdiger Renten, sondern der Senkung der Beiträge und damit der »Lohnnebenkosten«, also dem Rückbau des Sozialstaates.

Spitzenreiter der Umweltschutzverblödung aber ist der Bio-diesel. Für den Autofahrer soll das umweltfreundlich klingen. Unterschlagen wird dabei, dass in vielen Teilen der Welt derzeit Naturlandschaften großflächig für den Anbau von Ölsaaten kultiviert werden.[134] Umweltverbände wie *Rettet den Regen-wald* prangern daher den Zusammenhang von EU-Importen und Regenwaldzerstörung ebenso an wie die hohen Emissions-werte einiger Anbaumethoden etwa bei Palmöl. Unterm Strich werde ein Vielfaches mehr an CO_2 freigesetzt, als die Pflanzen später wieder binden könnten.

Noch schlimmere »Schattenseiten des Biospritbooms«, näm-lich Hungersnöte in den Anbauländern, entlarven die AFP-Re-porter Alexandre Peyrille und Isabelle Tourne im Januar 2007 in ihrer Polemik *Volle Tanks, leere Teller:* »Was auf der einen Seite der Grenze als Durchbruch in der Umwelttechnik gefeiert wird, schürt auf der anderen Seite die Angst ums Überleben: In den USA boomt das Geschäft mit Bio-Sprit. Im Gegenzug wird in Mexiko nun der Mais knapp – und für die Armen unbezahlbar.«[135]

5. Pseudoverbraucherschutz

Kaum irgendwo funktioniert der Datenschutz so perfekt wie beim Inhalt von Speis und Trank. So fehlt im Verbraucherin-formationsgesetz vom Juli 2007 – für die Grünen ein »Infor-mationsvermeidungsgesetz« und für *foodwatch* »Verpackungs-schwindel« – die Pflicht für Behörden und Unternehmen, über Lebensmittelskandale à la Gammelfleisch unaufgefordert zu informieren und die Ergebnisse der aus Steuern finanzierten Lebensmittelkontrollen offenzulegen.

Dass diese Geheimniskrämerei zugunsten von Schlampern und

Verbrechern Methode hat, wurde deutlich beim Streit um die Ampelkennzeichnung von Lebensmitteln. Während man heute die Verbraucher mit einer Fülle unverständlicher Abkürzungen, Tabellen und Prozentzahlen auf den Verpackungen pseudoinformiert und gezielt verwirrt, gibt die in Großbritannien längst übliche Ampelvariante die kritischen Stoffe Zucker, Fett und Salz in den Signalfarben Rot, Gelb und Grün auf der Verpackungsvorderseite an. Dies entspricht exakt einer EU-Verordnung, nach der ab 2009 »verheimlichte Dickmacher« *(Frontal 21)* auch für die Nicht-Chemiker unter den Verbrauchern erkennbar sein müssen.

Obwohl weit über die Hälfte der Bundesbürger diese ehrliche Kennzeichnung wollen, stößt sie bei Industrie, Union und FDP auf kämpferischen Widerstand. Motto: Ehrlichkeit gefährdet Arbeitsplätze bei den Schweinefraßherstellern. Prompt warf die SPD Minister Horst Seehofer wegen seiner These, die Ampelkennzeichnung sei ein Standortnachteil für die Wirtschaft, »Lobby-Nähe« vor.[136]

Was die CDU/CSU-Bundestagsfraktion stattdessen vorschlägt, ist weder ein Aprilscherz noch aus dem ZDF-Satirerenner *Neues aus der Anstalt:* Den »Kampf gegen Fehlernährung« will sie »durch die Bereitstellung von Materialien zur Ernährungsaufklärung für Schulen und Ärzte, beginnend bei der Schwangerenberatung über die Kinderbetreuung (Kita und Kindergarten) bis hin zur Schule sowie durch die Unterstützung von Ernährungsforschung und wissenschaftlichen Präventionsprogrammen« führen.[137]

Auch der Re-Import von Autos ist eine jener ungeheuer verbraucherfreundlichen Leistungen, die unsere Industrie erst nach erbittertem Widerstand der deutschen Regierung und nach einem Urteil des EU-Gerichtshofs »freiwillig« gewährt. Im Juli 2000 gab es 90 Millionen Euro Bußgeld für den VW-

Konzern, weil er italienische Vertragshändler am Verkauf an deutsche Kunden gehindert und damit gegen die sonst so hochgelobten Regeln des freien Marktes verstoßen hatte.[138]

Ebenso bedurfte es erst der EU-Richtlinie 1999/44/EG, um seit 2002 auch im Land von »König Kunde« die Mindestdauer der Garantie (»Gewährleistung«) beim gewerblichen Verkauf von sechs Monaten auf zwei Jahre zu erzwingen. Zuvor wurden ausländische Anbieter mit kundenfreundlichen Garantiezeiten wegen »unlauteren Wettbewerbs« verklagt.

Als die EU-Richtlinie 2003/33/EG die nationale Umsetzung des Verbots für Tabakwerbung spätestens zum 31. Juli 2005 verfügte, dachte die rotgrüne Bundesregierung nicht im Traum daran, sondern klagte dagegen beim Europäischen Gerichtshof. Die neue Regierung hielt an der Klage fest; denn Werbewirtschaft und Zigarettenlobby schäumten vor Wut, und die Verlegerverbände BDZV und VDZ sahen sogar die Pressefreiheit bedroht.

6. Antifaschismus zum Nulltarif

Die Deutschen sind wahrlich unerschrockene Antifaschisten. Dabei spalten sie sich allerdings spätestens seit den Tagen der Achtundsechziger in zwei feindliche Lager. Die einen, die undankbaren Söhne und Töchter, verlangten von ihren Vätern, unter deren Tisch sie ihre Füße streckten, Aufklärung über deren Rolle im Tausendjährigen Reich, über Holocaust und Stalingrad, über Zwangsarbeiter und Reichswehr, über die NS-Vergangenheit der Nachkriegsspitzen in Politik, Wirtschaft und Justiz. Die anderen, Papis Lieblingserben, sahen darin einen groben Verstoß gegen Gottes Viertes Gebot, die Elterngeneration zu ehren und ihr politisches Vermächtnis fortzuführen.

Sie machten den NS-Marinerichter Hans Filbinger (»Was damals Recht war, kann heute nicht Unrecht sein«) zum Ministerpräsidenten, benannten Bundeswehrkasernen nach Nazioffizieren wie Eduard Dietl, Werner Mölders, Günther Rüdel oder Ludwig Kübler. Gleich zwei tragen noch heute den Namen von »Wüstenfuchs« Erwin Rommel. Als Fan outete sich 1997 auch der damalige Verteidigungsminister Volker Rühe (CDU), heute Berater der Heuschrecke Cerberus.

Bei derlei moralischer Rückendeckung wundert es kaum, dass eine Hildesheimer Möbelfirma im Jahre 2000 eine Schrankwand nach Rommel benannte.

Ralph Giordano bemerkt zum Rommel-Kult: »Es kann … keine persönliche Integrität geben für jemanden, der in solchen Höhen einem Verbrecher als Staatsoberhaupt so lange, so erfolgreich und so hingebungsvoll gedient hat.«[139]

Dass vor allem die Christdemokraten bis heute nichts auf das Treiben ihrer Väter in der Wehrmacht kommen lassen wollen und demzufolge allzu oft die Antifaschisten der Hitlerzeit als »Vaterlandsverräter« sehen, verdeutlichte im Mai 2007 ihre Weigerung, das *Gesetz zur Aufhebung nationalsozialistischer Unrechtsurteile* auch auf Deserteure auszuweiten. Begründung durch CDU-Menschenrechtler Norbert Geis: »Wer Kriegsverrat beging, hat oft in einer verbrecherischen Weise den eigenen Kameraden geschadet, ja sie oft in Lebensgefahr gebracht … zum Beispiel dann, wenn der Verräter zu den feindlichen Linien überwechselte und, um sich dort lieb Kind zu machen, die Stellungen der eigenen Kameraden verriet, von denen er geflüchtet war.« Eine Aufhebung der damaligen Kriegsverratsurteile würde »solch ein verwerfliches Verhalten« nachträglich sanktionieren.[140]

Da aber auch Papis Testamentsvollstrecker als Antifaschisten dastehen wollen, verkaufen sie die NS-Zeit als »Phänomen jenseits von Raum und Zeit« und die Nazis als »Aliens, die Deutschland zwölf Jahre lang besetzt hielten, bestenfalls eine hässliche Verwandtschaft, unter deren schlechten Manieren man selber immer noch leiden muss«.[141]

Auf dieser in jeder Hinsicht ungefährlichen Basis kennt der »Antifaschismus« kein Halten mehr; und damit nicht doch noch aus Versehen die Sprache auf die wirklichen Ursachen und Täter jener Schreckensherrschaft kommt, konzentriert man sich geradezu manisch und hysterisch auf Nebensächliches.

Die Frage, ob eine Nachrichtenvorleserin in einer sprachlich und inhaltlich zerzausten Rede die NS-Familienpolitik verteidigen oder nur die emanzipierten Frauen madig machen wollte, wurde schnell zum Aufreger der Nation hochgekocht, allen voran der unvermeidliche Johannes B. Kerner. Sein Tribunal explodierte, als Eva Herman sagte: »Es sind auch Autobahnen gebaut worden, und wir fahren heute darauf.« Daraufhin deklamierte Kerner jenen Satz, der sein eigenes und jener Antifa-Simulanten geistig-moralisches Niveau bestens zusammenfasst: »Autobahn geht gar nicht.« Aha! Dann gehen Ehegattensplitting und Krankenversicherung für Rentner – beide ebenfalls unter Hitler eingeführt – wohl erst recht nicht?

Vollends auf die Palme bringt es die Antifa-Nachahmer, wenn man ihr dümmliches Theater als solches enttarnt. So beobachtete der Publizist Henryk M. Broder einen regelrechten »moralischen Amoklauf« beim öffentlichen Geschrei um das *Nazometer*, ein Gerät, das in der Sendung *Schmidt & Pocher* – als Persiflage auf den Kerner-Eklat – bei »nazi-verdächtigen« Begriffen wie *Autobahn* piepte. Die beiden hätten »nicht den Massenmord vergagt oder die NS-Opfer verhöhnt, sie haben sich über den ritualisierten, verlogenen und wohlfeilen Umgang mit dem lustig gemacht, was vom Dritten Reich übriggeblieben ist: das inszenierte Entsetzen«.[142]

Diese Art »Antifaschismus« hat Tradition: In einer Gedenkrede zum 50. Jahrestag der Reichskristallnacht am 10. November 1988 fragte der damalige Bundestagspräsident Philipp Jenninger (CDU): »Machte nicht Hitler wahr, was Wilhelm II. nur versprochen hatte, nämlich die Deutschen herrlichen Zeiten entgegenzuführen? War er nicht wirklich von der Vorsehung auserwählt, ein Führer, wie er einem Volk nur einmal in tausend Jahren geschenkt wird?« Darauf verließen mehrere Abgeordnete von SPD, Grünen und FDP zu Recht wütend den Saal; und Jenningers politische Karriere war beendet.

Genau ein Jahr später wiederholte der damalige Präsident des Zentralrates der Juden in Deutschland, Ignaz Bubis, in einer Frankfurter Synagoge Jenningers Rede als seine eigene: »Keiner hat etwas gemerkt.«[143]

Ein Meisterwerk des kreativen Antifaschismus liefert die Gleichsetzung von Kapitalismus mit Antisemitismus. So ähnelt für den Bundeswehrprofessor Michael Wolffsohn die Bezeichnung von Wirtschaftsunternehmen als *Heuschrecken* durch Franz Müntefering der Nazi-Hetze gegen Juden. Der mittlerweile verstorbene Chef des Zentralrates der Juden, Paul Spiegel, kanzelte dies allerdings als »absurd« ab.

Derselbe »Antifaschist« Wolffsohn sagte übrigens am 5. Mai 2004 in der *ntv*-Talkshow »Maischberger«: »Wenn wir mit Gentleman-Methoden den Terrorismus bekämpfen wollen, werden wir scheitern … Als eines der Mittel gegen Terroristen halte ich Folter oder die Androhung von Folter für legitim.«

Ebenfalls als Antifaschist geriert sich ausgerechnet der »Herr über die jüdischen Vermächtnisse« Roland Koch. Als ver.di-Chef Franz Bsirske im Jahre 2002 einige steinreiche Profiteure der rotgrünen Steuerreform namentlich nennt, brandmarkt Roland Koch dies als »neue Form von Stern an der Brust«.[144]

Wie Wolffsohn wird auch Koch offenbar Opfer einer Art Freud-schen Antisemitismus:
Denn weder Müntefering noch Bsirke setzen nach Nazimanier Juden mit Reichen gleich – die beiden Kritiker tun es aber ganz automatisch.

Auch Kochs Partei- und Gesinnungsgenosse, der nordrhein-westfälische Integrationsminister Armin Laschet, flog mit ver-logenem »Anti-Antisemitismus« auf. Laschet hat sich für den Rausschmiss des Direktors des Zentrums für Türkeistudien, Faruk Sen, starkgemacht, weil der die Situation der in Europa lebenden Türken in einer türkischen Zeitung mit der Judenver-folgung in der Nazizeit verglichen hatte. Prompt protestierte auch hier der Zentralrat der Juden. Generalsekretär Stephan Kramer schrieb dem Minister, Sen sei seit Jahrzehnten ein Freund der jüdischen Gemeinschaft und »weder ein Holocaust-relativierer noch ein Antisemit«. Er halte die Diskussionen über die beabsichtigte Entlassung für »unseriös« und verfolge sie mit »Befremden und Unverständnis«. Kramer ging sogar noch weiter: Es sei eine Tatsache, dass »türkischstämmige Mus-lime in Deutschland, ja in Europa, trotz aller freundschaftlichen Beteuerungen, sehr wohl alltäglichen Diskriminierungen und Ausgrenzungen ausgesetzt sind, die teilweise in ihrer Erschei-nungsform der Diskriminierung von Juden im letzten Jahr-hundert ähnlich sind«. Besonders kritisierte Kramer »die ein-schlägige Fremdenfeindlichkeit, die bis heute Juden und Musli-me, aber auch Ausländer und Menschen dunkler Hautfarbe in Deutschland« vereine.[145] Was denn: Der Zentralrat der Juden als Verharmloser des Holocaust und Islamistenhandlanger?

Dieser überbordenden *Antifa paradox* steht ein außerordent-lich besonnenes Vorgehen gegen leibhaftige Faschisten ge-genüber: Bei den inzwischen fast wöchentlich gemeldeten fremdenfeindlichen Übergriffen treibt die Politik vor allem eine Sorge um: Was sollen denn die ausländischen Investoren denken?

So warnte Bundestagsvizepräsident Wolfgang Thierse nach der Hetzjagd auf acht Inder durch eine Gruppe von 50 Deutschen im August 2007 im sächsischen Mügeln, solche Vorfälle seien »ein Risiko für den deutschen Wirtschaftsstandort«,[146] Sachsens Ministerpräsident Georg Milbradt warnte vor Vorverurteilung. Motto: Vielleicht waren es ja gar keine Nazis, sondern hochanständige Patrioten.

Den ganzen Schritt in dieser Hinsicht machte das »Hakenkreuzmacherland« *(Spiegel)* Sachsen-Anhalt, indem man die Neonazidelikte einfach in normale Übergriffe umdichtete: Die Hakenkreuze könnten zum Beispiel auch Kinder gemalt haben. Ebenso wurden besonders erfolgreiche Nazijäger strafversetzt, weil sie zu genau und zu erfolgreich im »braunen Sumpf« ermittelten und dadurch dem »guten Ruf« (!) der betroffenen Kommunen schadeten.[147] Als Sündenbock musste LKA-Chef Frank Hüttemann im November 2007 wegen geschönter Statistiken über rechte Gewalt zurücktreten.

Wenn so der antifaschistische Kampf aussieht, dann verwundert es nicht, was die Antifaschismus-Imitatoren unter »Zivilcourage« verstehen.

So verlieh das Klatschblatt *Bunte* dem US-Filmstar Tom Cruise Ende 2007 den »Bambi für Zivilcourage« für seine Rolle als Hitler-Attentäter Stauffenberg, für das NDR-Magazin *Zapp* eine »peinliche Ehrung«.

Fünf Jahre zuvor war die Trophäe an die Mimin Iris Berben gegangen, weil sie mit dem Programm »Das Tagebuch der Anne Frank – Tagebücher von Joseph Goebbels – Verfemte Musik« durch Deutschland, Österreich und die Schweiz getourt war. Lakonischer Kommentar von Henryk M. Broder: »Kamen frü-

her Leute, die sich ›mutig‹ für den Frieden einsetzten, ins Gefängnis oder wurden in die Verbannung geschickt, bekommt
Iris Berben heute für ihren mutigen Einsatz zuerst den ›Bambi
für Zivilcourage‹ und dann eine Geschichte in der ›Gala‹. Und
kein Mensch sagt einem, worin der ›Mut‹ und wo das Risiko
beim Einsatz liegt. In der Wahl des Make-ups? Beim Verzicht auf den ADAC-Schutzbrief? Im Umgang mit der VISA-
Karte?«[148]
Dieser Mut der Kerners und Berbens wird nur noch übertroffen von der Zivilcourage des rundumversorgten Peter Struck,
der die Verabschiedung von Hartz IV ebenfalls »mutig« findet – wobei man Letzteres durchaus so sehen kann …

7. Pseudoemanzipation

Nicht nur bei der Schulbildung blamiert sich die Nation, in
puncto Gleichberechtigung ebenso. »In Deutschland liegt der
durchschnittliche Stundenlohn von Frauen um rund 22 Prozent unter dem der Männer. Damit gehört Deutschland zu den
Staaten mit der größten Ungleichheit bei der Bezahlung von
Männern und Frauen«, stellte EU-Sozialkommissar Vladimir
Spidla im Juni 2008 fest. Gleich schlimm oder schlimmer sei es
nur in Estland, Zypern und der Slowakei.[149]
Im unermüdlichen Kampf für die Gleichberechtigung der Frau
stehen sich seit jeher zwei Fronten mehr oder minder feindselig
gegenüber.
Die einen sehen – oft in unausgesprochener Anlehnung an
das Wort des Bibelmachos Paulus »Das Weib sei dem Mann
untertan«[150] – die ideale Frau als Hausfrau und Mutter. Damit
befinden sie sich in guter deutscher Tradition: Erst seit 1958
dürfen Frauen ihr Vermögen selbst verwalten und ohne Zu-

stimmung des Ehemannes berufstätig sein,[151] erst seit 1977 sind sie nicht mehr in erster Linie zur Haushaltsführung verpflichtet,[152] und erst seit 1997 ist Vergewaltigung in der Ehe strafbar. Die anderen sehen sie als Berufstätige und Mutter mit Tendenz zum *Superweib* à la Hera Lind oder Ursula von der Leyen.

Die Heimchen-Fraktion

Auf der einen Seite Eva Herman, auf der anderen Seite unsere Familienministerin, nach den Worten ihrer öffentlich-rechtlichen Hofdame Maria von Welser »blond, zierlich und blitzgescheit«, die für ihre Pläne zur Verbesserung der Kinderbetreuung von Unions-Männern erbittertes Kontra erhielt. So warnte Fraktionschef Volker Kauder davor, das Familienmodell mit berufstätiger Mutter in den Mittelpunkt zu stellen.

Sicherlich geht es den zu 95 Prozent männlichen Herman-Verteidigern nicht um das NS-Verständnis einer gelernten Hotelfachfrau, geschweige denn um das Recht auf Meinungsfreiheit. Was ihnen den virtuellen Schaum vor den Mund treibt, ist ein mangelndes Angebot an pflegeleichten Frauen Marke »Oh du mein starker Mann und Gebieter, dir zuliebe gebe ich meinen Beruf als Ärztin auf, funktioniere als Gebärmaschine, arbeite höchstens noch als Gratisaushilfe in *deiner* Praxis, lege aber ansonsten mein Schicksal in deine Hand, der du das Geld nach Hause bringst und deshalb auch das Sagen hast«.

Selbstverständlich gibt es nach wie vor freiwillige »Nur«-Hausfrauen – schließlich ist auch Kindererziehung Schwerstarbeit und eine Art Job. Aber auch diese Frauen würden sich kaum mit denen einlassen, die schlicht und einfach keine Lust haben, ihre gehorsamen Dummerles für viel Geld – und zum Gespött der Nachbarn – als exotische Katalogware zu importieren.

In diesem Zusammenhang dient die scheinheilige Forderung,

die Eltern müssten zwischen Erziehung daheim und Kita frei wählen können und daher statt mit preiswerten Kitas lieber mit Cash versorgt werden, übrigens auch der Multimedia- und Alkoholbranche. Verwahrloste Eltern müssen ja wenigstens die faire Chance haben, das Geld zu versaufen oder in Megafernseher und Videospiele anzulegen.

Die »Emanzenfraktion«

Was aber verstehen von der Leyen & Co. wirklich unter *Emanzipation* und *Gleichberechtigung?* Treten sie für die Rechte *aller* Frauen ein?

Beispiel Geburtenrückgänge:
Es geht ihnen vor allem um die Kinderlosigkeit der Bessergebildeten, also der Journalistinnen, Ärztinnen, Unternehmensberaterinnen und Marketingfrauen. Die Armut und Arbeitslosigkeit von Frauen und Müttern bleibt dagegen deren »Eigenverantwortung« überlassen. Und auch das Projekt *Billige Dienerschaft* ist mehr etwas für Lehrerehepaare aufwärts. Hartz-IV-Empfänger beschäftigen nun mal Haushaltshilfen, Putzfrauen und Supernannys meist nicht einmal in Schwarzarbeit.
Das löst aber noch lange nicht das Babyproblem der Powerfrauen, das laut einer Studie der Magdeburger Politologin Christiane Dienel vor allem ein Partnerproblem infolge eines Dünkelproblems ist. Während nämlich männliche Akademiker häufig »unter Bildungsstand« heirateten, etwa der Chef seine Sekretärin oder der Arzt die Krankenschwester, werde es umgekehrt »von der Gesellschaft kaum akzeptiert«, wenn etwa »die Chefin ihren Chauffeur als Ehemann« auswähle.[153]

Beispiel Beruf:
Spätestens seit Alice Schwarzer gemeinsam mit der Milliar-

denerbin Friede Springer im Jahr 2005 Wahlkampf für »Kohls Mädchen« Angela Merkel machte, wurde klar: Für manche »Frauenrechtlerin« ist Emanzipation, wenn eine Frau an der Spitze mitmischt, egal wobei und als was. Als Vorbilder gelten selbst Asozialpolitikern Maggy Thatcher, Bush-Komplizin Condoleezza Rice oder gar NS-Aushängeschild Leni Riefenstahl: Von Hitlers Propagandafilmerin schwärmte *Emma* Schwarzer noch 1999: »Wie alle Legenden ist auch die Riefenstahl aus der Nähe nur ein Mensch, in dem Fall noch ein weiblicher dazu, also bescheiden und verbindlich im Auftritt.«[154] Aber was soll's? Hauptsache Frau und ganz oben. Hätte es eigentlich einen Sieg der Emanzipation bedeutet, wenn Riefenstahl Führerin geworden wäre?

Auf ähnlicher Wellenlänge fordert die Grüne Katrin Göring-Eckardt, die es als Theologiestudienabbrecherin immerhin bis zur Bundestagsvizepräsidentin brachte, von den Frauen »mehr Machtwillen«. Das ist natürlich ein brandheißer Tipp für alleinerziehende Teilzeitarbeiterinnen und Kellnerinnen ebenso wie für Putzfrauen und sexuell genötigte Lehrmädchen.

Selbstverständlich ist es nicht gerade ein Indiz für Gleichberechtigung, wenn man in den Eliten kaum Frauen findet. Dass sie unter den Uniprofessoren nur zu 15 Prozent, unter den Chefredakteuren von Print und Funk zu unter zehn Prozent unter und den DAX-Chefs gar nicht vertreten sind, entlarvt das Land als Männergesellschaft.

Dieses gesellschaftliche Kardinalproblem aber lösen Politische Klasse und Teile der Frauenbewegung in der Art der Volks-*Vertreter*: Stellvertretend für alle Frauen machen die Schwarzers, Illners, Merkels, Wills und Pooths Karriere und werden mehr oder minder »reich, mächtig und berühmt«, während sich die große Masse benachteiligter Frauen mit ihnen von Herzen freuen darf. Dies aber ist die neoliberale, vorgetäuschte Chancengleichheit für eine Handvoll Plätze an der Sonne. Ob dies allerdings in der Marktwirtschaft anders überhaupt möglich ist, erscheint fraglich; denn, wie Barbara Gärtner von der *Süddeutschen* zu Recht betont, »eine Gruppe, die so heterogen ist wie die der Frauen, kann kaum solidarisch handeln. Deshalb war die Frauenbewegung nie eine Massenangelegenheit, die Hartz-IV-Migrantin und die Arztgattin haben zu wenig miteinander zu tun.« Andererseits aber ist konsequenter Feminismus »Teil eines unvollendeten humanistischen Projekts«.[155]

Alphamädchen und Feuchtgebiete

Den Schwarzer-Nachfolgerinnen wirft Gärtner vor: »Die Wir-Mädchen-um-die-dreißig-Bücher schaffen vielleicht eine lipglossschnutige Betroffenen-Peer-Group, die Interessenpolitik betreibt. So was macht auch der Bauernverband. Das ist okay, aber die Emanzipation kommt so keinen Schritt voran.« Kein Wunder also, dass auch »die Frauenbewegung zum Karrierecoaching verkommt.« Auch die *Alphamädchen* »deuten den Feminismus nur zu einer zweckorientierten Lebenspraxis um, sie verraten die Frauenbewegung an die Work-Wife-Balance«.[156]

Insofern sieht sie in Charlotte Roches Softporno *Feuchtgebiete* schon fast wieder einen Lichtblick, denn dadurch werde »ein Tabu-Thema Pop. Ausgerechnet. Denn in der Populärkultur waren bisher Tränen (rotzfrei) die einzig geduldete weibliche Körperflüssigkeit. Der Frauenkörper hat im Pop einem überirdischen Ideal zu folgen. Er ist die Rohmasse, die optimiert, trainiert, operiert wird. Der Körper muss blitzen wie die Karosserie eines Statusschlittens, er darf nicht lecken oder riechen; bloß nicht Natur sein.«

Fazit: Roches Buch könne man »auch wenn es einem ästhetisch missfällt, aus ideologischen Gründen gut finden. Sie kann nichts dafür, dass Medien ihr Buch als Alibi missbrauchen, um sich genüsslich mit dem ›Sex junger Mädchen‹ zu beschäftigen.«[157]

8. Pseudofriedenspolitik

Die Geschichte deutscher Militäreinsätze nach dem Zweiten Weltkrieg ist eine Geschichte der Täuschung der Bevölkerung. Um sich die Zustimmung der Menschen zum völkerrechtswidrigen Überfall auf Jugoslawien im Jahr 1999, dem *Kosovokrieg*, zu ergaunern, schockierte die rotgrüne Bundesregierung die gutgläubigen Menschen mit einem wahren Horrorszenario über ein blutiges Massaker serbischer Bestien. Jemand, der es wissen muss, der damalige leitende deutsche General bei der OSZE, Heinz Loquai, erinnerte sich später:»Die Legitimationsgrundlage für die deutsche Beteiligung war die sogenannte humanitäre Katastrophe. Eine solche humanitäre Katastrophe als völkerrechtliche Kategorie, die einen Kriegseintritt rechtfertigte, lag vor Kriegsbeginn im Kosovo nicht vor.«[158]
Im Klartext: Der »Hufeisenplan« der Regierung Milošević zum Völkermord an den Albanern war ebenso frei erfunden wie das »KZ von Pristina« oder das »Massaker an Zivilisten in Rugovo«.[159]

Bei der Invasion in Afghanistan im Jahr 2001 fragten sich viele Bürger, was Deutschland mit dem Rachefeldzug der USA wegen des 11. September zu schaffen habe. Der damalige Verteidigungsminister Peter Struck sagte dazu im Dezember 2002, auch die »Freiheit Deutschlands« werde am Hindukusch verteidigt, was fatal an die Breshnew-Doktrin von der »begrenzten Souveränität der sozialistischen Staaten« erinnerte, mit der die

UdSSR 1968 den Einmarsch in die ČSSR begründet hatte. Bezeichnenderweise wurden unter Strucks Verantwortung im Jahr 2004 »in großem Umfang« brisante Daten etwa zu Auslandseinsätzen aus der Zeit der SPD-Regierung (1999–2003) »versehentlich« gelöscht.

Dass es in Afghanistan in irgendeiner Weise um die Herstellung von Demokratie und besserer sozialer Verhältnisse geht, glauben immer weniger Deutsche. Gut zwei Drittel waren bereits im August 2007 laut ARD-Deutschland-Trend für einen Abzug der Bundeswehr.

Sogar die Vorbereitung zum Irakkrieg von 2003, mit dessen wortradikaler Ablehnung Gerhard Schröder die Bundestagswahl 2002 gewonnen hatte, lief nicht ohne deutschen Täuschungsbeitrag ab. »Der deutsche Geheimdienst hat mit der Rechtfertigung dieses Krieges mehr zu tun, als ihm heute lieb ist.«[160] Laut *Spiegel* machte 1999 ein im Irak wegen Untreue verurteilter Flüchtling namens Rafed dem Bundesnachrichtendienst weis, Saddam Hussein habe mobile Biowaffenlabore. Die BND-Leute hatten zwar ihre Zweifel an Rafeds Märchen, erlaubten den USA aber deren Verwendung, und am 5. Februar 2003 trug sie US-Außenminister Colin Powell vor der UNO als Beweis für die Notwendigkeit der Irak-Intervention vor. Heute nennt man Rafed (Codename *Curveball*) in den USA den »Betrüger, der den Krieg auslöste«.[161] Schlagzeile der Münchener *Abendzeitung* am 24. März 2008: »BND-Panne: Der Irakkrieg begann in Franken«.

Das ist aber nur die halbe Wahrheit. Die Irak-Invasion stand lange vor dem 11. September 2001 auf der Wunschliste der US-Neocons. Schon 1998 forderte die Gruppe *Project for the New American Century* des späteren Kriegsstrategen Paul Wolfowitz von Bush-Vorgänger Bill Clinton in einem offenen Brief den Sturz Saddam Husseins – wegen ständiger Missachtung der UN-Resolutionen.[162] Weil dies aber dem Weltsicherheitsrat für ein Ja zum Einmarsch nicht ausreichen würde, erfand die Bush-Regierung alle möglichen Massenvernichtungswaffen, wie Wolfowitz schon kurz nach Invasionsbeginn zugab: »weil das der einzige Grund war, dem jeder zustimmen konnte«.[163] Und auch in Deutschland wurden diese Lügen eifrig verbreitet.

Die Bedrohung durch Saddam Hussein und seine Massenvernichtungswaffen ist real.
Angela Merkel am 8. Februar 2003.

Erst recht verheimlicht oder verdreht wird die Tatsache, dass es den US-Neocons zu keinem Zeitpunkt um irgendeine Art von freier Marktwirtschaft mit freien Bürgern ging. Dabei gab sogar der Papst der US-Neocons, Francis Fukuyama, frühzeitig zu, »dass das Demokratieprojekt nicht viel Sympathie bekommt, vor allen Dingen nicht von den republikanischen Wähler. Wenn Bush den Leuten im Land vor dem Krieg erzählt hätte, wie viele Billionen Dollar wir ausgeben würden und wie viele tausend Tote wir der Demokratie zuliebe opfern würden – im Weißen Haus hätte man ihn ausgelacht.«[164]
In Wahrheit ging es um den weltweit freien Zugriff der US-Konzerne zu »Menschen, Maschinen, Material und Moneten«, kurz: um die »Weltherrschaft« und um den Krieg als Mittel zum Zweck. War nicht eines der Hauptziele des Irakkrieges die Wiederherstellung der »Freiheit« der Ölmultis, die im Sommer 2008 in den »befreiten« Irak zurückkehren konnten? Witzigerweise distanzierte sich ausgerechnet Fukuyama, des-

sen Buch *Das Ende der Geschichte* (1992) den Bush-Kriegern als Bibel und Betriebsanleitung gedient hatte, inzwischen entschieden von seiner eignen Theorie: »Neokonservatismus als politisches Symbol wie Gedankengebäude hat sich zu etwas entwickelt, das ich nicht länger tragen kann. Man gibt dieses Etikett besser auf und artikuliert eine völlig andere außenpolitische Position.«[165]

Wer nun glaubt, Fukuyamas deutsche Wiederkäuer beteten auch dessen Selbstkritik nach, kann natürlich lange warten. Sie halten es lieber mit ihrer deutschen Ikone Konrad Adenauer: »Was interessiert mich mein Geschwätz von gestern.«

Bei alledem gerät allerdings die simpelste aller Fragen in Vergessenheit: Was haben die deutschen Truppen – Wirtschaftsinteressen hin oder her – überhaupt in fremden Staaten zu suchen? Noch nämlich gilt laut UNO das Selbstbestimmungsrecht der Völker.

Abgerundet wird das Bild des deutschen Friedensengels von der Bereitstellung des Materials: Ob Spürpanzer nach Saudi-Arabien oder U-Boote nach Pakistan – bei Rüstungslieferungen in Krisengebiete sitzt die Bundesrepublik in der ersten Reihe und ist traditionell größter Waffenexporteur der EU. Allein 2006 wurde nach Berechnungen der Gemeinsamen Konferenz Kirche und Entwicklung (GKKE) Kriegsgerät für 7,7 Milliarden Euro ausgeführt, davon etwa 20 Prozent direkt in Entwicklungsländer – und bei Lieferungen an EU und Nato sind oft die Endabnehmer vorsichtshalber unbekannt ...[166]

Im Frühjahr 2008 feierte die Bundesregierung die Verabschiedung der Anti-Streubomben-Konvention von Dublin als Erfolg, obwohl sie in den Verhandlungen als »Bremser« aufgetreten war. Dies fand jedenfalls Grünen-Chefin Claudia Roth und warf den Ministern Jung und Steinmeier »Heuchelei« vor. Die

Einigung von über 100 Staaten wurde nämlich nur möglich, weil unter massivem Druck der Bundesregierung und anderer Nato-Partner aus Rücksicht auf die gar nicht anwesenden USA eine Ausnahmeregelung akzeptiert wurde. Dadurch können auch jene Staaten der Konvention beitreten, die Truppen für gemeinsame Militäreinsätze mit den USA und anderen Ländern stellen, die Streumunition nach wie vor anwenden und dadurch nach wie vor Hunderttausende ermorden oder verstümmeln.

Also dürfte Henryk M. Broder gewissen Teilen der politischen Klasse aus dem Herzen sprechen, wenn er als Ex-Redakteur des Pornoblattes *St. Pauli-Nachrichten* der globalen Friedensbewegung pauschal bescheinigt, sie nutze den »Krieg als Wichsvorlage«.[167]

9. Pseudomenschenrechte

Man kann ja an unserer Kanzlerin vieles kritisieren, aber Chuzpe hat sie: Da lässt sie ihren Innenminister Wolfgang Schäuble im Namen der CDU am 1. Dezember 2007 in der *Tagesschau* die US-Foltercamps verteidigen. »Diejenigen, die sagen, Guantánamo ist nicht die richtige Lösung, müssen bereit sein, darüber nachzudenken was die bessere Lösung ist. Denn allein mit der Kritik ist kein Problem gelöst.«

Da schweigt sie wohlwollend zu »Schäubles Schreckenliste« *(Zeit)*, die unter anderem die »Verwendung von Foltergeständnissen« und den »Freibrief zum Todesschuss« vorsieht. »Deutsches Guantánamo?«, fragt das Blatt, denn »Guantánamo ist von seinen Gedankenspielen nicht mehr weit entfernt«.[168]

Und nun kommt Merkel: Gut gerüstet durch ein solches moralisches Fundament ihrer Partei, mahnt die Menschenrechts-

kanzlerin alles, was ihr auf internationalem Parkett so über
den Weg läuft.

- Mal protestiert sie bei Wladimir Putin wegen Demonstra-
tionsverboten für die Opposition.
- Mal »ermahnt« sie Chinas Führung in Sachen Religions-
und Meinungsfreiheit.
- Mal staucht sie Simbabwes Präsidenten Robert Mugabe zurecht und verärgert seine afrikanischen Kollegen.

Netter Versuch, könnte man sagen, und wirklich vergeht kaum
eine Woche, in der Merkel nicht irgendwen irgendwo über die
Menschenrechte belehrt, und als *Welt*-Satiriker Hans Zippert
behauptet, »China will jetzt auch die deutschen Menschenrechte einführen«,[169] wird dies nicht von allen sofort als Glosse erkannt.
Keine Persiflage, obwohl als solche gewertet, war dagegen
Merkels privater Olympiaboykott. Ein echtes Fernbleiben war
schon allein wegen der deutschen Wirtschaftsinteressen in
China nie eine ernsthafte Option. Witzig wäre ein Boykott allerdings gewesen: Immerhin blieben Deutschland, die USA und
andere »Verbündete« den Spielen 1980 in Moskau fern, weil
die UdSSR Afghanistan besetzt hatte …
Nun werden natürlich Taschendiebstähle nicht dadurch rech-
tens, dass Raubüberfälle noch schlimmer sind, und Demonstra-
tionsverbote nicht dadurch legitimiert, dass die Kritiker es
selbst nicht so genau mit den Menschenrechten nehmen.
Zudem ist das Menschenrechtsfaible unserer Spitzenpolitiker
gegenüber anderen Staaten nicht bloßes Ablenkungsmanöver,
obwohl natürlich die permanente Kritik der echten Menschenrechtler peinlich genug ist: Erst Ende 2007 kritisierte *Amnesty
International* die große Koalition wegen der Mitverantwortung

Deutschlands bei illegalen Verschleppungen von »Terrorver-dächtigen« durch die CIA. Mindestens ebenso ist die Moralapo-stelshow Ausdruck einer wachsenden humanistischen Grund-stimmung im Volk: »Menschenrechte anmahnen« als Wahl-kampfpflicht?

Den Gipfel an Verlogenheit und Heuchelei aber bot die Debatte um Sterbehilfe im Sommer 2008. Anlass war die Aktion des früheren Hamburger Justizsenators Roger Kusch, der einer 79-Jährigen einen Arzt vermittelt hatte, der ihr zu tödlichen Medikamenten verhalf. Das Besondere: Die alte Dame litt nicht an einer unheilbaren Krankheit, sondern an ihrer Angst vor einem Leben im Heim.

Ganz offensichtlich ist der Wunsch nach Selbsttötung aus Furcht vor einem entwürdigenden Lebensabschluss in einem aus reiner Geldgier rundum verwahrlosten privaten Pflege-heim alles andere als ein Einzelfall – warum sonst wäre kom-merzielle Sterbehilfe überhaupt ein Thema? Nun sollten sich zu diesem sensiblen Thema aber zuallerletzt diejenigen äußern, die durch ihre politischen Entscheidungen

- die Altersarmut und den unwürdigen Lebensabend als »Sachzwang der Globalisierung« erst produzieren. Die nicht nur von Roland Koch verherrlichte Ellenbogengesellschaft lehrt eben, die Alten wie den letzten Dreck zu behandeln: Wieso wohl wollen in einem der reichsten Länder der Erde massenhaft ältere Menschen freiwillig in den Tod gehen?
- aus Gründen der Rohstoffsicherung und der NATO-Bünd-nistreue bei jedem wichtigen Angriffskrieg mitmischen und damit zumindest eine schwere Mitschuld an den von ihnen zynisch »Kollateralschäden« genannten Zigtausenden von Kriegsopfern tragen.

Wenn Rotschwarz über Sterbehilfe diskutiert, dann erinnert das an Loriots legendären Sketch, als der Vertreter inmitten eines von ihm selbst völlig verwüsteten Zimmers »Das Bild hängt schief« murmelt.

10. Kapitalistenkritik

»Den Deutschen wird's mulmig bei Markt und Kapitalismus«, klagte Anfang 2008 die *Frankfurter Allgemeine Sonntagszeitung*. Kurz zuvor hatte sich die Hälfte der Bürger laut Allensbach-Umfrage zu »sozialistischen Idealen« bekannt.[170] Höchste Zeit also, Kapitalismuskritik vorzutäuschen.

Raffgier und Moral

Von A wie Ackermann bis Z wie Zumwinkel, dazwischen jede Menge Esser, Hartz, Kleinfeld, Piech, Schrempp und wie sie alles heißen, hat unsere Leistungselite kaum einen Fettbottich ausgelassen. Vor allem die überirdischen Einkünfte, häufig gepaart mit wirtschaftlich oder sozial indiskutablen Leistungen – Stichwort »Nieten im Nadelstreifen« (Günter Ogger), standen im Kreuzfeuer der Kritik. Skandale wie BenQ, Korruption oder Betriebsratskauf und Steuerhinterziehung als Reichensport brachten die ominöse »Volksseele« zum Überkochen. Ex-SPD-Geschäftsführer Klaus-Uwe Benneter sprach von »Abschaum«, sein Parteichef Kurt Beck von »Asozialen«. [171]

Zunächst warnten die üblichen Verdächtigen schon vor Einlassen des Bades davor, das Kind mit ihm auszuschütten. »Es ist an der Zeit, tiefer zu hängen, viel tiefer, und endlich diese kaum noch zu steigernde Empörungsrhetorik zu beenden«, forderte der frühere Chefredakteur von *Spiegel* und *manager magazin,*

Wolfgang Kaden, trotzig. »Die Wirtschaft dieses Landes wird von Menschen geführt, die sich weltweit durchaus hoher Anerkennung erfreuen.«[172]

Kurt Kister von der *Süddeutschen Zeitung* dagegen sah wie die meisten Bürger »Besserverdiener, im Betrug vereint«. Und sein Kollege Heribert Prantl stellte fest: »Es reiht sich alles wie zu einem Rosenkranz des Desasters: Da sind die Manager mit den frivolen Gehältern; die Aufsichtsräte, die keine Aufsicht üben; die Landesbanken, die sich nicht mehr ums Gemeinwohl scheren; die Vorstände, denen an ihren eigenen Aktienpaketen mehr liegt als an ihren Beschäftigten.«[173]

Also waren Bauernopfer angesagt. So forderte der leibhaftige BDI-Präsident Jürgen Thumann auf dem Höhepunkt der Zumwinkel-Empörung mit markigem Vokabular die »Ächtung krimineller Wirtschaftsbosse«: »Wir werden uns nur vor diejenigen stellen, die nach Recht und Gesetz, Ehre und Gewissen arbeiten. Wer das nicht akzeptiert, gehört nicht mehr dazu.«[174]

Gehört nicht mehr wozu? Zum erlauchten Club der ehrbaren legalen Selbstbereicherer? Bei der allgemeinen Zumwinkel-Hatz muss bei den Reichen und Mächtigen der Champagner in Strömen geflossen sein. Kein Mensch nämlich redet vom eigentlichen Skandal: den beschämend niedrigen Steuern für Multimillionäre.

Schon bald benutzte jeder, der in der symbolischen Manager-schelte etwas auf sich hielt, das Schlüsselwort *Gier*. »Das Gier-Virus infiziert die Wirtschaftselite«, warnte mit Blick auf eine »tolldreiste Vermögensvermehrung« sogar besagter Manager-verteidiger Wolfgang Kaden noch im Dezember 2007.[175]

Damit freilich können die Gescholtenen bequem leben, münden doch selbst die derbsten Flüche in moralische Appelle: »Zahlreiche Kirchenvertreter, Politiker und Gewerkschafter haben in der Debatte über hohe Manager-Gehälter kurz vor Weihnachten ein

Maßhalten der Millionenverdiener angemahnt«, hieß es in der *Süddeutschen Zeitung* realsatirisch.[176] Und tatsächlich meinte etwa Roland Koch, die Begrenzung der Einkommen sei nur durch Einsicht und Vernunft der jeweils Beteiligten zu regeln.

»Der moralische Appell an die Unternehmer erscheint wie eine ultimative Drohung«, stellt *taz*-Autorin Ulrike Herrmann fest, »doch gleichzeitig formuliert er eine Heilserwartung, die den Kapitalbesitzern grenzenlosen Einfluss zuschreibt.«[177]

Damit aber endet der vermeintliche Tiger Kapitalismuskritik als Bettvorleger Kapitalistenkritik.

Und diese Kuschelkritik propagiert eigentlich das Gegenteil dessen, was einen bürgerlichen Rechtsstaat ausmacht.

Nach einer zu Unrecht dem Philosophen Thomas Hobbes zugeschriebenen Erkenntnis ist »der Mensch dem Menschen ein Wolf«[178] und braucht nach Immanuel Kant einen Staat, der »selbst ein Volk von Teufeln«[179] zum friedlichen Miteinander zwingen kann. Auch die Marktwirtschaft selbst geht ja nach Adam Smith vom Eigennutz als Triebfeder aus. Folglich kann man – so einfach ist das in diesem Fall wirklich – sämtliche Moralappelle und erst recht die Ehrenkodizes und Selbstverpflichtungen der Konzerne »in die Tonne treten«. Es ist wie beim Fußball: Sogar bei groben Fouls brechen selbst die Fans des Gegners nicht in moralisierendes Wehklagen aus, sondern fordern Freistoß und möglichst die rote Karte – vom Schiedsrichter! Ebenso ist es gar nicht die Pflicht der Wirtschaft, sozial zu sein oder möglichst viele Jobs zu erhalten und zu schaffen. Dies ist Aufgabe des Staates, und natürlich gibt es auch symbolpolitische Vorschläge in diese Richtung: So forderte die SPD lauthals ein Gesetz gegen millionenschwere Manager-Abfindungen. Aber ausgerechnet ihre »natürlichen Verbündeten«, die Gewerkschaftsführer, fielen ihr in den Rücken: So nannte IG-Bau-Chef Klaus Wiesehügel die Androhung gesetzlicher

Begrenzungen »Heuchelei … populistisch und unrealistisch«[180], und für IG-Metall-Boss Berthold Huber waren die SPD-Vorschläge »heiße Luft«[181].

Tatsächlich kann den Aktionären schon allein wegen der Vertragsfreiheit nach Artikel 2 des Grundgesetzes niemand bei der Genehmigung der Managergehälter hineinreden, was auch der ver.di-Vorsitzende Frank Bsirske klarstellte. Wenn die Firmeneigner schon ihren Vorständen exorbitante Bezüge zahlen dürften, sollten »sie wenigstens vernünftig besteuert und für die Gesellschaft abgeschöpft werden«.[182]

Steuern auf Managergehälter, Millionenvermögen und große Erbschaften wären zwar juristisch durchsetzbar, sind aber politisch nicht gewollt: Die Erbschaftssteuer musste nach einem Urteil des Bundesverfassungsgerichts bis Ende 2008 reformiert werden, weil bislang Immobilien nicht zum vollen Wert veranschlagt und damit gerade den Superreichen Steuermilliarden hinterhergeworfen wurden.

Die rotschwarze Koalition ließ sich auch nicht lange bitten – und machte entgegen dem BVG-Urteil die reichen Erben noch reicher. Da nämlich nicht wenige Abgeordnete selbst oder deren Ehegatten, Kinder und Enkel früher oder später zu Millionenerben werden, erhöhten sie bei der Erbschaftssteuerreform von 2008 die Freibeträge für Ehegatten auf 500.000, für Kinder auf 400.000 sowie für Enkel auf 200.000 Euro. Und gar nichts zahlt, wer zehn Jahre Anstandsfrist einhält, bis er den Betrieb verscherbelt und die Kohle verjubelt. Offizieller Vorwand der Bundesregierung: Die bisherige Steuer gefährde bei Familienfirmen Arbeitsplätze und Liquidität, wie Finanzstaatssekretärin Barbara Hendricks gegenüber *Monitor* behauptete. Wider besseres Wissen; denn ein interner Vermerk ihres eigenen Ministeriums hatte ihr mitgeteilt: »Die immer wieder vorgetragene Behauptung, die Erbschaftssteuer gefährde den Fortbestand mittelständischer Familienunternehmen, ist bisher durch keinen konkreten Fall belegt.«[183]

Eigentliche Nutznießer sind laut *Monitor* »die superreichen Familienunternehmer und die Besitzer großer Aktienpakete... beispielsweise die Aldi-Brüder, die Familie Quandt, die Familie Herz, die Familie Braun, Otto, Oetker und Oppenheim ...«[184]

Szenenwechsel zur Charity für den Berliner Denkmalschutz: »Otto, Oetker und Oppenheim engagieren sich ebenfalls mit Millionenbeträgen für die arme Stadt«, lobt die *Welt*.[185] Womit sich erneut der Kreis schließt. Oder mit den Worten von Rudolf Hickel: »Durch leistungslosen Zugewinn ... steigt die ökonomische Leistungsfähigkeit und damit auch der soziale Status der Erben.«[186]

Nachdem also die Erbschaftssteuer den Graben zwischen Arm und Reich weiter verbreitert hat, dürften einige mit der Zwischenbilanz sehr zufrieden sein: Laut einer Studie des Deutschen Instituts für Wirtschaftsforschung (DIW) vom März 2008 besitzen zehn Prozent der Deutschen bereits jetzt 60 Prozent des Gesamtvermögens – Tendenz steigend.

Grund genug für die meisten Parteien, diesen Trend nicht zu gefährden und an eine Vermögenssteuer nicht einmal zu denken. Auf der großen politischen Bühne wird sie seit Jahren und aktuell nur von der Linkspartei gefordert – ansonsten auch vom DGB und sogar von den Jusos, weil sie wissen, dass es »in der SPD keine Chance« dafür gibt?[187]

Da brauchten die Gegner eines angemessenen Beitrags der Steinreichen zum Sozialstaat wie etwa das neoliberale *Zentrum für Europäische Wirtschaftsforschung* (ZEW)[188] nur ihr übliches Jammern über den »Schaden für den Standort Deutschland« zu Protokoll zu geben.

Und schließlich gab es ja zum Trost seit 2007 die als *Reichensteuer* ausgegebene Erhöhung der Einkommensteuer für

Spitzenverdiener (ab 250.001 Euro für Ledige und 500.002 Euro für Verheiratete) von 42 auf 45 Prozent. Für den DGB war dies »symbolische Politik«, Rudolf Hickel sprach von einem »Placebo-Effekt«, und der damalige Vizekanzler Franz Müntefering war einmal wieder zu einem netten Scherz aufgelegt: Es sei »gut zu vertreten, dass diejenigen, die ganz oben sind, ein Stückchen mehr an Steuern bezahlen müssen«.[189] Zum Vergleich: Der Spitzensteuersatz lag am Ende der schwarzgelben Ära Helmut Kohls 1998 bei 53 Prozent.

> *Die Erbschaftssteuer wird erhöht, die Vermögenssteuer und neue Reichensteuern eingeführt. Wir befinden uns auf einem geradlinigen Weg in eine DDR-ähnliche Zeit, in eine Edel-DDR.*
> Schraubenkönig Würth
> (Jahresumsatz 8,5 Milliarden, Privatvermögen etwa fünf Milliarden Euro, seit 2008 vorbestraft wegen Steuerhinterziehung)

Selbst diese Miniaturabgabe wird allerdings von Unionspolitikern vom Schlage eines Peter Ramsauer noch als »ökonomisch unsinnige Neidsteuer« bezeichnet, wie überhaupt gewisse Kreise in puncto Charakter und Moral permanent von sich auf andere schließen. In Wahrheit sei nämlich der normale und vor allem der sozial schwache Bürger der wahre Gierschlund, der den Hals nicht voll genug bekommen könne. So wird hemmungslose Raffgier jedem unterstellt, der *Geiz ist geil* praktiziert und den Cent zweimal umdreht, der im Supermarkt statt im Feinkostgeschäft kauft und Konfektionsware statt teurer Maßanzüge trägt.

»Geiz ist eine Todsünde«, sagt Porsche-Chef Wendelin Wiede-
king, »Geiz zerstört die Werteskala und schafft dann Des-
orientierung.«[190]
Wie jetzt? Soll die Marktwirtschaft nicht gerade durch den
»eigennützigen Marktteilnehmer« funktionieren, also auch
durch den Kunden, der das günstigste Produkt wählt? Im Übrigen ist ja auch der Klientel von Delikatessläden und Szene-
boutiquen das damit gekaufte Gefühl, etwas Besseres zu sein,
durchaus »das Geld wert«.
Zudem neigen selbst echte Geizkragen in der Regel nicht dazu,
Senioren die Ersparnisse zu stehlen oder zugunsten eigener
Bezüge Leute zu entlassen und Löhne zu kürzen.
Und so neidzerfressen sind die Deutschen nun auch wieder
nicht, auch nicht bei fürstlichem Verdienst. Wenngleich unfä-
hige Volksvertreter und Wirtschaftsbosse als Ablenkung von
ihren eigenen Einkünften auf Michael Schumacher, Franz Beckenbauer oder Thomas Gottschalk verweisen: Spitzeneinkom-
men und sogar Auslandswohnsitz sieht man den Superstars
nach – wenn die Leistung stimmt. Selbst Politiker und Manager geraten ja erst dann in die Schusslinie, wenn sie sich als
Nieten erweisen.

Heuschrecken und Patrioten

Da selbst diese zahnlose Kapitalistenkritik manchen Spitzenpolitikern noch zu gefährlich ist, unterscheiden sie zwischen
»patriotischen Unternehmern« und Heuschrecken.
Die SPD bevorzugt bei der symbolischen »Heuschreckenjagd«
das Spiel »guter Bulle, böser Bulle«. Einerseits forderte Franz
Müntefering schon Ende 2004 in der SPD-Programmdebatte,
man müsse »denjenigen Unternehmern, die die Zukunftsfähig-
keit ihrer Unternehmen und die Interessen ihrer Arbeitnehmer

im Blick haben, helfen gegen die verantwortungslosen Heuschreckenschwärme, die im Vierteljahrestakt Erfolg messen, Substanz absaugen und Unternehmen kaputtgehen lassen, wenn sie sie abgefressen haben«. [191] Auch im Frühjahr 2006 forderte die SPD »patriotische Unternehmen«[192].

Andererseits pries Finanzminister Peer Steinbrück die Beteiligungsgesellschaften als »Segen für die Volkswirtschaft eines Landes«[193] und holte zum Beispiel die laut Anlegerschützern »fragwürdige Heuschrecke« *Blackstone*, bewusst ins Boot der Telekomaktionäre. Und nicht zuletzt hatte ja gerade die von Rotgrün im Jahre 2000 beschlossene Steuerfreiheit für den Verkauf von Unternehmensbeteiligungen den Heuschrecken Tür und Tor geöffnet und die Verdreifachung ihres investierten PE-Kapitals von 6,9 Milliarden Euro im Jahre 2002 auf 22,5 Milliarden Euro im Jahre 2004 bewirkt.[194]

Auf der Patriotismuswelle reiten auch Kanzlerin Angela Merkel mit dem Arbeitgeberlob für moderate Tarifabschlüsse als »Patriotismus« und der evangelische Bischof Wolfgang Huber mit seinem Appell an »die Wirtschaft« zu »etwas mehr Patriotismus und damit bewusste Verantwortung für das Gemeinwesen«.[195]

In ganz trübes Wasser begibt sich die IG Metall, als sie die Mai-Ausgabe 2005 ihres Mitgliedermagazins *metall* mit »US-Firmen in Deutschland – Die Aussauger« betitelt.

Allerdings hat das Patriotismusgefasel einen logischen Haken: Wenn nämlich die Verarmung der Bevölkerung zugunsten der Reichen ein »alternativloser Sachzwang« ist, was haben dann die Bürger von deutsch-patriotischen Kapitaleignern?

Zudem ist ja nicht alles deutsch, wo deutsch draufsteht. Bereits heute befinden sich die Deutsche Bank mehrheitlich, die Telekom zu 38 Prozent, die Allianz zu 52 Prozent und Siemens zu 54 Prozent und in ausländischem Besitz.[196]

So ist die Patriotismuskampagne natürlich auch kein Appell an die Anleger, sich beim Aktienverkauf die Abstammungsurkunde des Käufers zeigen zu lassen, sondern an das tumbe Volk gerichtet und laut einer Studie des Instituts für Konflikt- und Gewaltforschung an der Universität Bielefeld »der Versuch eines ›surrogathaften Ankers auf schwankendem sozialen Boden‹. Ein ethnisches Kollektiv solle künftig bieten, was die soziale Marktwirtschaft nicht leisten könne: Über die Betonung der ›Schicksalsgemeinschaft‹ mit raunendem Tiefgang sollen jene Angehörige der Mehrheitsgesellschaft emotional wieder integriert werden, die andererseits sozial desintegriert worden sind.«[197]

Oder, mit Bob Dylans Hinweis in *Sweetheart like you*: »Patriotism is the last refuge to which a scoundrel clings« – Patriotismus ist die letzte Zuflucht für Gauner.

11. Zurück zur alten sozialen Marktwirtschaft?

Besonders irreführend, leicht zu widerlegen und insofern Wasser auf die marktradikalen Mühlen ist es, den rheinischen Kapitalismus der alten Bundesrepublik zum Vorbild des modernen Sozialstaates zu verklären.

Selbstverständlich war die westdeutsche Marktwirtschaft bis Anfang der achtziger Jahre dermaßen sozialer, humaner und solidarischer als der heutige »Raubtierkapitalismus« (Heiner Geißler), dass ein tiefgläubiger Marktradikaler wie Guido Westerwelle die Rückkehr zu ihr »wie die Planwirtschaft in der DDR – nur ohne Mauer«[198] fürchtet.

Andererseits wären derartige nostalgische Pläne völlig illusionär, denn der heutige Kapitalismus ist ja global wie national aus dem damaligen entstanden. Und diese Entwicklung war zwar alles andere als ein »alternativloser Sachzwang« – Globalplayer und Sozialabbau wurden ja schließlich nicht von den Heinzelmännchen geschaffen –, wohl aber Ergebnis der Konkurrenz »rational eigennütziger« Kapitalbesitzer sowie ihrer Manager und Politiker. Würde man also den fiktiven Gesamtkapitalisten fragen, ob er noch einmal alles genauso machen würde wie damals, so würde er wahrscheinlich wie in dem Werbespot antworten: »Nicht ganz. Ich würde meine Brillen bei Fielmann kaufen.«

Hinzu kommt ein sozialer Aspekt: In Familienunternehmen, die früher die Regel waren, kennen sich Chefs und Angestellte natürlich persönlich und verkehren oft auch privat miteinander. Ehrliche Fürsorge wie Gehaltserhöhungen für junge Eltern oder Extraboni bei Härtefällen wie Krankheit, Betriebskindergärten oder Freizeitangebote sind hier auch heute nicht selten: Der Unternehmer hat vor allem in einer Kleinstadt schließlich einen Ruf zu verlieren. Würde er Leute entlassen und gleichzeitig im neuen Porsche vorfahren, könnte er gleich den Wohnort oder besser noch das Bundesland wechseln. Hinzu kommt die natürliche Hemmschwelle, die auch manch einen plagt, der eine ihm persönlich bekannte Gans für das Weihnachtsmahl schlachten soll. Überflüssig zu sagen, dass die oft genug ohnehin verhaltensgestörten Konzernmanager diese Probleme nicht haben, sondern die ihnen anvertrauten Menschen nur als Kostenfaktoren und Humankapital sehen. [199]

So verständlich ein wehmütiger rosaroter Rückblick also auch ist – vor allem wenn man wie etwa Norbert Blüm oder Heiner Geißler in vorderster politischer Front stand –, so gehört der rheinische Kapitalismus sicherlich nicht zu jenem Teil der Geschichte, die sich wiederholt.

Unabhängig davon lässt sich aber schon jetzt feststellen: Ob

Sozial- oder Rechtsstaat, Umwelt- oder Verbraucherschutz: Wann immer man die vollmundige Propaganda im Detail nachprüft, zeigt sich, dass der Bürger auf den Arm genommen wird.

Teil II
Das Weltbild der Marktwirtschaft

Zunächst führt kein Weg daran vorbei: Jeder Staatseingriff ist Ohrfeige und Bankrotterklärung für die liberale Wirtschaftstheorie. Wenn sich nämlich alles von der »unsichtbaren Hand« regelt, wozu dann überhaupt noch Schutzbestimmungen für Umwelt, Arbeitnehmer oder Kinder? Insofern kann man den beiden Autoren der *Welt* nur Logik bescheinigen, wenn sie fordern: »Rettet die Kinderarbeit!«[200] Den Dreizehnjährigen mache doch das Zettelverteilen zum Hungerlohn unglaublichen Spaß. Richtig ist: Kinder von Normalos können sich davon Wünsche erfüllen, die die verwöhnten Gören von Wirtschaftskriminellen gleich unausgepackt in den Müll werfen. Autor Maxeiners Hauptargument: Seinem Sohn habe der Nebenjob »ausgesprochen gutgetan«.

Wenn also die Theorie der freien Marktwirtschaft von Beginn an tagtäglich einen Offenbarungseid ablegen musste, dann verdient die Chuzpe – hier mit Dummfrechheit zu übersetzen – der Marktradikalen allen Respekt, dass sie sich mit ihrem Schmarren noch unter die Leute trauen.

1. Homo oeconomicus: Ist Raffgier angeboren?

»Geld regiert die Welt«, »ohne Moos nichts los«, »jeder hat seinen Preis« – das herrschende marktradikale Weltbild sieht ungefähr so aus: Am Anfang war der Markt, und der Markt schuf den Menschen als eigennützigen *Homo oeconomicus*, der für Reichtum, Macht, Ansehen und Karriere über Leichen geht. Damit aber verhält er sich »rational« und seiner wahren und angeborenen Natur entsprechend. Wer dagegen auf andere Rücksicht nimmt und sich solidarisch, sozial oder gar uneigennützig verhält, handelt »irrational«, also »schön blöd«.

Richtig daran ist, dass jede Gesellschaft ihre Menschen »erzieht« und der skrupellose Raffke der neoliberalen Gesellschaft am besten entspricht. Deshalb liegt Roland Koch mit seinen Lobeshymnen auf die Ellenbogengesellschaft als Basis der Marktwirtschaft gar nicht so falsch. Propaganda für den gewissenlosen Egoisten machen auch – unter dem Deckmantel der »Warnung« oder »Kritik« – gewisse Kampagnen, Studien, Analysen oder Reportagen mit dem Tenor »Was sind wir doch für eine herzlose Gesellschaft« oder »Der ehrliche ist der Dumme«. Das Ziel liegt auf der Hand: Wenn Menschen eingeredet wird, sie befolgten als einzige bestimmte Regeln und Normen, dann haben sie auch irgendwann keine Lust mehr dazu. Verdreckte Straßen provozieren noch mehr Dreck, und Raucher auf U-Bahnhöfen verführen weitere zur »Ordnungswidrigkeit«. Umgekehrt animiert ein Spender für Straßenmusiker andere zur Großzügigkeit, und beim Sammeln für ein Kollegengeschenk heißt es: »Wie viel gibt man denn?«

Und wenn niemand animiert? Die meisten zahlen auch dann das WC, wenn der Toilettenmann selbst auf der Toilette ist, und unehrliche Finder sind eine kleine Minderheit. Sogar beim Flatrate-Menü gibt man sich meist bescheiden, und die immensen Spenden der Normalbürger für Not und Elend in der Welt widersprechen dem Ideal des Homo oeconomicus diametral. Sind die Durchschnittsmenschen also alles Verrückte und die schamlosen Reichtumsmehrer die »Rationalen«? Ist Moral »irrational«?

Offenbar schließen die Verehrer des Homo oeconomicus von sich auf andere: Nach ihrer Logik hätte selbst der heilige Martin von Tours seinen Mantel nicht mit dem armen Soldaten teilen, sondern aus »rationalem Eigennutz« den Mantel verkaufen und vom Erlös eine Textilfabrik gründen müssen.

Wenn also bedenkenlose Habgier nur das Privileg einer Minderheit zu sein scheint, so tut andererseits natürlich die permanente Aufforderung, jeden Kollegen als feindlichen Konkurrenten, jeden Schwächeren als willkommenes Opfer, jeden Nichtkarrieristen als Loser und Drückeberger, jeden Humanisten als Bolschewisten, jeden Arbeitslosen als Wohlstandsmüll, jeden Arbeitnehmer als Humankapital, jeden Steuerpfennig als staatlichen Raubzug und jede Sozialleistung als sentimentale Verschwendung zu sehen, natürlich seine Wirkung.

Nicht zufällig klagten ja viele Ostdeutsche nach der Wende über mangelnde Solidarität und »rauhen Umgang miteinander« in der Marktwirtschaft – alles arbeitsscheue Weicheier?

Kleiner Widerspruch am Rande: Die Marktwirtschaft wurde bekanntlich durch die bürgerliche Revolution durchgesetzt. Deren Losung war aber nicht *Sachzwang, Raffgier, Egoismus,* sondern *Freiheit, Gleichheit, Brüderlichkeit* – nach marktradikaler Logik also »irrational«.

Wir werden uns von vielen der scheinsittlichen Grundsätze lossagen, die uns seit zweihundert Jahren wie ein Alpdruck verfolgt haben, wobei wir einige der abstoßendsten menschlichen Eigenschaften in die Stellung höchster Tugenden emporgehoben haben. Die Liebe zum Geld als Besitz (wird) als eine jener halb verbrecherischen, halb krankhaften Neigungen erkannt werden, die man mit Schaudern an die Fachleute für geistige Erkrankungen verweist.[201]
John Maynard Keynes

2. Der rationale Anbieter:
   ## Geld verdirbt den Charakter des Fleischers

Es gibt so wenig geistreiche Zitate zur Verteidigung des skrupellosen Eigennutzes als Triebfeder der Marktwirtschaft, dass jenes von Adam Smith geprägte vom Fleischer zur Standardausrüstung jedes neoliberalen Wasserträgers gehört: »Nicht vom Wohlwollen des Fleischers, Brauers oder Bäckers erwarten wir unsere Mahlzeiten, sondern von ihrer Bedachtnahme auf ihr eigenes Interesse. Wir wenden uns nicht an ihre Humanität, sondern an ihren Egoismus.«[202]

Allerdings schrieb Adam Smith außer dem hier zitierten Werk *Der Reichtum der Nationen* dummerweise auch das Buch *Theorie der ethischen Gefühle,* das die Marktradikalen am liebsten auf den Index der profitgefährdenden Schriften setzen würden: hatte es doch »verbreitete Klischee-Bilder von Smith als Vater eines einseitig mechanistischen und profitorientierten Wirtschaftsliberalismus überzeugend widerlegt«.[203] Mit seinem Pochen auf die »abendländisch-christliche Solidaritätsmoral« disqualifiziert er sich nämlich als Kronzeuge für triebhafte Abgreifer.[204]

Nicht einmal sein eigennütziger Fleischer verwurstet aus erblicher Geldgier, sondern weil er das Geld zum Kaufen von *Waren* braucht: für seine Fleischerei ebenso wie für den Lebensunterhalt.

Da der Modell-Fleischer Konkurrenten hat, muss er »Spitzenqualität zu fairen Preisen« anbieten. Und da es für *jedes* gesellschaftlich gewünschte oder wünschenswerte Produkt mehrere Verkäufer gibt, verbessert die freie Konkurrenz eigennütziger Anbieter unterm Strich unaufhörlich das Gemeinwohl, und bei globaler freier Konkurrenz gilt dies für die gesamte Menschheit.

Die Wirklichkeit ist – ihrer Vernebelungen und Floskeln entkleidet – im Prinzip genauso simpel, allerdings ein wenig profaner als die wunderbare Welt des Adam Smith: Der Kunde kauft die Ware oder Dienstleistung nämlich nicht, weil sie einen Nutzen *hat*, sondern weil er sich einen Nutzen *verspricht*. Folglich muss der Anbieter »Spitzenqualität zu fairen Preisen« nicht liefern, sondern *präsentieren* oder *vorgaukeln*. Das Produkt muss mehr scheinen als sein.

Während die Qualität vor allem durch irreführende, fehlende oder falsche Produktangaben vorgespiegelt wird – siehe Verbrauchschutz –, täuscht man günstige Preise vor, indem man sie unvergleichbar macht. Vor allem die Telekommunikationsbranche ist ein Eldorado der Scheinschnäppchen. Erfolgsrezept ist der Tarifdschungel: Hier eine geringe Grundgebühr, da eine kurze Laufzeit, dort ein Gratishandy und vielleicht sogar eine kombinierte Flatrate für Surfen und Saufen. Vermutlich machen hier ebenso wie in der Versicherungsbranche die Verkäufer im Geiste drei Kreuze und Luftsprünge, wenn der Kunde – oder soll man sagen: das Opfer? – endlich unterschrieben oder den Rücktrittstermin versäumt hat.

All das macht den Abstand zwischen möglicher und wirklicher Qualität immer größer. Dass »Kaufmannsehre« die Ausnahme, dagegen Sparen an geeignetem Rohmaterial, qualifiziertem Personal und Sicherheitsstandards der Normalfall ist, offenbart sich gelegentlich an Skandalen wie denen um Gammelfleisch, ungelerntes Pflegepersonal oder Zugkatastrophen.

Auch der indiskutable Umgang mit Mitarbeitern, Zulieferern und Endverkäufern kommt durch Aufreger wie die »Stasimethoden« der Supermärkte, die Erpressung kleiner Landwirte durch Lebensmittelketten oder das Mobbing von Subunternehmern manchmal ans Tageslicht, von der Nötigung der Kommunen zu Subventionen, Infrastrukturservice und Steuergeschenken (»Standortwettbewerb«) sowie der räuberischen Ausplünderung ärmerer Länder und der Ausbeutung ihrer Menschen bis hin zur Kinderarbeit ganz zu schweigen.

Der »rationale Anbieter« scheint also weniger »ehrbarer Kaufmann« als skrupelloser Ganove zu sein, und auch der nüchterne Geschäftsmann in ihm wird nicht selten von seinem, in diesem Fall wirklich irrationalen Alter Ego verdrängt: »Viele Manager sind größenwahnsinnig«, stellte der *Trigema*-Unternehmer Wolfgang Grupp schon im Jahre 2002 anlässlich der Hysterie um den Neuen Markt genüsslich fest.

3. Der rationale Käufer

All diese Schönheitsfehler, Auswüchse und Verbrechen verhindert im Modell der umfassend informierte und rationale Kunde, der Schrott nicht kauft, Wucherpreise nicht zahlt und unmoralische Firmen boykottiert.

Dieser allwissende kritische Kunde – das A und O der Marktwirtschaft – ist unter heutigen Umständen natürlich eine Fata Morgana und Don Quijote gegen unsere Ökonomen ein Realist.

Sogar ehrbare Anbieter vorausgesetzt: Soll ein Kunde zum Beispiel unter Hunderten von Varianten an Zahnpasta, Joghurt, Deo, Käse oder Bettwäsche »kompetent und kritisch« abwägen, möglichst noch anhand einer Preis-Leistungs-Analyse? Und sollen selbst solche utopischen Superkunden die tägliche Schnäppchenjagd auf 50 Kilometer ausdehnen und wie im Modell die Fahrtkosten von der Preisersparnis abziehen?

In der Realität erfährt der Verbraucher nur von dem winzigen Bruchteil der für ihn interessanten Angebote, dessen Werbung er versehentlich sieht oder der zufällig in »seinen« Läden angeboten wird. Das ihm von der Wirtschaftheorie bis auf zehn Kommastellen berechnete ideale Produkt würde er nicht einmal erkennen, wenn er es in der Hand hielte.

Zu diesem Trugbild der Marktwirtschaft passt auch, dass viele Produkte wegen eines Nutzens gekauft werden, der mit dem eigentlichen Gebrauchswert nichts zu tun hat.

»Ein Produkt entsteht in der Fabrik, der Kunde aber kauft eine *Marke*«, lautet eine PR-Weisheit.[205] Teure Markenartikel bedeuten schließlich Sozialprestige. Die Albernheit des Markendünkels zeigt sich daran, dass viele identische Produkte desselben Herstellers als teure Nobelmarken und als spottbillige No-Names verkauft werden.[206] Aber wie sagt man: »Wenn's schön macht …«

Dies gilt auch für Ladykiller-Garanten wie den »Duft, der Frauen provoziert«, der aus dem verklemmten Langweiler den unwiderstehlichen Draufgänger macht. Andererseits gilt hier dasselbe wie für Placebos: Manchmal wirken sie tatsächlich und sind dann sehr wohl ihr Geld wert.

Niemand sollte also anderen vorschreiben, welchen Nutzen sie in einem Gebrauchswert sehen – über Geschmack lässt sich (nicht) streiten. Aber in einer Marktwirtschaft kann der Verbraucher letztlich nur unter den Produkten wählen, deren Verkauf irgendjemand für profitabel hält. Dass da schon »für jeden das Richtige dabei« ist, gehört zu den absurdesten Schutzbehauptungen der Marktwirtschaftler. Nach deren Logik nämlich sind zum Beispiel Menschen, die arglos Medikamente gegen frei erfundene Krankheiten kaufen, rationale Verbraucher, und die »kreativen« Anbieter befriedigen in Wahrheit nur eine dringende Nachfrage. Überhaupt zeigen schon allein die astronomischen Werbeausgaben, die nicht selten die Produktionskosten übersteigen, dass bereits vom Anspruch her weniger die wirklichen Bedürfnisse gesättigt als vielmehr mit allen Mitteln erzeugt werden sollen. Oder hätte irgendein Kind ohne die penetranten PR-Kampagnen das unstillbare Verlangen nach Alkopops oder Dickmachern?

Vollends absurd aber ist es, ein rein geldfixiertes Wirtschaftsmodell wie das marktradikale als Gesellschaftsmodell anzupreisen und den Homo oeconomicus als ideales Menschenbild zu verkaufen.

Wer zum Beispiel Kunst, Kultur, Sport, Freundschaft oder Erotik sogar privat ausschließlich unter dem Gesichtspunkt einer »lohnenden Investition« sieht, bedarf professioneller Hilfe, ist hierfür hoffentlich gut privat versichert und gerät bei der Therapie nicht an einen umgeschulten Börsenguru, der ihn bis aufs Hemd ausnehmen und dann als »Wohlstandsmüll« einschläfern würde. Was Neoliberale also als »Ende der Geschichte« verkünden, taugt bestenfalls als Endzeitszenario der Zivilisation, als ein »Vorwärts zu den Anfängen«.

Immerhin entstanden die ersten Höhlenmalereien vor mehr als 30.000 Jahren, während es heute »Kunstsammler« gibt, die zwar den Wert ihrer millionenschweren Gemäldegalerie exakt beziffern können, sie aber noch nie mit eigenen Augen gesehen haben.

4. Die unsichtbare Hand wird's schon richten – außer jetzt gerade

Das segensreiche Wirken der freien Konkurrenz als »unsichtbare Hand« des Adam Smith ist auch an Helmut Kohls »blühenden Landschaften« des Ostens zu bestaunen. Im Sandkasten unserer Ökonomen bewirkt die ungezügelte Marktwirtschaft nämlich die »optimale Ressourcen-Allokation«, und demnach müssten Brandenburg, Mecklenburg-Vorpommern und die ländlichen Regionen des Westens ein wahres Überangebot an Ärzten, Lehrern, Arbeitsplätzen und Jugendheimen haben – es sei denn, sie haben es nicht.

Frei nach dem Motto: Der Mensch kann fliegen. Situationen, in denen er beim Flugversuch auf die Nase fällt, sind als Flugversagen definiert.

Dieses bis in die letzten Winkel und Ritzen der Gesellschaft sichtbare Marktversagen ist nahezu Dauerzustand, weil im System angelegt. Ökonomen von Karl Marx bis John Maynard Keynes haben Smith' idyllische »kleine Fleischerei am Ende der Straße« längst ihres pilcheresken Charmes beraubt und entzaubert.

Keynes machte sich sogar Gedanken, wie die Epigonen des Adam Smith auf die abwegige Theorie von der Allmacht des Marktes kommen konnten: »Diese Doktrin muss dadurch entstanden sein, dass sie eine Menge enthielt, was der Umwelt, auf die sie projiziert wurde, nur zu willkommen war. Dass sie zu Schlüssen kam, die der einfache Laie nie erwartet hätte, erhöhte vermutlich ihr intellektuelles Prestige. Dass ihre Lehre, in die Praxis übersetzt, spartanisch und oft widerwärtig war, verlieh ihr einen Anstrich von Tugend. Dass sich auf ihr ein gewaltiger, starrer, logischer Überbau errichten ließ, verlieh ihr Schönheit.« [207]

Wie sagt man: »Das ist wirklich schön. Schön falsch.«

Das »Marktversagen nämlich« – sprich: Konjunkturzyklus und Krise – gehört zur Marktwirtschaft wie das Wasser zum Meer. Alle Jahre wieder übersteigt das mögliche Angebot die zahlungskräftige Nachfrage. Diese Nachfrage soll nach Keynes der Staat übernehmen.

Bei der Immobilienkrise dagegen schuf das Kapital durch absehbar »faule« Kredite eine private Konsumnachfrage auf

Pump, und zwar beileibe nicht nur für den Kauf des Eigenheims. Vielmehr wurde das eigene Häuschen beliehen, um Kreditkartenschulden aufzufangen. Viele sozial schwache US-Bürger finanzierten so ihr gesamtes Leben mit Schulden, die sie nie würden zurückzahlen können.

Da die Banken dies wussten, versicherten sie die Ausfälle bei anderen Instituten, die ihrerseits bei wieder anderen und so weiter: Das Risiko wurde – gegen eine Versicherungsprämie – immer weiter und weiter gegeben. Und wären die ursprünglichen Kredite nicht geplatzt, hätten sich alle dumm und dämlich verdient.

Aber wir sind eben nicht bei Pilcher Smith-Hayek, wo es stets ein wundersames Happyend gibt, sondern schon eher bei Grisham Marx-Keynes: Im System selbst ist der Wurm drin, den man nicht wegphantasieren kann.

An dieser Stelle lohnt ein Blick auf einen völlig verstaubten, 160 Jahre alten Text:

»*In den Krisen bricht eine gesellschaftliche Epidemie aus, welche allen früheren Epochen als ein Widersinn erschienen wäre – die Epidemie der Überproduktion. Die Gesellschaft findet sich plötzlich in einen Zustand momentaner Barbarei zurückversetzt; eine Hungersnot, ein allgemeiner Verwüstungskrieg scheinen ihr alle Lebensmittel abgeschnitten zu haben; die Industrie, der Handel scheinen vernichtet, und warum? Weil sie zu viel Zivilisation, zu viel Lebensmittel, zu viel Industrie, zu viel Handel besitzt.*«
Karl Marx und Friedrich Engels,
Manifest der Kommunistischen Partei, 1848

Dass *Laissez-faire* dennoch so periodisch wiederkehrt wie Herbert Grönemeyer nach der Schaffenskrise, liegt aber kaum daran, dass die Marktwirtschaftler »Marx und Keynes nicht gelesen« haben, sondern daran, dass ihnen die Konsequenz nicht gefällt. Daher handelt es sich schlicht um Volksverdummung wider besseres Wissen, und bei Hayeks Neoliberalismus sogar um eine Konkurrenzreligion zum Christentum und dessen »unerforschlichem Ratschluss des Herrn«: »Das System funktioniert unter der Bedingung, dass der Einzelne bereit und willig sein muss, sich Änderungen anzupassen und Konventionen zu unterwerfen, die nicht das Ergebnis vernünftigen Planens sind … und deren Ursachen vielleicht niemand versteht.«[208]

Drei Jahrhunderte nach Beginn der Aufklärung will die neoliberale Gegenaufklärung mit allen Mitteln das Ziel des politisch informierten mündigen Bürgers zerstören und es durch die Vision des einerseits habgierigen, andrerseits dumpfen und machtlosen Objekts der Launen der Marktgesetze ersetzen.[209]

Überhaupt ist Hayek jede Art von Aberglauben und Hokuspokus willkommen, solange er nur den Verstand vernebelt. In seinem Werk *Die überschätzte Vernunft* preist er die Religionen deshalb als entscheidend für die menschliche Evolution, weil ihre Selektion gerade nicht durch rationale Argumente erfolge, sondern durch Überlieferung religiösen Glaubens und seiner Anpassung an die Umwelt. Und damit auch alles schön mystisch bleibt, ist er gegen ein Religionsmonopol und für Glaubensfreiheit und Konkurrenz der Religionen als Pfeiler des Liberalismus.

Erinnert man sich dann noch an seine Verhöhnung des Begriffs *sozial*, so wird klar, warum Angela Merkel in einem Kommentar für die *Financial Times Deutschland* schreibt: »Friedrich August von Hayek hat die geistigen Grundlagen der freiheitlichen Gesellschaft im Kampf gegen staatlichen Interventionis-

mus und Diktatur herausgearbeitet. In der Globalisierungs-
debatte sind seine Ideen hoch aktuell.«[210]

Bei so viel Marktanbetung fragt sich der vertrauensselige Bürger, warum sich gerade neoliberale Frontkämpfer gegenüber
dem Staat ähnlich gebärden wie der scheinselbständige Spröss-
ling, der sich jegliche Einmischung der Eltern streng verbittet
und doch pausenlos nach Papas Scheck schreit.

Auf dem Höhepunkt der globalen Finanzkrise rief ausgerechnet
Vorzeigemanager Josef Ackermann im März 2008 nach dem
Staat, da die Selbstheilungskräfte des glorreichen Marktes nicht
mehr ausreichten.[211] Prompt spielte sein Gesinnungsgenosse,
Bundeswirtschaftsminister Michael Glos, den Überraschten,
obwohl fast zeitgleich beim Geschrei um die Schließung des
Bochumer Nokia-Werkes herauskam, dass der finnische Welt-
konzern 60 Millionen Euro an Subventionen abgegriffen hatte.
Überhaupt gibt es so gut wie keine Branche, die nicht mehr oder
minder am Tropf des ungeliebten Staates hängt – so macht
»freie« Marktwirtschaft natürlich Spaß.

Ganz nebenbei entlarvt Hayeks religiöse These von der unheilbaren »konstitutionellen Unwissenheit«[212] die superwissen-
schaftlichen hyperexakten mathematischen Modelle unserer
Ökonomen, die eine Kauflust von 2,34 und eine Flugangst
von 5,67 berechnen, als Schaumschlägerei, Kompetenzvortäu-
schung und Einschüchterungsversuch gegenüber dem »unge-
bildeten« Volk.

Hinter diesem Blendwerk verbirgt sich eine Theorie für simple
Gemüter, wie auch der Erlanger Wirtschaftsprofessor Roland
Sturm findet: »Ausgehend von sehr begrenzten Prämissen lassen sich hochkomplexe, mathematisierbare Modelle für soziales
Verhalten in einer eigenen Wissenschaftssprache erstellen und
damit eine Kommunikationsgemeinschaft mit wissenschaftli-
chem Gewicht konstituieren. ... Der leichte Zugang zu diesem

einfachen Grundgedanken (der Profitmaximierung, T.W.) erklärt die vordergründige wissenschaftliche Attraktivität.«[213]

Anders gesagt: Bei den Marktradikalen kann sich jeder rechenbegabte Zehntklässler als Wissenschaftler aufspielen. Aber wahrscheinlich tut er das gar nicht, weil er auch ohne viel Lebenserfahrung weiß, dass außer einigen asozialen Psychopathen die Menschen nicht vollkommen habgierig und ihre vielschichtigen Motive und Handlungen gar nicht in Formeln und Kurven zu erfassen sind. Daher dürfte es bereits der 16-Jährige mit Franz Josef Strauß halten: »Ich liege lieber grob richtig als exakt falsch.«

Und exakt falsch liegen die Marktradikalen erst recht im Weltmaßstab: Im Frühjahr 2008 waren Weltbank und Internationaler Währungsfonds (IWF) in »höchster Alarmstimmung«. Sie rechneten mit gewaltsamen »Hungeraufständen«, weil sich in vielen Entwicklungsländern die Lebensmittelpreise binnen eines Jahres verdoppelt hatten. Und während neoliberale Einpeitscher unsere Wirtschaftsstudenten im Geiste der wohlstandsbringenden »unsichtbaren Hand« zu geistig-moralischen Spulwürmern abrichten, werden Meldungen über gewaltsame Proteste aus Haiti, Ägypten, Kamerun, der Elfenbeinküste, Mauretanien, Äthiopien, Madagaskar, den Philippinen und Indonesien zur täglichen Nachrichtenroutine wie der Wetterbericht.

Und mittendrin unsere Billiganbieter, die ihre Marktmacht gnadenlos ausspielen: »Aldi und Co. tragen Mitschuld an Hungerlöhnen«, titelte *Spiegel Online* zu Recht, denn die Zeche für unsere Dauerschnäppchen zahlen Kleinbauern und Arbeiter in den ärmsten Regionen. »Preisdruck führt zu Menschenrechtsverletzungen«, stellte eine Studie der Entwicklungsorganisation *Oxfam* fest.[214]

Offenbar bewirkt die »unsichtbare Hand« nicht unbedingt Wohlstand für alle …

5. Wunderwaffe Privatisierung?

Zum wahren Horrortrip für die Bürger und zusehends auch für die Unternehmen gerät die Privatisierung der »Kernbereiche« der Gesellschaft. Dass Kranke und Senioren »frei« entscheiden können zwischen staatlich-unzureichend-unwürdig oder privat-unbezahlbar-fragwürdig mag ja Nichtbetroffenen noch akzeptabel erscheinen. Aber Unzuverlässigkeit und Wucherpreise in Infrastrukturbereichen wie Post, Bahn, Wasser, Energie, Müllentsorgung, Immobilien oder Kommunikation schaden nicht nur den Bürgern, sondern auch allen anderen Branchen.

Es spricht Bände, dass einmal mehr die Deutsche Bank vorpreschte und mit der Forderung nach Zerschlagung der Energiekonzerne faktisch einräumte, dass zügellose Profitgier früher oder später die Wirtschaft und damit den Staat in den Grundfesten erschüttert: »Das hat es noch nicht gegeben«, wundert sich der *Spiegel*. »Das Bollwerk des Kapitalismus stellt bestehende Eigentumsrechte in Frage.«[215]

Zudem ist selbst das Vorurteil von den unbürokratischen Privaten reine Fabel. So verschlingen zum Beispiel bei der Riester-Rente Verwaltung und Vertrieb rund zehn Prozent der Beiträge, bei den »Gesetzlichen« dagegen maximal vier Prozent.[216] Das ist kein Wunder: Irgendjemand muss die monströsen Prachtbauten mit ihren luxuriösen Büros, die allgegenwärtige Werbung und die Jagdprämien für die Horden von Versicherungsdrückern ja schließlich bezahlen.

Gerade das Versicherungswesen wie überhaupt die gesamte Finanzbranche widerlegt auch die These von der generell größeren Innovationsfähigkeit der Privaten. Hier nämlich geht es ausschließlich um reine Risikoberechnung und das Aufschwatzen von Verträgen. Wie aber soll da Innovation im Sinne höherer Arbeitsproduktivität oder besserer Produkte möglich sein?

Ähnlich wie einige Sozialstaatsfeinde das private Atomkraftwerk mit der privaten Zahnbürste gleichsetzen, so werfen sie auch den begnadeten Garagentüftler Bill Gates mit seinem späteren Mammutunternehmen in einen Topf. Klein- und Mittelbetriebe sind häufig wendiger, schneller, wagemutiger und zuweilen auch innovativer als der heutige Staat, aber sind es gigantische Globalplayer auch? Was sollte ein Privatkonzern können, was der Staat nicht prinzipiell auch könnte? In beiden Fällen sind die Bastler, Erfinder und Neuerer ebenso wie das Personal für Einkauf, Vertrieb, Werbung und Organisation nur Angestellte, und man muss schon zu jener marktradikalen Rinnsteinpolemik greifen, wonach von Natur aus die faulen Idioten beim Staat und die fleißigen Genies in der Privatwirtschaft arbeiten. Aber vielleicht geht bei der Privatisierung ja auch der »Ruck« des Roman Herzog[217] durch die Belegschaft, und sie ist endlich motiviert: Was gibt es Schöneres, statt für das verhasste Gemeinwesen jetzt endlich für steinreiche Großaktionäre arbeiten zu dürfen? Und ist es nicht viel erbaulicher, sich beim Unternehmensgewinn die Karibikresidenz eines Aktionärs als einen neuen Kindergarten vorzustellen?

Dass die Privatisierung für den Staat meist ein schlechtes Geschäft ist, sagt schon die simple Logik: Kein Investor würde ein echtes Zuschussunternehmen kaufen. Und selbst wenn man die natürlich völlig abwegige Möglichkeit ausklammert, dass unter dem Einfluss von »Spenden« deutlich unter Wert verkauft wurde: Wenn ehemalige Staatsbetriebe plötzlich schwarze Zahlen schreiben, dann hängt das allzu oft weniger mit »Innovation« als – wie ja bei Post und Bahn – mit »Rationalisierung« und mit einer Verschlechterung oder Verteuerung des Angebots zusammen.

Jüngstes Beispiel ist die Bahn, die wie die meisten privatisierten Infrastrukturbereiche noch immer reichlich Steuergelder erhält, in diesem Fall 2,5 Milliarden jährlich. Sie darf 1.700 Kilometer Schienen stilllegen, also fünf Prozent des gesamten Schienennetzes, und trotzdem abkassieren – für den Bahnexperten Professor Christian Böttger von der Berliner Fachhochschule für Technik und Wirtschaft ein Unding: »Da bekommt jemand Geld für eine genau beschriebene Leistung. Aber wenn er die Leistung nicht erbringt, bekommt er das Geld trotzdem.«[218]

Dasselbe Bild bei der Post: Bis 2011 sollen alle firmeneigenen Filialen geschlossen und von Privatbetrieben wie Schreibwarenhandlungen, Kopierläden, Feinkostgeschäften oder Videotheken übernommen werden. Da die Post aber kaum etwas dafür zahlt – so wurde eine ohnehin schon mickrige Grundvergütung von 2.800 Euro im Jahre 2008 um 25 Prozent gekürzt –, finden sich kaum noch arme Irre für diesen Job. Die Folge: Viele Gemeinden stünden bald ganz ohne Post da, und da dies nicht sein kann, übernimmt – wie im oberschwäbischen 3.700-Seelen-Dorf Amtszell – die Gemeindeverwaltung den Postdienst und damit auch die Kosten für diese Mitarbeiter.[219]

Kurzum: Auch bei der Post bedeutet Privatisierung nichts anderes als die Finanzierung der Traumrenditen der Aktionäre durch die Bürger. Und das Einkommen ohne Arbeit sprudelt: Allein 2007 machte die Deutsche Post AG 3,20 Milliarden Euro Gewinn.

Besonders dreist ist das Argument, die Politik könne Privatunternehmen nicht in die Firmenpolitik hineinreden: Noch gehören immerhin 45 Prozent der Aktien der öffentlich-rechtlichen KfW Bankengruppe, auch wenn man de facto nach der Pfeife der Heuschrecken tanzt.

Offenbar gibt also der Staat zumindest potenziell lukrative Unternehmen aus der Hand – und das bei chronischem Geldmangel. Der aber wird wieder als unverschämter Vorwand zum

Verkauf dieser Unternehmen benutzt. Unverschämt deshalb, weil die Banken sogar jedem Windbeutel wie dem inzwischen zu sechs Jahren und neun Monaten Haft verurteilten Kreditbetrüger Jürgen Schneider zig Millionen für gewinnträchtige Projekte hinterherwerfen[220] – nur dem Staat angeblich nicht? Grandios übrigens der Grundsatz, staatliche Unternehmen dürften privaten keine Konkurrenz machen. Die Begründung ähnelt der Bürosatire vom Chef, der auch dann recht hat, wenn er irrt:

Paragraph 1: Privatbetriebe sind besser für das Gemeinwohl, weil sie produktiver als staatliche arbeiten.
Paragraph 2: Wenn staatliche Betriebe produktiver arbeiten, ist das schlecht für das Gemeinwohl, siehe Paragraph 1.

Intellektuell verhaltensauffällig wurde einmal mehr der CDU-Universalspezialist Wolfgang Bosbach. Da war sein Parteifreund Georg Milbradt gerade als Ministerpräsident zurückgetreten, weil unter seiner Verantwortung die Landesbank Sachsen Milliarden an Steuergeldern verzockt hatte. Anstatt dem Gott der Raffgier auf Knien zu danken, dass der Verschwender des Geldes anderer Leute nur als Ministerpräsident zurücktreten musste und nicht im Gefängnis landete, wertete Spezi Bosbach die Pleite als Beweis für die Misswirtschaft von Staatsbetrieben.[221]

6. »Kapital arbeitet« – aber was eigentlich?

Ein letzter Trumpf der Marktradikalen ist das Gerücht, Geldkapital würde »arbeiten« und Werte schaffen. Einmal abgesehen davon, dass dieser Spruch angesichts der globalen Bankenkrise durchaus kabaretttauglich ist, ehrt es natürlich die Renditebezieher und ihre Ökonomen, dass sie sich wenigstens zu einer Rechtfertigung für Einkünfte aus Kapitalbesitz genötigt sehen. Bleibt aber die Frage, ob Kapital wirklich arbeitet und Werte schafft.

Schafft es Werte, weil es sich vermehrt? Arbeiten dann auch ein Perserteppich oder eine seltene Beatles-LP, weil ihr Wert steigt?

Aber vielleicht schafft Kapital ja Werte, weil ohne Moos nichts los ist? Dann müsste allerdings auch eine fest angestellte Betriebsratshostess, ohne die kein Tarifabschluss läuft, produktive Arbeit leisten – und laut herrschender Volkswirtschaftslehre macht sie das auch: Sie steigert das Bruttosozialprodukt.

Ebenfalls Werte schafft der Bauarbeiter, der eine Grube gräbt und sie – damit er nicht selbst hineinfällt – sofort wieder zuschüttet. Was jemand tut oder unterlässt, ist völlig belanglos, solange er von irgendwem Geld dafür bekommt, das in den Büchern auftaucht. Wenn also jeder mit jedem legalen Einkommen Werte schafft, wieso nicht auch der Geldverleiher, Börsenspekulant und Aktionär?

Diese Sichtweise hat sogar etwas Solidarisches: Eine Mutter rechnet ja auch nicht kleinlich in Wertschöpfung um, wenn beim Kuchenbacken die Große die Zutaten besorgt, die Mittlere den Teig angerührt und der Kleine nur im Weg gestanden hat: »Jeder hat seinen Teil dazu beigetragen«, lobt sie alle Kinder gleichermaßen und lädt alle ins Kino ein.

Das Kapital – das unkaputtbare Wesen

Dass der Kleine keinen produktiven Beitrag leistet, heißt aber nicht, dass er keinen Schaden anrichten kann, zum Beispiel durch Umkippen der Backform. Und ebenso hat die weltweite Zockerei des Finanzkapitals durchaus die reale Wirtschaft ins Stocken gebracht und schwer geschädigt: Menschen wurden arbeitslos, Produktionsmittel lagen brach, Waren vergammelten. Dies war die wahre Vernichtung von Kapital. Keine Kapitalvernichtung ist dagegen der Wertverlust von Aktien: Was der eine verliert, kassiert der andere. Wenn die Schacher AG eine Aktie für 100 Euro ausgibt und nach zehn Jahren für 10 Euro wieder zurückkauft, dann hat sie die 90 Euro gewonnen, die inzwischen an der Börse »vernichtet« wurden.

Die These vom wertschaffenden Kapital ist also nichts als eine Rechtfertigung ihrer Inhaber – und eine dümmliche noch dazu. Selbst wenn nämlich Kapital arbeiten und Werte schaffen sollte, dann noch lange nicht seine Besitzer: Ein Milliardär kann ein Jahr lang im Koma liegen und »verdient« bei vier Prozent Rendite 40 Millionen. Witzbolde halten dem entgegen, ein Kleinsparer mit 10.000 Euro kassiere doch auch Zinsen. Natürlich, und womöglich plant er mit den 400 Euro eine feindliche Übernahme. Wobei es durchaus bewusstseinsfördernd ist, wenn eine Krankenschwester oder ein Maurer infolge von Erbschaft oder Lottogewinn ein Vielfaches mehr an Kapitalerträgen als an Arbeitsverdienst hat und dann sehr wohl weiß, was hart erarbeitetes und was leistungsloses Einkommen ist.

7. Müssen sich Sozialleistungen selbst tragen?

Jeder muss mit seinem Geld auskommen, der Bürger ebenso wie der Staat. Zu den irrwitzigsten Ideen gewisser Finanzpolitiker und Arbeitgeberpropagandisten gehört die Vorstellung, einzelne Ausgabeposten müssten sich selbst tragen. Nach ihrer eigenen Logik müssten diese Experten einen Restaurantbesuch mit Tellerspülen bezahlen, die Friseurrechnung durch Bodenwischen abarbeiten und den Karibikurlaub durch Kellnern und Liebesdienste finanzieren.

Nichts anderes aber ist die Vorstellung, staatliche Ausgaben für Gesundheit, Altenfürsorge oder Bildung müssten sich selbst refinanzieren. In Wahrheit handelt es sich um Kosten, die durch die Arbeit der Bürger bereits gegenfinanziert sind und folglich leicht aus dem immensen Zuwachs des noch immenseren Volksvermögens spielend bezahlt werden könnten – wäre es nicht so seltsam verteilt.

Nun ist es völlig unlogisch, dass etwa eine unrentable Staatsklinik dadurch besser wird, dass sich auch noch private Geldgeber eine goldene Nase mit ihr verdienen wollen. Vielmehr riecht es förmlich danach, dass die Abzocke zu Lasten der Bediensteten sowie der Kranken geht und der Staat nur jemanden für die »Drecksarbeit« sucht.

Genau das empfanden Patienten und Personal beim Verkauf des Hamburger *Landesbetriebs Krankenhäuser* an den Konzern *Asklepios*. Unvorsichtigerweise hatte der Senat den Beschäftigten ein Recht auf Rückkehr in den Staatsdienst garantiert. Schon kurz nach ersten Erfahrungen forderten 2.000 wegen unerträglicher Arbeitsbedingungen dieses Recht ein, und die Hamburger Verbraucherzentrale verzeichnete einen Anstieg der Patientenbeschwerden.[222]

Noch unglaublicher als das Desaster ist der Kommentar des Finanzbehörden-Sprechers Robert Heller zu den Privaten: »Sie können es auf jeden Fall betriebswirtschaftlich besser. Mit Sicherheit besser. Medizinisch glaube ich auch.«[223]

8. Sachzwang: »Bananen mit Salz« – Die dreisten Drei

> Ein Bahnfahrgast schält eine Banane, bestreut sie mit Salz und wirft sie aus dem Fenster. Die verdutzten Mitreisenden fragt er: »Mögen Sie etwa Bananen mit Salz?«

Diesen Witz spielen unsere Politiker nach, wenn sie von »Sachzwängen der Globalisierung« reden. Keine einzige Privatisierung, kein einziges Steuergeschenk für die Reichen und kein einziger Sozialabbau für die Bevölkerung war ein Naturereignis, sondern wurde von Politikern beschlossen, und die einzige »Eigendynamik« war keine der »Globalisierung«, sondern bestenfalls die ihrer Habsucht.

Nehmen wir die allseits gescholtene Energiebranche. Was sich hier abspielte, erinnert an den Titel der Fernseh-Kultserie *Die dreisten Drei:*

- Wirtschaftsminister Werner Müller kassierte während seiner Amtszeit 8.000 Euro Rente von E.on und initiierte trotz strikter Ablehnung durch das Bundeskartellamt die Fusion von E.on mit Ruhrgas. Anschließend wurde er gutbezahlter Chef der Ruhrkohle AG (RAG), die zu einem Drittel der E.on gehört. [224]
- Müllers Staatssekretär Alfred Tacke gab 2002 zu besagter Fusion die Ministererlaubnis und wurde kurz darauf Chef der RAG-Tochter Steag.
- Der damalige Chef der beiden und Hauptverantwortliche für die Fusion, Kanzler Gerhard Schröder, wurde Spitzen-

manager beim Energieriesen Gazprom, an dem wiederum
E.on mit 6,5 Prozent beteiligt ist.

Nun hat man den Salat, und am lautesten über die hohen
Strompreise jammern ausgerechnet jene rotgrünen Volksvertreter, die E.on & Co. erst zur Marktbeherrschung verholfen
haben. Wurde Schröder von der »Eigendynamik der Globalisierung« zur Gazprom geweht?
Noch unverfrorener ist das Jammern über die Globalisie-
rungszwänge aus dem Mund jener Abgeordneten und Regie-
rungsmitglieder, die im Jahre 2000 der rotgrünen Körper-
schaftssteuerreform zugestimmt und durch die Steuerfreiheit
beim Verkauf von Kapitalgesellschaften den Heuschrecken-
schwärmen und Spekulanten erst Tür und Tor geöffnet haben.
Darüber hinaus wurde der Grundstein für den verarmten Staat
und den »Sachzwang zum Sparen« gelegt: Über 20 Milliarden
jährlich fehlen dadurch dem Staat. Nimmt man noch die Steu-
ersenkung für Großverdiener seit der Kohl-Ära hinzu, dann
hätte dieses Geld nahezu sämtliches »Umbauen« des Sozialstaates überflüssig gemacht.[225]
Als »Sachzwang zum Sparen« verkauft man heute zum Beispiel auch den drastischen rotroten Berliner Sozialabbau, der
selbst Blindengeld und Sozialtickets nicht verschont. Den Schaden in Höhe von 2,2 Milliarden Euro plus 21,6 Milliarden Euro
Immobilienrisiken aber verursachte neben der CDU auch die
damals mitregierende SPD durch den Berliner Bankenskandal.
Die staatliche Industriebank IKB sowie die Landesbanken ver-
zockten zig Milliarden beim US-Immobilienroulette: Auch ein
Sachzwang der Globalisierung zur weiteren Verarmung von
Staat und Bevölkerung?
Ist es ein Wunder, wenn immer mehr Bürger die glorreichen
Finanzmanager für unfähiges oder betrügerisches Gesindel

halten, das sie direkt für die aus Geldmangel verrottenden Schulen, fehlenden Kitas und Kürzungen staatlicher Sozialleistungen verantwortlich machen und am liebsten für Jahre im Gefängnis sehen würden? Auch Friedensnobelpreisträger Muhammad Junus sagte bei *Maybrit Illner* dem professionellen Unschuldslamm und früheren BDI-Präsidenten Michael Rogowski ins Gesicht: Die das Geld verzockt haben, die sollen es auch bezahlen, und nicht die Bürger.[226]

Aber selbst diese milliardenschwere Beihilfe der Bürger zum leistungslosen Einkommen der Superreichen kann das ebenfalls steinreiche Deutschland locker verkraften. Das Geld ist da, kann man nur wiederholen, es ist nur asozial verteilt. Schon allein deshalb ist die These vom Sachzwang zur Verwahrlosung öffentlicher Einrichtungen und zur Verarmung der Bevölkerung recht abenteuerlich.

Sieht man einmal von Naturkatastrophen ab, so beruhen reale Sachzwänge von heute, erst recht die der Globalisierung, zumeist auf Entscheidungen von gestern, die nicht zufällig immer wieder von denselben Pappenheimern aus Wirtschaft und Politik getroffen werden.

Nun greifen Politiker und Wirtschaftsführer auch deshalb zum »*TINA*-Prinzip« *(There is no alternative)*, um sich selbst moralisch reinzuwaschen: Als »Marionetten der Gesetze des Marktes« (Milton Friedman) handeln sie ja nicht eigenständig. Deshalb gibt es für Hayek, egal ob Hungersnot, Arm-Reich-Schere, Sozialraub oder wirtschaftlich motivierter Angriffskrieg »kein Subjekt, von dem eine solche Ungerechtigkeit begangen werden kann«.[227]

Die französische Politologin Susan George setzt *TINA* das Motto *TATA* entgegen: *There Are Thousand Alternatives*. Inwieweit sie innerhalb einer freien Marktwirtschaft wirklich existieren, steht allerdings auf einem anderen Blatt.

9. Das kostbare Gut Freiheit

Nun müsste selbst einem marktradikalen Laienprediger auffallen, dass die These der Alternativlosigkeit in einer *freien* Gesellschaft merkwürdig klingt. Für den Wiener Philosophieprofessor Konrad Paul Liessmann ist sie gar Ausdruck einer Unbildung, die fast schon wieder die klassische Gestalt der Dummheit annimmt.[228] Es sei denn, man meint mit »Freiheit« etwas ganz anderes als jenes unveräußerliche Menschenrecht. Welche Freiheit will wohl Milton Friedman »schützen sowohl gegen den äußeren Feind als auch gegen unsere Mitbürger, um mit ›Law and Order‹ private Geschäftsbedingungen zu garantieren und konkurrierende Märkte«?[229]

Na klar: Wer alternativlose Sachzwänge des Marktes behauptet, muss natürlich gegen jegliche Einmischung sein, erst recht durch den Volkssouverän. »Liberalismus ist also unvereinbar mit unbeschränkter Demokratie«[230], sagt Hayek, und seine Epigonen wie der Politikprofessor Arnulf Baring bedauern, dass das Grundgesetz leider keine rechtliche Handhabe für Notverordnungen wie damals in der Weimarer Verfassung bietet: »Anders als damals kennt das Grundgesetz keinen Artikel 48, der seinerzeit jahrelang die krisengeschüttelte Republik am Leben hielt.«[231]

Am Leben hielt? Mit diesem Notverordnungsparagraphen brachte Reichspräsident Paul von Hindenburg am 30. Januar 1933 Adolf Hilter ins Amt als Reichskanzler.

Auch für den neoliberalen Altrucker Roman Herzog ist die parlamentarische Demokratie zusehends ein rotes Tuch. Sogar die minimale Rentenerhöhung vom Frühjahr 2008 bezeichnete er gegenüber *Bild* als »die Vorboten einer Rentnerdemokratie … Die Älteren werden immer mehr, und alle Parteien nehmen überproportional Rücksicht auf sie. Das könnte am

Ende in die Richtung gehen, dass die Älteren die Jüngeren ausplündern.«[232]

Noch deutlicher in Richtung »Demokratie« à la Hayek, Friedman und Pinochet argumentiert Meinhard Miegel vom neoliberalen *Bürgerkonvent:* Wenn die älteren Wähler in Zukunft in der Mehrheit seien und die Politik sich einseitig darauf ausrichte, »haben wir ein Demokratieproblem«.[233] Das ist aber lösbar, denn »die Jungen« würden »Mittel und Wege finden, sich der Belastung zu entziehen – da können die Mehrheitsverhältnisse sein, wie sie wollen«. Und das zu Recht, denn: »Die Mehrheit verdankt ihren Wohlstand dem Einsatz und Ideenreichtum einer immer kleineren Minderheit.«[234] Gemeint sind vor allem der Kapitaleinsatz der Superreichen und Heuschrecken – und der Ideenreichtum der Zumwinkels und Kleinfelds.

Offenbar geht es nicht um jene Freiheit, die nach Rosa Luxemburg immer auch die »Freiheit des Andersdenkenden« einschließt, sondern um ihre pervertierte Form: Es geht schlicht um die durch keinerlei sozialstaatliche und humanistische Regeln begrenzte Freiheit des Homo oeconomicus zur Profitjagd. Doch selbst wenn alles in grundrechtlichem Rahmen abliefe: Viele bürgerliche Freiheiten sind eine Geldfrage, wie der wahrlich nicht linksradikale *FAZ*-Mitbegründer Paul Sethe schon 1965 beispielhaft klarstellte – »Pressefreiheit ist die Freiheit von 200 reichen Leuten, ihre Meinung zu verbreiten«.

Dagegen ist die Freiheit der Besitzlosen sozusagen der Kehrwert der Unternehmerfreiheit: Denn anders als in einer Diktatur ist in der demokratischen Marktwirtschaft alles freiwillig, sogar Arbeitslosigkeit und Verhungern. Schließlich zwingen Politik und Wirtschaft niemanden zu irgendetwas: Sie machen »Angebote, die man nicht ablehnen kann«. Und bei diesen »Nur-dann-wenn«-Offerten macht es kaum einen Unterschied, ob als Äquivalent für den Arbeitsplatzerhalt ein Unternehmen den Beschäftigten Lohnkürzungen oder der Chef der Sekretärin Liebesdienste vorschlägt – nur dass Letzterer dies nicht als »Sachzwang der Globalisierung« ausgibt.

Ähnliches droht einer Frau übrigens sogar per Gesetz: Im Januar 2005 brachte bezeichnenderweise eine ausländische Zeitung, der *Sunday Telegraph*, den Fall einer 25-jährigen arbeitslosen Programmiererin ans Tageslicht, der eine Berliner Arbeitsagentur völlig in Einklang mit Hartz IV einen »zumutbaren Job« als Prostituierte vermittelt hatte und der bei Ablehnung die Streichung des Arbeitslosengeldes gedroht hätte. Nachdem auch *Emma* den Fall publik gemacht hatte, folgten Dementis der Marke »Missverständnis« und »Würden wir doch nie tun blabla«.[235]

Aber auch für den Bürger gibt es eine echte neoliberale Freiheit, nämlich die Freiheit testosterongesteuerten Rasens auf Selbstverwirklichung ohne Rücksicht auf Leib und Leben. Während nämlich einerseits wissenschaftliche Studien »Halb so viel Tote bei Tempo 130« nachweisen[236], andererseits Schlagzeilen wie »Schon wieder: Mercedes-Testfahrer fährt Frau tot«[237] zur Gewohnheit werden, führt für das marktradikale Kampfblatt *Focus* ein Tempolimit »ins Abseits sozialistischer Gleichmacherei … der Unfreiheit, Intoleranz und des zu Tode regulierten Individuums«.[238] Und die *Welt* wertet Unfallopfer ebenso sarkastisch wie korrekt offenbar als Kollateralschäden der Marktwirtschaft: »Denn im Idealfall spiegelt das Geschehen auf den Schnellstraßen das Leben perfekt: Wer schnell sein will, darf es – und für die Langsamen gibt es eventuell ja mehr zu entdecken.«[239] Zum Beispiel die Radieschen von unten, wie für jene »langsame« 21-jährige Frau und ihre zweijährige Tochter, die laut Urteil des Landgerichts Karlsruhe im Juli 2003 vom Mercedes-Testfahrer Rolf F. »fahrlässig« ins Jenseits befördert wurden.

Genau in diesem Sinne gehört es zum Realzynismus des Marktradikalismus, dass die »Freiheit« verstärkt von jenen ausgelebt wird, für die beim hohlen Prestigekampf um »meinen Traumjob, mein Auto, mein Haus, meine Frau, mein Boot« nur das Auto als jemals erreichbar übrigbleibt und sie die hochgepriesene »Ellenbogengesellschaft« wie gewünscht auf den Autostraßen praktizieren: Je ein Drittel aller tödlichen und alkoholbedingten Autounfälle und sogar fast die Hälfte aller Rasercrashs werden von 18- bis 24-Jährigen verursacht, obwohl sie nur zehn Prozent der Führerscheinbesitzer stellen.

10. Sachzwang Standort

Normalbürger reden gewöhnlich von Heimat, Wohnort oder Lebensmittelpunkt. Als Standort dagegen werden Staaten, Regionen, Städte oder Gemeinden meist unter dem Gesichtspunkt bezeichnet, ob es für Unternehmen lohnt, sich dort anzusiedeln. Staaten, Regionen und Kommunen wetteifern bei Löhnen, Steuern, Abgaben, Grundstückspreisen, Energiekosten, Subventionen und verstärkt sogar mit Freizeitangeboten darum, bei wem ein Betrieb auf ihre Kosten auf angenehmste Art den höchsten Profit erzielen kann.

Wer also Standort sagt, wechselt erneut vom Blickwinkel der Betroffenen auf den der Investoren: »Du bist Deutschland« mutiert zu »Du bist Wirtschaftsstandort«.

Bezeichnenderweise wurde die heutige Standortdiskussion laut OECD bereits Anfang der 1990er Jahre deshalb vom Zaun gebrochen, um »das deutsche Modell der ›sozialen Marktwirtschaft‹« und damit den Sozialstaat als »unfinanzierbar« zu diskreditieren.[240] Folglich wird der Sozialstaat vom teils er-

fundenen, teils realen »Sachzwang zum Standortwettbewerb«
ruiniert.

Dass man die Arbeitergebersicht zu seiner eigenen macht, wird
auch nicht dadurch weniger pervers, dass man der Logik folgt,
es müsse erst dem Kapital gutgehen, bevor es – vielleicht – auch
dem Volk bessergehe. Vielmehr zeigt dieses zwangsläufige Aufhetzen der »Standorte« gegeneinander die sozialen Grenzen
auch einer *sozialen* Marktwirtschaft.

Dass zuweilen auch durch Schmiergeld ein »Sachzwang« entsteht – zum Beispiel nach Überversorgung mit Müllentsor-
gungsanlagen –, gehört seit dem Kölner Klüngelskandal zur
Allgemeinbildung, und irgendwie klingt es ja gerade logisch,
wenn ein Unternehmen besonders spendablen »Standort-Poli-
tikern« eine kleine Aufmerksamkeit zukommen lässt.

Als ebenfalls frei erfunden entpuppt sich übrigens ein »Standortnachteil« – das Jammern erinnert an das Wehklagen des feil-
schenden Händlers über seine 14 hungernden Kinder – auch
immer dann, wenn ausgewanderte Unternehmen kleinlaut zurückkehren.

Allerdings hat es diesen Standortwettbewerb im Kapitalismus
schon immer gegeben. Im deutschen Kaiserreich führte die damit verbundene Verelendung und Empörung zum gefährlichen
Brodeln im Volk. In buchstäblich letzter Sekunde nahm Bis-
marcks Sozialgesetzgebung[241] – einschließlich der verhassten
Lohnnebenkosten! – den Sozialdemokraten den Wind aus den
Segeln und wurde daher von den Unternehmern wohl oder
übel hingenommen.

Kurzum: »Sachzwang« ist häufig nur das, was Arbeitnehmer
und Bevölkerung zulassen.

11. Antichrist oder Alternative: die Linkspartei

Ein Mikrobeispiel dafür ist das Phänomen, dass schon mit dem ersten Erstarken der Linkspartei einige bis dato unverhandelbare »Sachzwänge« wie Hartz IV, das Arbeitslosengeld für Ältere oder das Mindestlohntabu plötzlich doch – zumindest symbolisch – entschärft wurden. Dabei dürfte die Angst vor den kleinen Leuten und der bedrohten Mittelschicht allerdings größer sein als vor deren selbsternannten Vertretern.

So gab Berlins Wirtschaftsminister Harald Wolf – typisch für die Linkspartei in Regierungsverantwortung? – von Anfang an den Supermarktwirtschaftler und machte sich die Investorenperspektive vom »Industriestandort Berlin« zu eigen. Da aber die Berliner Linkspartei ihre neoliberale Liebedienerei mit galoppierendem Sympathieverlust bezahlte,[242] scheint ihr Nutzen als Besänftigungs- und Hinhalte-Instanz beim Durchsetzen von »Sachzwängen« durchaus fraglich – allerdings noch keineswegs aufgebraucht.

Deshalb ist die beflissene bis hysterische Ausgrenzung der Linkspartei, zum Beispiel bei der Hessenwahl 2008, scheinbar absurd. Selbst die Meinungsforscher von *Allensbach* stellen fest: »In der breiten Bevölkerung fallen die Reaktionen auf die Erfolge der Linkspartei bei den Landtagswahlen keineswegs so einmütig erschrocken aus wie die öffentlichen Reaktionen von Politik und Medien.«[243]

Bei näherem Hinsehen zeigen sich für Hasstiraden gegen die Lafontaine-Truppe, die an den Kampf des Erzengels Gabriel gegen den Antichrist erinnern, aber gute Gründe:

- Mit ihrem erklärten Ziel, die SPD-Wahlversprechen von 1998 durchzusetzen, stellt die Linkspartei im Nachhinein Gerhard Schröder als »Wahlkampfbetrüger« sowie seine

Erben Beck, Steinmeier, Steinbrück und Co. als Komplizen hin und präsentiert sich selbst als »wahre Sozialdemokratie«.

- Und dies mit Erfolg: Schon in einer Forsa-Umfrage vom Juli 2007 hielten 40 Prozent der Deutschen und 48 Prozent der SPD-Mitglieder die zentralen Forderungen der Linkspartei für richtig, nämlich Mindestlohn für alle, Bundeswehrabzug aus Afghanistan, Rücknahme von Hartz IV und der Erhöhung des Renteneintrittsalters auf 67 Jahre.

- Union, FDP und Grüne fürchten sie als pflegeleichte Mehrheitslieferantin der SPD, was sie ja in der rotroten Berliner Koalition schon vorführt.

- Marktradikale haben Angst, die Linkspartei könne die von ihnen verabscheute humane und gerechte Gesellschaft ernsthaft ansteuern.

- Manche befürchten, dass Lafontaine die reformistischen Zügel entgleiten und er – womöglich unbeabsichtigt – recht hat mit seinem Zitieren von Victor Hugo: »Nichts ist mächtiger als eine Idee, deren Zeit gekommen ist.« Da ist Sozialophobie angesagt.

Man könnte meinen, die Ausgrenzung der Linkspartei sei ein ganz gerissenes Spiel, um sie beim Volk erst richtig populär zu machen, ähnlich wie die Grünen vor 1998. Gerade die Schmutzkübel der Rechtsaußen von Politik und Medien machten die Fischer-Partei bei vielen Demokraten erst populär. Wenn sogar der *Spiegel* im untersten Boulevardstil Oskar Lafontaine mit »Gut gebräunt zum Sozialismus« und die Linkspartei mit »Partei der alten Männer und jungen Frauen«[244] beschreibt, so dürfte dies den Durchschnittsbürger weniger überzeugen als vielmehr an die Propaganda früherer deutscher Diktaturen erinnern.

Eine ähnliche »PR paradox« erfuhr übrigens die DDR, als sich Studentenbewegung und Kalter Krieg überlappten: Horrorberichte der Springerpresse über die »Zone« wurden – wahr oder nicht – für frei erfunden gehalten, und viele dachten: Wenn *Bild* dermaßen hetzt, dann kann es »drüben« so schlimm ja gar nicht sein.

12. Der individuelle Individualismus

Ein großer Trumpf des Marktradikalismus ist der Individualismus. Dabei klingt der Begriff zunächst recht vielversprechend nach dem Recht eines jeden Menschen nach Selbstverwirklichung. Besonders attraktiv erscheint er denjenigen, die nervige bis leidvolle Erfahrungen mit Gruppendruck machen durften, und zwar nicht nur in der DDR: Bis heute erleben wir die (hoffentlich) letzten Zuckungen jener bigott-verlogenen Spezies, die das »Aus-der-Reihe-Tanzen« mit dem Satz »Du denkst wohl, du bist was Besonderes« ächtet und sich über die Frisur, Kleidung oder gar die Partnerwahl wildfremder Leute höllisch aufregt.

Udo Jürgens verwünschte »dieses ehrenwerte Haus«, und Volker Lechtenbrink beschwor das »Leben so wie ich es mag«.

Selbst die antispießigen Epochen der Achtundsechziger oder der Friedensbewegungen hatten einiges zu bieten. So wurde zur Blütezeit des Wohngemeinschaftskults in besonders radikalkommunistischen Kommunen sogar über die Alternative Kaffee oder Tee abgestimmt, und Reinhard Mey lästerte 1972 in *Annabelle* über die »Nonkonformistenuniform«.

Dieser »Herdenterror« ist aber nur ein Grund für den Individualismus als Modeerscheinung. Ein anderer ist die Anpassung der Mittelschicht an die Ellenbogengesellschaft. Besonders in der ebenso materiell abgesicherten wie unpolitischen, egozentrischen und konsumfixierten Generation Golf[245] wurde aus dem Schwur »Ich laufe keiner Fahne hinterher« das Motto »Was geht mich das Leid anderer Leute an?«. Gepaart mit Großspurigkeit infolge von Spekulations- und Berufserfolgen am Neuen Markt, »bildeten wir uns ein, den Dreh rauszuhaben«, bekennt die Generation-Golf-Ikone Florian Illies im Rückblick und schämt sich, »dass wir uns damals irrtümlich alle für Wirtschaftsweise und Durchblicker hielten und den dicken Max markierten«.[246] Entsprechend waren Gewerkschaften nur etwas für Verlierer; Neuer Markt und Betriebsrat schlossen sich aus.

Spätestens hier aber war es so weit: »Egozentrik meets Raffgier«.

Nicht zufällig hält auch Ökonom Hayek nichts von Gewerkschaften,[247] wie überhaupt für ihn jede Interessenvertretung »schwächerer Marktteilnehmer« gegen das Kapital ein den Wettbewerb verzerrendes »Monopol« darstellt. Ganz nach seinem Geschmack wäre makabrerweise Illies' Gesinnungsgenossin Juli Zeh: Sie sei zwar selbst politisch recht umtriebig (Osteuropa) und halte auch viele ihrer Schriftstellerkollegen dafür. Nur seien eben alle Einzelkämpfer ohne Rückhalt in einer Gruppe.[248] Gegen Einzelkämpfer nämlich hat auch ein Hayek nichts einzuwenden, solange sie Einzelkämpfer bleiben und den Marktbetrieb nicht aufhalten.

Die Pointe dabei ist, dass sich die Marktradikalen ihrerseits durchaus zusammenrotten, man denke nur an besagte Initiative Neue Soziale Marktwirtschaft, den BDI oder die FDP. Illies und Freunden aber bekam der Individualismus schlecht: Gerade die rasantesten Aufsteiger der New Economy fielen mit Zerplatzen der Blase am schnellsten und am tiefsten. Eben noch

»Leistungsträger der Gesellschaft«, landeten Banker, PR-Manager, Betriebswirte und IT-Experten beim mitleidig belächelten Arbeitsamt und beantragen kleinlaut jene »Wohltaten«, die sie tags zuvor noch den »Losern« missgönnt hatten.

»Jung, dynamisch, arbeitslos« *(Berliner Morgenpost)* oder »Jung, erfolgreich, entlassen« *(Spiegel Online)* war noch der harmloseste Spott. Hinterher war auch Illies klüger: »Unserer Generation war schon gar nicht mehr bewusst, dass man diese Gesellschaftsform Kapitalismus nennt. Darum ist die Irritation jetzt so tief.«[249]

13. Der Konjunkturzyklus der Massenverblödung

Noch größer ist die Irritation angesichts der Zyklen der Massenverblödung. Mit dem einstweiligen moralischen, politischen und ökonomischen Bankrott des Neoliberalismus wird »der Staat als Modernisierungsagentur«[250] wieder populär. Umso mehr, da dies als Rückkehr zum Sozialstaat, wenn nicht sogar als Schritt zu mehr sozialer Gerechtigkeit in Richtung »demokratischer Sozialismus« ausgegeben werden kann.

Dabei wird häufig das neue alte Modewort »keynesianische Wirtschaftspolitik« in einer Art verwendet, als stehe – wie Smith und Hayek für *Kapitalismus* – John Maynard Keynes für *Sozialismus*. Zwar hielt Keynes – wie gesehen – die Geldgier für »krankhaft« und verbrecherisch. Seine ökonomische Theorie hingegen besagt im Wesentlichen nur, dass der Staat für die fehlende private Nachfrage einspringen und durch Planung die Wirtschaft stärker bestimmen solle. Ob Hitlers Autobahnbau nun »keynesianisch« war oder nicht – Keynes persönlich stellte seine Rezepte am 14. März 1932 im Radio als wertfrei dar: Man könne »die Wünschbarkeit und sogar die

Notwendigkeit von Planung akzeptieren, ohne Kommunist, Sozialist oder Faschist zu sein«.

Die Sage, Staatseigentum und selbst Planwirtschaft hätten per se irgendetwas mit Sozialstaat oder gar Sozialismus zu tun, diente seinerzeit vor allem der KPdSU und der SED als Rechtfertigung ihrer staatskapitalistischen Diktaturen und wird wie gesehen in bezeichnender Verblödungsallianz auch von Marktradikalen verbreitet.

In Wahrheit zeigt der gesunde Menschenverstand ebenso wie die Realität, dass Staatsbetriebe ohne integre Führung und transparente Kontrolle durchaus Privatunternehmen und Vermögenden Geld zuschaufeln können, etwa indem sie zu teuer von ihnen kaufen und zu billig an sie verkaufen – der Bürger hat's ja.

Schließlich sollte man bei allem teilweise berechtigten Lob für die alte Bundesrepublik samt Bundespost, Bundesbahn, staatlichem Sozialsystem, Wohnungs- oder Krankenhauswesen nicht vergessen, dass man sich im »Wettstreit der Systeme« mit der DDR befand. Man stelle sich das einmal heute vor: Wie käme bei Hartz-IV-Empfängern oder sogar bei abstiegsbedrohten Mittelschichtlern wohl das Argument an, die soziale Sicherheit der DDR-Bürger sei doch nichts gegen RTL 2 und die Freiheit, in der Kneipe auf die Regierung zu schimpfen, sich Ferrari, Privatjet und Elbvilla zuzulegen, Weltreisen zu unternehmen, Fernsehsender zu kaufen oder die Aktienmehrheit bei Daimler zu erwerben?

Da aber selbst dieser Miniaturdruck durch ein ökonomisch und vor allem menschlich völlig unzumutbares System heute fehlt, läge es – ähnlich wie beim »Sachzwang« – an der Bevölkerung, in wessen Interesse Staatsbetriebe arbeiten. Die Vorstellung jedenfalls, der »Sozialstaat« könne eine vom Engagement des Volkes unabhängige Einrichtung sein, sollten gewisse Träumer schleunigst vergessen. Auch Keynes wollte schließlich nicht den Kapitalismus abschaffen, sondern ihn – gleichsam als notwendige Etappe auf dem Weg zur Menschwerdung des Affen – durch Milderung seiner periodischen Krisen retten.

Wenn wir also einen periodischen Wechsel, wenn nicht gar Mischformen von marktradikaler und keynesianischer Ideologie und Wirtschaftspolitik beobachten, dann handelt es sich nur ganz am Rande um gemeinwohlorientiertes »Trial and Error« für eine krisenfreie Wohlstandsgesellschaft. Anders nämlich als für die Bevölkerung ist für Konzerne und Superreiche die Marktwirtschaft keineswegs ein ständiges Auf und Ab, sondern eine, wenn auch kurvige, Einbahnstraße nach oben.

Deshalb sind diese Paradigmenwechsel nicht Ausdruck des Ringens um eine bessere Welt, sondern zwei Varianten desselben Verblödungsprogramms. Oder ist der ständige Wechsel der Modetrends Ausdruck des Ringens der Textilindustrie um die ultimative Kleidung?

Ob Hayek oder Keynes, schlanker oder sozialer Staat: der Markt und seine Gesetze werden als wertneutral und unvermeidlich dargestellt. Insofern treffen sie sich mit Winston Churchill, der vorsichtshalber immer *Demokratie* sagte, wenn er *marktwirtschaftliche Demokratie* meinte: Sie sei »die schlechteste aller Staatsformen, ausgenommen alle anderen«.

Allerdings sagte er auch: »Der wahre Realist vergisst nicht, Ideale in Rechnung zu stellen.«

14. Schwarzer Schimmel: »Wissenschaftliche Marktwirtschaftler«

Wie aber verhält sich der neoliberale Wirtschaftswissenschaftler selbst? Als Homo oeconomicus müsste doch auch er die Jagd nach Geld, Macht, Karriere und Prestige als rational, die Suche nach Wahrheit aber als »irrational« ansehen. Kein Wunder also, wenn der Heidelberger Medizingeschichtsprofessor Wolfgang U. Eckart im Jahr 2003 feststellt: »Scheinbar unaufhaltsam nimmt in den letzten Jahrzehnten die Zahl aufgedeckter oder offenkundiger Fälle von Betrug und Täuschung in den Wissenschaften zu: Daten werden manipuliert, erfunden und veröffentlicht – nicht selten in renommiertesten Forschungseinrichtungen (Harvard University, MIT, Max-Planck-Gesellschaft) und Journalen (Science, Nature). Politische Ideologien oder wirtschaftliche Interessen bestimmen Forschungsziele und -methoden.«[251]

Während also der neoliberale Scharlatan die freie Marktwirtschaft mit privater Lehre und Forschung als Garanten optimaler gemeinwohlorientierter Wissenschaft anpreist, türkt er selbst, was das Zeug hält: »Das Spektrum ist breit und erstreckt sich von manipulierten Funden in der Paläoanthropologie über dubiose sozialwissenschaftliche Befragungsergebnisse bis hin zur Erfindung von Elementarteilchen in der Theoretischen Physik.«[252]

Vielleicht sollte man unter diesem Aspekt die Veröffentlichungen gewisser Professoren, Institute und Stiftungen genauer unter die Lupe nehmen …

Teil III
Indoktrination

*Manches ist so falsch, dass nicht einmal das Gegenteil
wahr ist.*
Karl Kraus

1. Die Fabrikation des Mainstream

Wie schafft man es, ein noch nicht einmal in sich geschlossenes
Zerrbild der Wirklichkeit zum »Allgemeinwissen« zu machen?
Im Prinzip kein Problem, wie schon ein Blick auf die Mensch-
heitsgeschichte zeigt. Unsere Vorfahren hielten Donner und
Blitz für Wutanfälle der Götter, deren Wohnsitz sie in Flughöhe
der heutigen Passagiermaschinen vermuteten. Bis zu Galilei
wusste die Menschheit, dass die Sonne sich um die Erde dreht,
und noch heute gehen süddeutsche Naturvölker und »strenggläubige« Katholiken davon aus, Jungfrauen könnten ohne In-
timverkehr schwanger werden.
Man kann also jedem Volk grundsätzlich fast alles einreden,
wenn man es clever anstellt.

Experten

Eine Schlüsselrolle spielen dabei die »Experten«. Natürlich
wimmelt es sogar in den Medien von echten Fachleuten: Dass
der frühere Osteuropa-Korrespondent Klaus Bednarz einiges

von der »russischen Seele« versteht und die Floristin Marlen Dürrschnabel vom *ARD-Buffet* zauberhafte Blumendekors modellieren kann, erkennt man allerdings auch ohne die Suggestion »Experte«. Etwas ganz anderes aber sind Dilettanten und Demagogen, denen Titel oder Beiworte das Argument ersetzen und ihnen zum Glanz gereichen sollen wie der Krähe des Äsop die Pfauenfedern – und dem Bürger die schwere Bürde abnehmen sollen, sich selbst mit der Materie zu beschäftigen.

Selbst in halbwegs seriösen Redaktionen lernen schon die Volontäre, die eigene Ansicht hinter nebulösen Floskeln zu verstecken. Niemand sagt »Nach meiner persönlichen, vom BDI gesponserten Auffassung müssen die Reformen zügig voranschreiten«, wo doch »Quellen« wie *Umfeld der Regierung, international anerkannte Fachleute, politische Beobachter, Kenner der Szene oder gewöhnlich gut informierte Kreise* viel kompetenter klingen. Sogar die knallharte Spitzenquelle *Aus Kreisen verlautete* findet sich selbst in Bildungsblättern wie *Focus, manager magazin* und *FAZ.*

Bei Titeln oder bedeutsam anmutenden Bezeichnungen verdrängt bei manchem – besonders beim simpel strukturierten und autoritätshörigen Mitbürger – der Respekt das kritische Denken. Schon allein die Frage nach Ausbildung und Qualifikation erscheint ihm so ungehörig wie die nach der ersten Liebesnacht. Und so glaubt man dem »Experten« ähnlich arglos wie einem Koreanisch-Übersetzer: Man kann es ja eh nicht nachprüfen.

Gekaufte und lancierte Meinung: INSM und Co.

Ungekrönte Königin dieses Kompetenz-Bluffs bei der Verbreitung marktradikalen Gedankenmülls bleibt das Propagandaflaggschiff der Industrie namens *Initiative Neue Soziale Markt-*

wirtschaft, die sogar nach eigenen Angaben von den Arbeitge-berverbänden der Elektro- und Metallindustrie mit jährlich 8,3 Millionen Euro finanziert wird.

Reihenweise sammelt man aus den Souterrains der Wissen-schaft Leute mit Professorentitel, aber auch Studienabbrecher wie den Politkasper Oswald Metzger, und macht sie zu INSM-Botschaftern, um sie als »unabhängige und weltweit renom-mierte Experten« auf Gehirnwäschetour in Verlage und Funk-häuser, Schulen und Universitäten zu schicken.[253]

Hierbei garantieren »Medienpartnerschaften« unter ande-rem mit *Financial Times Deutschland, Wirtschaftswoche, Zeit, Frankfurter Allgemeiner Sonntagszeitung, Focus* und *Handels-blatt* auch gleich die »richtige« neoliberale Sichtweise: Die INSM liefert fertige Beiträge für Print- und Fernseh-Redaktio-nen, stellt O-Töne für Hörfunkjournalisten zur Verfügung und beliefert Bildagenturen mit Motiven. Aus Sicht mancher Verla-ge und Redaktionen spart dies Zeit und Arbeit – und damit meist auch Planstellen. Zudem ist die Fertigware wie geschaf-fen für die halbgebildeten Nachplapperer: Die nämlich merken meist nicht einmal, ob eine Position die »ganz normale« oder die verzerrte neoliberale Sicht der Dinge ist.

Eine Medienpartnerschaft ist in der Regel der erfolgrei-che Versuch, die Verpflichtung zur Kritik durch den Wil-len zur Käuflichkeit zu ersetzen.«
Christian Bommarius, Berliner Zeitung

Aber mit Medienmanipulation im V-Leute-Stil ist die INSM noch keineswegs ausgelastet. So finanzierte sie einen Workshop an der RTL-»Journalistenschule« in Köln, und zuweilen agitiert man auch auf die halbseidene Art: Mal plaziert man in der Jugendserie *Marienhof* für 58.670 Euro ganze Szenen und Dialoge zu Themen wie *Wirtschaft, schlanker Staat, Steuern,* mal jubelt man dem akademischen Nachwuchs eine von PR-Profis fabrizierte Homepage »von Studenten für Studenten« unter.[254]

Und wenn es herauskommt? Den Marienhof sehen noch immer 1,5 Millionen Gutgläubige, und ein Besuch der RTL-Journalistenschule gilt bei manchen noch immer als Ausbildung.

Dass derartige Praktiken allerdings immer häufiger auffliegen, ist aber auch ein Zeichen erhöhter öffentlicher Beobachtung, wie etwa im Internet durch den *ISNM-Watchblog*[255] und die *NachDenkSeiten* des Juristen Wolfgang Lieb und des Ökonomen und Autors Albrecht Müller *(Die Reformlüge).*

Gleich einen Tag nach der Bundestagswahl vom 18. September 2005, als die neoliberale »Vision« von der grenzenlosen Bereicherung der Reichsten zu Lasten der Bevölkerung eine böse Abfuhr ereilt hatte, fuhr das Politmagazin *Report Mainz* besonders »kompetentes« Geschütz auf. In einem Beitrag »Katalog der Grausamkeiten – Wie geht es weiter mit Rente, Pflege, Gesundheit?« stellte man ein Konzentrat neoliberaler Wahlkampfreste über den »Sachzwang zum Sparen« für die kleinen Leute als »einhellige Expertenmeinung« dar. Einzige »Experten« waren – wer sonst? – die INSM-Wirtschaftsprofessoren Michael Hüther, Bernd Raffelhüschen und Thomas Straubhaar.

Umgekehrt wird politische Zensur ausgeübt, wie es sie angeblich nur in Diktaturen gibt: So wurde das INSM-Dossier »Wie Wirtschaftsverbände die öffentliche Meinung beeinflussen« von Dietrich Krauß zwar am 30. August 2005 in *plusminus* ausgestrahlt, kurz darauf aber im Internet gelöscht. Menschlich verständlich, denn Krauß hatte die INSM-Drücker als »Dauergäste in den Talkshows« entlarvt: »Manchmal sitzen gleich drei in einer Sendung. Dort treten sie für SPD, Union, FDP und Grüne auf – oder als unabhängige Experten. Tatsächlich sind alle bei der gleichen Lobby im Boot – und fordern harte Einschnitte, von denen sie selbst nie betroffen sind.«[256]

Dass der Beitrag im Internet dann doch noch der demokratisch interessierten Nachwelt zugänglich gemacht wurde, soll bei ARD und INSM schwere Verstimmung ausgelöst und gewissen Kreisen den »Sachzwang zur Internetzensur« verdeutlicht haben.[257]

Jedenfalls überlegen es sich heute Anne Will, Maybrit Illner & Co. gleich zweimal, ob sie ihre Sendungen Woche für Woche als Indoktrinationsbühne für als »Wissenschaftler« getarnte Arbeitgeberagenten zur Verfügung stellen.[258] Gerade für karriereorientierte Journalisten ist das Image eines »Mietmauls« der Industrie geradezu fatal.

Das ficht aber neoliberale Hardliner wie *Tagesthemen*-Moderator Tom Buhrow nicht an. So begrüßte er am 21. April 2008 selbst jenen enttarnten INSM-Agenten Bernd Raffelhüschen als »einen der renommiertesten Rentenexperten des Landes«.

Wenig vorsichtig war auch die Kanzlerin, die allerdings bei zwei scheinbaren Schwergewichten kein Glück hatte.

So holte sie den »Professor aus Heidelberg« (Gerhard Schröder), den Juristen und INSM-Preisträger Paul Kirchhof in ihr »Kompetenzteam« zur Bundestagswahl 2005. Am Streit um sein »konservatives« Frauenbild scheiterte schließlich die schwarzgelbe Mehrheit.

Nicht Schmidtchen, sondern Schmidt engagierte sie mit dem Wirtschaftsboss Heinrich von Pierer als Regierungsberater. Aber im April 2008 feuerte sie ihn schweren Herzens, weil er wegen seiner Zeit als Siemens-Aufsichtsratschef und seiner Rolle in den Konzernaffären ins Gerede gekommen war.

Vielleicht sucht sie sich künftig ihre Experten etwas sorgfältiger aus.

Ein noch etwas anderes Kaliber ist allerdings die im April 2008 enttarnte Kriegslügnerbande der US-Regierung. Wie die Investigativprofis der *New York Times* enthüllten, unterhielt das Pentagon eine ganze Armada ausgebildeter Demagogen, die als »unabhängige Militär-Experten« bei den Sendern aufkreuzten und gegen etwa 1.000 Dollar pro Auftritt dem US-Volk das Blaue vom Himmel über den Kreuzzug gegen den Irak erzählten.

Selbstreferenz

Man kann das Eigenlob natürlich auch als Ich-AG betreiben, wie Gabor Steingart vom *Spiegel* dies tut: »Ich habe in den vergangenen Jahren zwei außergewöhnliche Amerikanerinnen kennengelernt. Die eine hieß Hillary Clinton. Wir waren in kleiner Runde zum Abendessen im Berliner Restaurant Borchardt verabredet.«[259] Und erst Dick Cheney: »Als mich die Einladung des National Press Club in Washington zu einem Mittagessen mit dem Vizepräsidenten der USA erreichte, war ich entschlossen, dem Mann mit Wohlwollen zu begegnen.«[260] Eleganter ist allerdings, weit über die Kompetenzerfindung hinaus, ein ebenso alter wie amüsanter Trick, zu »Experten«-Ehren zu kommen: das sogenannte »Eigenlob auf Gegenseitigkeit«, auch *Selbstreferenz* genannt.

Wenn sich im Krimi zwei Verwandte gegenseitig ein Alibi geben, dann winken die Kommissare gelangweilt ab. Genau diese Masche aber ist hier Trumpf.

In der Wissenschaft ist dies als *Zitierkartell* bekannt: Eine Seilschaft sogar intellektuell unbedeutender Professoren kann durch gegenseitige Lobhudelei nicht nur den »Matthäus-

Effekt« erreichen, also ihre Medienpräsenz letztlich aufgrund ihrer Medienpräsenz weiter steigern, sondern auch eine x-beliebige hirnverbrannte Aussage, wie zum Beispiel »wir leben über unsere Verhältnisse«, zum vermeintlichen Mainstream aufpumpen.

Noch skurriler aber wird es, wenn unter der Flagge des »Respekts vor dem politischen Gegner« die Stümper aller Parteien, wie etwa Gesundheitsministerin Ulla Schmidt und ihr Vorgänger Horst Seehofer, also Lehrerin und FH-Verwaltungswirt, einander »hohe Fachkompetenz« bescheinigen. Und Fremdschämen ist angesagt, wenn sich in einer Art interfraktioneller Selbstreferenz gescheiterte Jura- und Theologiestudenten, Englischlehrer und Psychologen, Elektromechaniker und Bankangestellte gegenseitig als Wirtschafts-, Finanz-, Haushalts-, Arbeitsmarkt- und Sonstwas-Experten hochjubeln – vielleicht sind es aber auch humorbegabte Karrieristen, die neoliberale Ökonomie als großspurigen Humbug durchschaut und folglich einschlägige »Kompetenz« sowieso als inneren Widerspruch erkannt haben. Und womöglich lächeln sie still in sich hinein, dass sie mit ihrer Nummer sogar durchkommen.

Vollends zur Farce aber gerät die Selbstreferenz *innerhalb* der Medien, und hier liegt sie für den Philosophieprofessor Siegfried J. Schmidt in der Natur der Sache: Nur in den Medien können Zweifel an ihrer Glaubwürdigkeit veröffentlicht werden. Also »muß man den Medien nicht glauben, aber man kann auch nicht verneinen, daß sie verbindlich sind – wären sie es nicht, wir würden es morgen in den Medien erfahren«.[261] Folglich wird die Wahrhaftigkeit der Medien ausschließlich von ihnen selbst garantiert.

Da werden Geheimdienstchargen zu »Terrorexperten«, Globetrotter, die ihr »Fachwissen« aus den eigenen Blättern und Sendungen beziehen, je nach Bedarf zu Nahost-, Lateinamerika-, Südostasien-, oder Weltraum-Experten, *Handelsblatt*-Leser zu Währungs- und *Telekom*-Aktionäre zu Börsenexperten. So erlebt man nicht selten das irreale Schauspiel, dass Journalisten, die eigentlich möglichst wahrheitsgetreu über Fakten berichten und echte Fachleute befragen sollten, sich gegenseitig als »Experten« interviewen – und zwar nicht nur im Halbbildungsstammtisch *Presseclub*.

Kein Wunder, dass unter all diesen Möchtegernkoryphäen die wirklichen Experten verschwinden wie die Stecknadel im Heuhaufen.

Und da all diese Pseudokapazitäten entsprechende Inhalte verbreiten, wird die Gesellschaft mit hohem Gewäsch überschwemmt, das der Princetoner Philosophieprofessor Harry G. Frankfurt in seinem gleichnamigen Buch passenderweise »Bullshit« nennt.

Neue Kleider für den Kaiser: Bullshit

»Bullshit ist immer dann unvermeidbar, wenn die Umstände Menschen dazu zwingen, über Dinge zu reden, von denen sie nichts verstehen.«[262] Dabei ist der Bullshitter keineswegs ein bewusster Lügner: Er weiß ja gar nicht, ob seine Behauptungen stimmen oder nicht, und es ist ihm auch egal. »Er wählt sie einfach so aus oder legt sich so zurecht, dass sie seiner Zielsetzung entsprechen.«[263] Begünstigt wird diese Haltung durch Unwissenheitsdoktrinen wie die des Neoliberalen Hayek: Wenn man die Wahrheit eh nicht rausfinden kann und mit Bullshit offenbar gut durchkommt, wieso dann nach ihr forschen?[264] Und steht der Bullshitter einmal kurz vor der Entlarvung, so lässt er »Improvisation, Farbe und Phantasie« freien Lauf: »Er ist darauf vorbereitet, bei Bedarf auch den Kontext zu fälschen.«[265]

Anders als bei besessenen oder bezahlten Neoliberalen, wollen die meisten Bullshitter nicht Gehirnwäsche betreiben, sondern schlicht »Anerkennung in der Gruppe«. So wie Vokabeln wie »Notbremse«, »Doppelsechs« oder »Abseitsfalle« einen als Mitglied der Fußballgemeinde ausweisen, so ist der neoliberale Schlagwortquark (»Standort«, »Lohnnebenkosten«, »Eigenverantwortung«, »Leistungsanreiz« etc.) die Eintrittskarte in die Gilde der »Wirtschaftsexperten«. Andererseits gilt für Bullshit auch die Beobachtung der Achtundsechziger-Ikone Theodor W. Adorno über Halbbildung. Demnach »weiß die neue Gestalt des Bewusstseins unbewusst von ihrer eigenen Deformation. Darum ist *Halbbildung* gereizt und böse; das allseitige Bescheidwissen immer zugleich auch ein Besserwissen-Wollen.«[266]

Damit diese permanente Grundhaltung nicht allzu offensichtlich wird, beschäftigen Politiker und andere Meinungsbildner immer größere Kohorten von Personaltrainern, Psychologen und Verhaltenstherapeuten. Nicht immer gelingt das, etwa wenn Menschenrechtler oder einfach denkende Bürger die Marktwirtschaftler der Inkompetenz oder gar der Unwahrheit überführen.

Während aber professionelle Meinungsmacher in der Bullshitfalle sitzen – aus der Reihe tanzen bewirkt wenigstens Karriereknick –, ist die große Freiwilligenarmee keinen Deut besser: »Die Konsumenten psychotischer Fertigfabrikate fühlen sich dabei gedeckt von all den ebenso Isolierten, die in ihrer Isoliertheit, unter radikaler gesellschaftlicher Entfremdung, durch den gemeinsamen Wahn verbunden sind.«[267]

Der Philosoph Montesquieu erkannte bereits im 18. Jahrhundert: »Jeder nimmt die äußeren Merkmale der von ihm aus nächsthöheren Stellung an.«[268] Heute gehört dazu nicht zuletzt auch marktradikales Gelaber, und so gibt man – ob im

Büro, Wartezimmer, Stammlokal oder Schnellimbiss (»Dittsche« lässt grüßen), bei der Vernissage oder beim Friseur – den Bullshit des gestrigen Anne-Will-Konvents als eigenes Gedankengut aus: Des Kaisers neue Kleider werden immer bunter.

Das Fatale daran: Wer mit Bullshit durchkommt, sieht oft keinen Anreiz zum Lernen, geschweige denn zur Weiterbildung. Schlimmer noch: In einem Kreis halbgebildeter Sprücheklopfer aus Politik, Wirtschaft und Medien ist echtes Wissen so viel wert wie Latein in den Discos von Pisa.

Nette Armani-Träger, die das gesamte marktradikale Phrasenstakkato von INSM, BDI oder FDP einschließlich der Grammatikfehler auswendig beherrschen und stolz verteidigen, halten Mitbegründer des Neoliberalismus wie Walter Eucken oder Wilhelm Röpke womöglich für Schwabinger Dreisterneköche und den ideologischen Konkurrenten Keynes für den ersten DDR-Wirtschaftsminister.

Der Triumphzug des Bullshit aber ist doppelt gefährlich: Zum einen führt er über kurz oder lang zu einer im Wortsinne ahnungslosen Gesellschaft, zum anderen haben dadurch die ominösen *Vordenker* – also die meist keineswegs dummen Schöpfer des Nachgequatschten – unkontrolliertes leichtes Spiel. Dann aber könnte die gesamte Gesellschaft leicht zu einer überdimensionalen absurden Sekte werden – im günstigen Fall. Den ungünstigen Fall haben die Deutschen und durch sie die anderen Völker bereits erlebt.

Herdentrieb und Schweigespirale

Dass geistiges Vegetieren in einer gesellschaftlichen Parallelwelt zum Volkssport werden kann, hängt stark mit dem Herdentrieb zusammen: Nach der *Theorie der Schweigespirale* der

Wahlforscherin Elisabeth Noelle-Neumann möchte der deutsche Untertan, wenn er schon nicht zu den Gewinnern gehört, wenigstens in deren Fanblock sein. Wichtiger als die aktuelle Stärke ist dabei der *Trend*: Wessen Partei, Gruppe oder Meinung angeblich auf dem absteigenden Ast sitzt, hält aus Angst vor sozialer Isolation lieber die Klappe, während das vermeintlich aufstrebende Lager den Mund umso weiter aufreißt. Und hier kommen die Medien ins Spiel: Nichts ist leichter, als selbst die abwegigste Ansicht der kleinsten Minderheit als Mehrheitsmeinung hinzustellen.

Besonders beliebt ist die fingierte Umfrage: So finden sich auf Marktplätzen und Einkaufsstraßen immer irgendwelche Selbstdarsteller, die für den Ruhm eines viertelminütigen TV-Auftritts (»Komm ich jetzt ins Fernsehen?«) »Bürger draußen im Lande« spielen und alles »fordern«, was der Teleprompter vorgibt: die Abschiebung von Angela Merkel oder den Rücktritt krimineller Aussätziger, Leinenzwang für Goldfische oder Flachbildschirme für alle – warum nicht auch Rentenkürzung und Zwangsarbeit?

Wird dies professionell nach der Methode »Ganz Deutschland will ...« als »repräsentative Volksmeinung« verkauft und in zig Berichten auf allen Kanälen variiert, gewinnt sogar der vermeintlich medienkritische Bürger schon nach wenigen Tagen Berieselung den Eindruck, das ganze Volk sei eine einzige dumpfe, neoliberale, zuweilen auch faschistoide, ausländer- und minderheitenfeindliche Horde und er selbst einer der letzten klar und sozial Denkenden.

Wie sagt Frau Noelle-Neumann: »Bei gleichgeschalteter Publizistik sind die Abwehrmechanismen außer Kraft gesetzt, und das Individuum kann sich der Beeinflussung durch Massenmedien nicht entziehen.«[269]

Zumindest der *Bullshitter* weiß dann, welche eigene Meinung er zu äußern hat. Und so wird Schritt für Schritt das Lob für des Kaisers neue Kleider mehrheitsfähig.

Das Sahnehäubchen dabei ist der fließende Übergang von der Demoskopie zur Demagogie, der Meinungsforschung zur Meinungsmache. Getürkt wird schon bei der Fragestellung: Das Wort Winston Churchills, er traue nur Statistiken, die er selbst gefälscht habe, gilt auch für Meinungsumfragen.

- Genau am Tag der Bundestagswahl 2002, am 22. September, präsentierte *Bild am Sonntag* auf dem Titelblatt eine angebliche »Geheimumfrage« von *Infratest*, um einen »Kanzlerkrimi« zu suggerieren. Das Institut dementierte sofort.[270]
- Dass sie nicht Meinungen erforschen, sondern wie der Teufel manipulieren, geben Demoskopen zuweilen unfreiwillig zu: Nachdem *Allensbach* vor der Wahl 2002 als einziges Institut eine starke FDP vorhergesagt und durch deren Abstrafung durch die Wähler blamiert war, drehte Noelle-Neumann den Spieß um und warf der Konkurrenz vor, durch zu niedrige FPD-Prognosen im Sinne der Schweigespirale »das Klima beeinflusst« zu haben.[271] Wie das? Sind Umfragen nicht hochwissenschaftliche und unbeeinflussbare Untersuchungen?
- Im Februar 2005 wollte die *Forschungsgruppe Wahlen* durch eine »dümmliche Irreführung« *(NachDenkSeiten)* Christian Wulff zum Gegenkandidaten Angela Merkels beim Kampf um die Kanzlerkandidatur aufpumpen und führte ihn auf Platz 1 der Liste der »zehn wichtigsten Politiker« – dabei war Niedersachsens Ministerpräsident 44 Prozent der Befragten völlig unbekannt.

So fabriziert man *Mainstream*, und so ist die *Schweigespirale* als *Erfolgsspirale* für den Berliner Politikprofessor Bernd

Guggenberger vor allem ein Werk der Medien: »Jetzt gilt es nicht mehr bloß: Nichts ist erfolgreich wie der Erfolg, sondern: Nichts ist erfolgreich wie die Suggestion des Erfolgs. Das Medium schafft die Wirklichkeit, die abzubilden es vorgibt.«[272] Und nicht einmal das, wie Medienforscher Walter van Rossum zumindest für die Nachrichten meint: »Die Tagesshows bilden keine Realitäten, auch keine Medienrealitäten, sondern Medienirrealitäten.«[273]

»Ein Lehrstück an Irreführung«, nennt Albrecht Müller eine *Forsa*-Umfrage im Frühjahr 2006, ob man Hartz IV »grundlegend reformieren oder nur ein bisschen nachbessern« solle. Damit würden alle Gegner der »Armut per Gesetz« den Befürwortern einer noch unwürdigeren Behandlung der Arbeitslosen zugeschlagen.[274] Man stelle sich einmal umgekehrt eine Umfrage vor:

> »Geht Ihnen die soziale Ausgrenzung unserer Politiker schnell genug?
> a) Geht mir schnell genug. Oder b) Geht mir nicht schnell genug« ...

Eine andere, von der neoliberalen Denkfabrik *berlinpolis*[275] bezahlte *Forsa*-Umfrage, die im Gegensatz zu seriösen Umfragen angeblich eine Ablehnung des Lokführerstreiks vom Herbst 2007 durch die Bürger ergeben hatte, nahm Jan Eggers vom *HR-Inforadio* unter die Lupe: »Die Schlagzeile: ›Bundesbürger haben kein Verständnis‹, die der Auftraggeber daraus destilliert, ist also schlicht: eine Übertreibung, oder sagen wir es deutlich: eine Lobbyisten-Lüge.«[276]

Gevatter Trend ist also oft genug ein reines Medienprodukt. Wer genügend Auflage oder Quote erzielt, kann buchstäblich *alles* zum Modetrend, zum Skandal oder zur Bedrohung hochmanipulieren: Man besorge sich nur 300 Fälle von pfuschenden Ärzten oder diebischen Kellnerinnen, pädophilen Sportlehrern oder randalierenden Friseurinnen, betagten Zechprellern oder alleinerziehenden Temposünderinnen. Nun jeden Tag einen Aufmacher – und die betreffende Gruppe ist erledigt.

2. Medienmacht: Wedelt der Schwanz mit dem Hund?

esse est percipi – Sein ist wahrgenommen werden.
George Berkeley (1685–1753),
irischer Bischof und Philosoph

Dass ohne die massive Mitwirkung gewisser Medien kaum noch etwas läuft, ist eine Banalität. Sie nötigen den Bürgern und dadurch der Politik unwichtige oder erfundene Themen auf *(Agenda Setting)*, hetzen gegen Minderheiten, stellen die Fußballnationalelf auf, verschweigen oder demontieren missliebige (das heißt oft: »nicht kooperative«) Politiker und Künstler oder machen inkompetente Politwürstchen zu »berühmten Fachleuten«, steindumme Langweiler zu peinlichen Promis und talentfreie Geräuschquellen zu kurzzeitigen Superstars. Ohne und gegen die Medien scheinen auch mächtige Politiker chancenlos, man denke nur an das legendäre Bekenntnis des Medienkanzlers Schröder, zum Regieren brauche er nur »*Bild, BamS* und Glotze«. Das Resultat einer solchen *Heiligen Allianz:* »Wir entwerfen unsere Weltbilder, wir ›konstruieren Wirklichkeit‹ heute ganz wesentlich mit Hilfe der Medien«, konstatiert der Hamburger Journalistikprofessor Siegfried Weischenberg.[277] Dies allerdings hängt auch mit dem erschreckenden Kompetenzdefizit der politischen Kaste zusammen, das längst nicht mehr als populistische Polemik abgetan wird. »Die Bildungslücken der sogenannten politischen Eliten bei einfachsten historischen und kulturgeschichtlichen Fragen sind eklatant«, stellt der Wiener Philosophieprofessor Konrad Paul Liessmann fest, »und der Triumph des Meinungsjournalismus ist die Kehrseite der Tatsache, dass niemand mehr etwas weiß.«[278]

Moderne Medien: Zurück in die Steinzeit?

Geht es nach dem Florentiner Politikprofessor und Medienkritiker Giovanni Sartori, so gefährden die Medien nicht nur die Demokratie, sondern auch unsere geistige Gesundheit. Das Aufsaugen manipulierter oder virtueller Bilder ersetzt das logische, abstrakte und systematische Denken; und wir verlernen es, die Wirklichkeit zu begreifen und zu erklären: Der homo sapiens wird zum homo videns und marschiert schnurstracks zurück zur »vorkulturellen Frühzeit der Menschheit«. Im Extremfall verliert er jeden Kontakt zur Realität und zu sich selbst.

Und auch Parteienforscher Ulrich von Alemann glaubt die Zeit nicht mehr fern, »wo nicht nur ›Mr. Chance‹ wie in dem bekannten Film glaubt, mit einem Zappen der TV-Fernbedienung unangenehme Situationen der wirklichen Welt einfach ›wegmachen‹ zu können«.[279] Schon heute praktizieren immer mehr Menschen den »Informationsslalom«: Sobald etwas auch nur nach Nachrichten riecht, wird es weggezappt. »Nachrichten«-Mann Peter Limbourg von Sat.1 sieht voraus, »dass ganze Generationen komplett infofrei aufwachsen«.[280]

Doch selbst wer nicht auf der Psychiatercouch oder in der Anstalt landet, dem erschweren die meisten Medien den Zugang zur Wirklichkeit: Wer seine Informationen nur aus *Bild* und *RTL Aktuell* bezieht, sitzt im Paralleluniversum fest, während *Spiegel* und *heute journal* wenigstens ein neoliberales Zerrbild vermitteln.

Unter diesen Bedingungen kann natürlich von Demokratie im Sinne des Grundgesetzes keine Rede sein. Formal freie Wahlen über die Vergabe der Plätze an den Fleischtöpfen (»Elitenkonkurrenz«) reichen dafür jedenfalls nicht.

Ebenso richtig ist allerdings, dass – stellvertretend zu nennen – *Süddeutsche* oder *Welt*, *Monitor* oder *Frontal 21* sowie zahllose, wenn auch zu unmöglichen Zeiten ausgestrahlte Hintergrundberichte, Dokumentationen und Analysen durchaus die Chance bieten, nicht völlig dumm zu sterben. Nimmt man dann noch das Internet-Angebot hinzu, dann scheint der Schwarze Peter beim (un)mündigen Bürger zu liegen.

»Nullmedien«

Zumindest der Fernsehzuschauer ist nämlich nicht unbedingt ein »wehrloses Opfer«, findet der Philosoph Hans Magnus Enzensberger: »Weit davon entfernt, sich manipulieren (erziehen, informieren, bilden, aufklären, mahnen) zu lassen, manipuliert er das Medium, um seine Wünsche durchzusetzen. Wer sich ihnen nicht fügt, wird per Tastendruck mit Liebesentzug bestraft, wer sie erfüllt, durch herrliche Quoten belohnt.«[281]

Nun erwarte der Zuschauer aber vom Fernsehen gar keine Inhalte, sondern gerade das, was man ihm vorwirft: »Man schaltet das Gerät ein, um abzuschalten.« Daher sei auch das, »was Politiker für Politik halten, absolut fernsehtauglich. Während der bedauernswerte Minister sich einbildet, die Ansichten und Handlungen des Zuschauers zu beeinflussen, befriedigt die seimige Leere seiner Äußerungen nur das Bedürfnis des Publikums, von Bedeutungen verschont zu bleiben.«

Andererseits erlebt der Zuschauer »so etwas wie eine Bildstörung, sobald im Sendefluss ein Inhalt auftaucht, eine echte Nachricht oder gar ein Argument, das an die Außenwelt erinnert. Man stutzt, reibt sich die Augen, ist verstimmt und greift zur Fernbedienung.«[282]

Enzensbergers Schluss: Als »wohldefinierte Methode zur genussreichen Gehirnwäsche« dient das Fernsehen »der individuellen Hygiene, der Selbstmeditation« und ist »die einzige universelle und massenhaft verbreitete Form der Psychotherapie« – und noch dazu gesünder, billiger und sozialer als die Alternativen Drogen, Tabletten, Alkohol, oder gar »Flucht in den Autowahn, die Gewaltkriminalität, die Psychose, den Amoklauf und den Selbstmord«.[283]

Nicht zu vergessen die Nähe des sinnfreien Fernsehens zur transzendentalen Meditation, die auch die »quasi-religiöse Verehrung« erklären könnte: »Es stellt die technische Annäherung an das Nirwana dar. Der Fernseher ist die buddhistische Maschine.«

Dieses völlig inhaltsfreie *Nullmedium* habe sich die Menschheit allerdings hart erkämpfen müssen: »Die ersten Pionierleistungen auf diesem mühevollen Weg wurden im Trivialroman erzielt. Weitere Marksteine haben Boulevard-Presse, ›Heftchenliteratur‹ und Illustrierte gesetzt. Einen triumphalen Rekord, der in der Druckindustrie bis heute unübertroffen blieb, hat, bis an die Traumgrenze des Analphabetentums gehend, die ›Bild-Zeitung‹ aufgestellt.«[284]

Allerdings gebe es für ein gedrucktes Nullmedium ein unüberwindliches Hindernis, nämlich des Lesers »fatalen Hang, Zusammenhänge herzustellen und noch in der trübsten Buchstabensuppe nach so etwas wie einem Sinn herumzustochern.«

Erst das Fernsehen sei in der Lage, »die Last der Sprache wirklich abzuwerfen und alles, was einst Programm, Bedeutung, ›Inhalt‹ hieß, zu liquidieren«.

Dem entgegen steht leider noch »die fixe Idee, es müsse etwas und nicht vielmehr nichts gesendet werden«[285] …

Dieses Bild vom »mündigen Vollidioten«, für den Fernsehen ausschließlich als inhaltsleerer Drogen- oder Durchdrehersatz in Betracht kommt und der beim leisesten Anflug von Niveau sofort wegzappt, mag ja für einen Teil des Publikums durchaus zutreffen. Auch die weitgehende Liquidation von Inhalten scheint richtig beobachtet – allerdings nur, wenn man unterirdische Inhalte als nicht vorhanden missversteht.

Bedeutet also null Information und null Realität auch Null-Medium? Zumindest die politische Klasse und ihre Klientel scheinen da anderer Meinung zu sein.

Mediokratie – Zog er sie oder sank sie hin?

Einen guten Journalisten erkennt man daran, dass er sich nicht gemein macht mit einer Sache, auch nicht mit einer guten Sache.
Hanns-Joachim Friedrichs, Tagesthemen-Moderator

Würden Journalisten denselben Gesetzen unterliegen wie Richter, so müssten viele von ihnen nach Paragraph 24 der Strafprozessordnung wegen Besorgnis der Befangenheit abgelehnt werden.

»Tausche Laudatio auf Seite eins gegen Platz in Kanzlermaschine« – ein solches Inserat wäre gar nicht so abwegig: Ebendieses Mitflugprivileg hatte Gerhard Schröder Anfang 2004 ausgerechnet der früheren Arbeitgeberin seiner Frau – Doris Köpf war von 1987 bis 1992 Parlamentskorrespondentin der *Bild* – wegen einer »Antiregierungskampagne« vorübergehend verwehrt. Wer sich gegen des Medienkanzlers Etikette versündigte, wurde umgehend abgestraft – sogar die Leitmedien (»*Bild, BamS* und Glotze«) selbst.

Lange vor dem niedersächsischen Inszenierungsgenie hatte allerdings schon Helmut Kohl auf das Vierbuchstabenblatt vertraut: Nicht Bela Anda war der erste *Bild*-Mann als Regierungssprecher, sondern Ex-Chefredakteur Peter Boenisch. Und aktuell protzt Klaus Wowereit sogar: »Ich kann Journalisten instrumentalisieren«, denn er wisse, »worauf sie abfahren«.[286]

Das Verhältnis zwischen Medien und Politik ist also offenbar in keine Richtung eine Einbahnstraße, eher schon eine Schicksalsgemeinschaft, und zwar nicht nur, weil beide zu den unbeliebtesten Berufsgruppen zählen. Vielmehr handelt es sich um die klassische *Win-win-Situation*, und dies keineswegs nur für schmierige Hofberichterstatter und pathologische Selbstdarsteller: Der Spitzenpolitiker profitiert vom öffentlichen Podium zur guten Sendezeit, der Journalist von »exklusivem Hintergrundwissen«. Zwar glaubt *taz*-Mitbegründer Tom Schimmeck, meist suchten Journalisten die Nähe zu Politikern nicht wegen etwaiger Informationen, »sondern aus der Sehnsucht heraus, mit im Scheinwerferlicht zu stehen«.[287]

Alte Hasen unter den Politjournalisten sprechen sogar vom »Schmiergeld namens Nähe« (Peter Zudeick) oder »Kumpanei zwischen Politikern und Journalisten« und »komplizenhaften Verstrickungen« (Jürgen Leinemann).

Könnte aber nicht dennoch ein zumindest respektvoller Umgang beider Gruppen miteinander auch dem Publikum dienen? Könnte schon – aber wie sieht die wechselseitige Abhängigkeit konkret aus?

Zweifellos geben die Medien Spielregeln vor, und die sehen ein wenig anders aus als in einem »Handbuch des ehrbaren und gewissenhaften Journalismus«:

- Sensationsgier statt Sachinteresse: Reißerische Aufmachung geht vor Inhalt. Selbst Vizeregierungssprecher Thomas Steg merkt an, dass sich das Interesse häufig in der Suche nach der guten Schlagzeile erschöpft.[288] Man könnte sagen: Bullshit meets Inkompetenz – und niemand fliegt auf. Es versteht sich allerdings am Rande, dass viele dieser Bullshitter von Leithammeln wie überregionalen Zeitungen und Magazinen oder »Edelfedern« abkupfern.[289]
- Personen statt Inhalte: Gesellschaftliche Konflikte und Prozesse werden als mehr oder minder willkürliche Entscheidungen Einzelner dargestellt. Peer Steinbrück als solider Pfennigfuchser, Ursula von der Leyen als karrieremeisternde Supermami, Helmut Kohl als den Rest der Welt austrickssender Einheitsschöpfer: Diese Art geschichtsverzerrender Darstellung ist allerdings so alt wie die Menschheit selbst und hat offenbar die Aufklärung überlebt.
- Skandal schlägt echte Probleme: Horst Seehofers Geliebte, Kurt Biedenkopfs Ikea-Prozente, Rudolf Scharpings Badespäße, Klaus Wowereits Party-Eskapaden oder gar die Latexkluft der CSU-Landrätin Gabriele Pauli sollen gerade denen ewig in Erinnerung bleiben, die – wenn schon Personenkritik – vom politischen Denken und Handeln dieser Politiker keinen Schimmer haben. Motto: Das Volk zerreißt sich das Maul, aber mischt sich ansonsten nicht ein.
- Themendruck: Mal stampft man Minithemen aus dem Boden wie »Florida-Rolf« oder »Kampfhunde« und erkämpft Blitzgesetze dazu, mal erzwingt man Regierungsworte zu

Allerweltsfällen wie der Inhaftierung eines deutschen Vergewaltigungsverdächtigen in Antalya, um gegen den EU-Beitritt der Türkei Stimmung zu machen. Im April 2008 nötigten *Bild* und das Berliner Revolverblatt *B.Z.* mit einer Megakampagne sogar Kanzlerin Merkel zur Stimmungsmache gegen die – vom Bund mitgetragene (!) – Schließung des Flughafens Tempelhof.[290]

- Kampagnen: Im Vorfeld der hessischen Landtagswahl nutzt man das Entsetzen über einen grausamen Überfall junger Ausländer auf einen Rentner für eine Kampagne gegen »kriminelle ausländische Jugendliche«. Spezialist Roland Koch nahm die Steilvorlage bekanntlich dankbar auf, wenn auch erfolglos. *Spiegel* und *Bild* und *BamS* betreiben im Frühjahr 2008 eine gemeinsame Kampagne gegen den SPD-Chef und möglichen Kanzlerkandidaten Kurt Beck. Grund für die äußerst verbissene Attacke: Der Pfälzer hatte die Agenda 2010 zumindest ansatzweise in Frage gestellt, was den neoliberalen Hardlinern extrem missfällt. Auch hier vermuten Kritiker eine Wahlhilfe für die CDU: Man versucht »den Streit innerhalb der SPD weiter anzufachen, denn dann kann Merkel nach den Bundestagswahlen ›durchregieren‹ – und was eignet sich dazu derzeit besser als eine Kandidatendebatte in der SPD und die Fortsetzung der Jagd gegen deren Parteivorsitzenden«.[291]

Umgekehrt spannt die Politik die Medien vor ihren Karren: Vorhang auf zur Selbstdarstellung. »Interviews« mit abgesprochenen Fragen und möglichst nachträglich korrigierter Endfassung sind beileibe keine Ausnahme, aber eine Machtfrage: Ein Provinzblatt kann an einen Minister kaum Ansprüche stellen, ein auf Medienpräsenz akut angewiesener Politiker gegenüber den *Tagesthemen* oder *Bild* natürlich auch nicht. Entsprechend haben manche Journalisten einen Ruf zu verlieren, für andere hingegen »schleimt sich's gänzlich ungeniert«.

Eine – je nach Gusto oder Tageslaune – Gaudi oder Zumutung ist die Teilnahme der Politiker an Gameshows und ähnlichen Events, deren Zielgruppe offenbar Vorschüler oder Zwergpinscher sind. Macht sich der Volksvertreter zum Affen oder stößt er geschickt in neue Wählerschichten vor? Die Botschaft »Ich bin in Wirklichkeit nämlich ganz anders« scheint jedenfalls bei vielen mit Gewalt heraus zu müssen, an die möglichst breite Öffentlichkeit.

Um Auftritte bei Talkrunden, sogar bis hinunter zu Kerner oder Beckmann, reißen sich die Politiker, es gibt kaum Tabus in diesem immerwährenden Wahlkampf. Unvergessen bleibt der legendäre Auftritt Guido Westerwelles am 14. Oktober 2000 im Big-Brother-Haus. Hier allerdings lauert die Heuchelfalle. Denn natürlich nutzt die beste Botschaft nichts, wenn sie nicht den Empfänger erreicht. Selbst unserem Nationalintellektuellen Roman Herzog blieb nicht verborgen, »daß wir in einer Mediengesellschaft leben. Für die politische Rede bedeutet das zunächst, daß nichts von ihr beim Volk ankommt, wenn sie nicht durch die Medien – und hier vor allem durch das Fernsehen – vermittelt wird.«[292]

Zudem ist es eine ebenso gern verdrängte wie unbestreitbare Tatsache, dass einige unserer lieben Mitbürger und Mitbürgerinnen auch aus »unpolitischen« Gründen bestimmte Kandidaten und Parteien wählen – manchmal nicht einmal bewusst. Wenn es also Kandidaten gelingt, mit einer Brille Kompetenz, mit einer altmodischen Frisur Bodenständigkeit, mit dunkelblauer Kleidung Verlässlichkeit, mit einem roten Schal ein Herz für Malocher und mit einem Fahrrad Umweltbewusstsein vorzutäuschen oder mit einstudiertem Charme sympathiemotivierte Stimmen zu ergaunern, so sollte auch der soziale Humanist nicht verbittert den Kopf schütteln, sondern zur Kenntnis nehmen: »So sindse eben, die Menschen.« Weit schlimmer als die »Verkaufe« ist ja wohl der unsoziale Inhalt von Politik. Zudem ist es ein durchaus legitimes Anliegen des Bürgers, auch die »menschlichen« Eigenschaften der Volksvertreter kennenzulernen. Wobei übrigens »Schwiegermamas Liebling« keineswegs die Idealbesitzung ist: Gerhard Schröder nutzten bei manchem Wähler gerade Attribute wie »verschlagen« und »skrupellos«, weil so einer besonders gut »deutsche Interessen in der Welt« vertreten könne.

Nichts ist für die Medien, vor allem das Fernsehen, besser geschaffen als symbolische »So tun als ob«-Politik, oft in Form der inszenierten Spontaneität und am besten bei sogenannten *Pseudoereignissen*, die gar nicht stattfänden, gäbe es die Massenmedien nicht.

Wer schon einmal Zeuge war, wie vor einem Ministerbesuch im Kinderkrankenhaus halbstündige Licht-, Ton- und Stellproben gemacht werden und dann endlich der Dreh beginnt mit dem ministeriellen Stöhnen »Oh, schon wieder die Medien; na Sie wird man wohl nie los«, der kommt ins Grübeln. Wer dann aber erlebt, wie ebendiese Szene noch mehrmals wiederholt werden muss, weil der Minister noch nicht »völlig überrascht« genug war, der fühlt sich weniger an politischen Journalismus als an Loriots »Erwin Lottemann, äh Lindemann« erinnert – und vergisst fast, dass der Minister genau die unwürdigen Zustände, für die er hier »schnelle und unbürokratische Hilfe« verspricht, durch Einsparungen selbst herbeigeführt hat.

Allerdings ist Vorsicht geboten, denn zu viel und zu demonstrative Symbolpolitik schlägt leicht ins Gegenteil um: In Öljacke und Gummistiefeln, eine Schaufel in der Hand: So punkteten Politiker bislang regelmäßig bei Flutkatastrophen. Es wurden aber so viele und die Berichte darüber so penetrant, dass diese Helfermontur nur noch Häme provoziert.

Hinzu kommt, dass immer mehr Bürger im Umkehrschluss meinen, buchstäblich jede Aktion eines Politikers sei getürkt – weil sie ja sonst nicht in den Medien wäre. Wenn also ein Volksvertreter tatsächlich einmal Unfallzeuge wird und durch mutige und umsichtige Hilfe Leben rettet, dann sollte er dies heimlich tun. Sonst heißt es nämlich, für seine PR schrecke er nicht einmal vor der Simulation menschlichen Leides zurück.

Und wenn man das Publikum nicht durch permanente Anwesenheit nicht in den Verfolgungswahn treiben will, probiert man es mit Schleichwerbung. So verschickte das Bundesfamilienministerium laut *Report Mainz* über eine Agentur fertige Beiträge an Radiostationen, die einige Sender prompt ohne Quellenangabe ausstrahlten.

In Komödien kommunizieren verkrachte Paare häufig über einen gemeinsamen Vertrauten: »Sag Heidi, sie kann mich mal.« – »Sag Peter, er mich auch.« Genau das geschah im Frühjahr 2008 auch in der Realpolitik. Bundesentwicklungshilfeministerin Heidi Wieczorek-Zeul empörte sich, dass sie von der Ablehnung ihrer Etatwünsche durch den Kollegen Peer Steinbrück erst aus der Presse erfahren habe. Und wo empörte sie sich? In der Presse …

Eigentum verpflichtet – aber wozu?

Wer da wen ausnutzt, ob der Hund mit dem Schwanz oder der Schwanz mit dem Hund wedelt oder jemand Drittes mit beidem, wird klarer anhand der simplen Frage, wem der jeweilige Laden gehört. Bekanntlich sind weder die Politik noch die Medien auch nur ansatzweise autonom. Dass die Politik nach einem geflügelten Wort »nicht an Weisungen, aber an Überweisungen gebunden« ist,[293] bedarf an dieser Stelle keiner Illustration. Ähnlich sieht es bei den Medien aus.

Die Privatsender: Nur des Geldes wegen

Die wichtigsten Privatsender gehören nur zwei Giganten:
Den Heuschrecken *Permira* und *KKR* gehört seit Ende 2006 die Sendergruppe ProSiebenSat.1 Media AG. Zur Bertelsmann AG zählt die *RTL-Group* mit RTL, RTL2 und Vox.[294] Dass die Privatsender »es nur des Geldes wegen machen«, versteht sich von selbst. Hingegen stimmt nur bedingt, dass ihnen die Einschaltquote über alles geht. Eine Sendung ist umso erfolgreicher, je mehr

* Geld die Werbespots einbringen. Firmen schalten Werbespots aber meist nur, wenn sie sich erhöhten Produktverkauf versprechen. Dies klingt banal, führt aber zu dem Phänomen, dass man auch Quotenbringer absetzt, wenn die Zuschauer entweder zu kritisch oder zu pleite sind, um das Beworbene zu kaufen.

* Zuschauer für Gewinnspiele oder Abstimmungen anrufen. Formate à la »Deutschland sucht den Superstar« bringen meist weit mehr als die Produktionskosten ein. Das dankbarste Publikum sind unbeaufsichtigte Kinder oder Betrunkene, die dutzendfach anrufen, ohne an die horrenden Kosten zu denken.

* Stationen und Varianten die *Verwertungskette* hat, zum Beispiel ein und dieselben Retortenprodukte, die man in der Zivilisation nie als »Künstler« oder »Musik« bezeichnen würde, möglichst in allen Sendern und befreundeten Printmedien, als CD und Film, T-Shirt und WC-Papier zu vermarkten.

Da das Produkt (wie meist in der Marktwirtschaft) nur der Vorwand ist, an Geld heranzukommen, gibt es auch kein marktwirtschaftliches Indoktrinationsziel wie etwa bei der INSM, auch wenn wir später noch auf solche Beispiele treffen werden.

Beim Heuschreckenverbund ProSiebenSat.1 dagegen sind sogar Quote und Profit relativ wurscht. Es zählt nur der möglichst hohe Wiederverkaufswert. Buchstäblich jede Sendeminute gilt als potenziell überflüssige Ausgabe. So wurden bei Sat.1 im Sommer 2007 die Mittags- und Abendnachrichten trotz relativ guter Quoten vorübergehend durch Wiederholungen von Gerichtsshows ersetzt. Erst als die zuständige Medienanstalt Rheinland-Pfalz mit Entzug der Sendelizenz drohte, gibt es zumindest wieder Abendnachrichten – auf welchem Niveau auch immer …

Die Öffentlich-Rechtlichen

Die Öffentlich-Rechtlichen gehören wider allen Anschein dem Volk, und das bedeutet in einer Parteiendemokratie: den Parteien. So kungelt in den Kontrollgremien die zweite bis fünfte Garnitur von Union und SPD die Spitzenjobs und damit die politische Grundrichtung im Wesentlichen unter sich aus.[295]

ARD und ZDF sollen durch eine Grundversorgung an Information, Bildung und Unterhaltung garantieren, dass das Verfassungsrecht auf Meinungs- und Informationsfreiheit vom Bürger auch wahrgenommen werden kann. Dabei soll es einerseits dem breiten Publikum etwas bieten (»Quote machen«), andererseits aber auch gehaltvoll über Politik berichten. Dass Letzteres »elitenrelevant« genannt wird und dass Wissenschaftler wie die Hohenheimer Publizistikprofessorin Barbara Pfetsch diese beiden Aufgaben für gegensätzlich halten,[296] lässt tief blicken: hier Volksmusik, Gottschalk, *Brisant* und *Hallo Deutschland* für die Deppen, dort *Tagesthemen*, *heute-journal*, *Monitor* und *Frontal 21* für die Auserkorenen.

Printmedien

Dass das gedruckte Wort weniger als das Fernsehen zur Gehirnwäsche und zum Aufhetzen taugt, wird schon allein von der »Blödzeitung« (Tatort-Kommissar Stoever alias Manfred Krug) nahezu täglich eindrucksvoll widerlegt. Dass mit *BILDblog* a) eine Internetseite, die b) *gegen* ein einziges Presseerzeugnis anschreibt, im Jahr 2005 den Grimmepreis erhielt, sagt genug über Wirken und Wirkung des Blattes.

Dabei zeigt gerade das Beispiel Axel Springer Verlag, dass bei den Printmedien einiges anders läuft als bei den Privatsendern.

So gibt Erbmilliardärin Friede Springer mit *Welt* und *Welt am Sonntag (WamS)* auch durchaus relativ seriöse – und keinesfalls profitable – Blätter heraus: Andere Meinungen werden weitgehend korrekt dargestellt und kommen zu Wort. *WamS*-Kommentarchef Alan Posener als »*Bild-Hasser*« – Näheres später – und die Satiriker Hans Zippert (früher *Titanic*) und André Mielke (früher *Eulenspiegel*) sind ebenso wenig marktradikale Einpeitscher wie das Gros der Redakteure.

Der *Focus* dagegen ist mit seiner INSM-Partnerschaft und seinem Verleger, dem eigentlich mehr auf Ablenkungsverblödung *(Bunte und SuperIllu)* spezialisierten Hubert Burda, im Grunde schon ausreichend beschrieben. Der Möchtegern-*Spiegel* des früheren Gong-Chefredakteurs Helmut Markwort dümpelt unter 800.000 Auflage vor sich hin und bedient mit pseudoexakten »Fakten, Fakten, Fakten« bestenfalls die Fraktion der mittleren Mittelschicht.

Dass der frühere *Bild*-Chefredakteur Günter Prinz zwischen Springer und Burda hin und her wechselte, rundet das Bild ab.

Nicht einmal der *Spiegel* eignet sich für Klischees: Das Hamburger Magazin gehört den Mitarbeitern, ohne dass Westerwelle, Bosbach und Co. »Sozialismus, Mauer und Stacheldraht« riechen, und es macht dennoch in der Disziplin »neoliberale Agitation« sogar den traditionellen Hetzblättern etwas vor, wie wir noch sehen werden.

3. Ausgewählte Medien

Wie bei uns Themen gesetzt und Meinungen fabriziert sowie in verschiedenen Variationen in den Hirnen festgeklebt werden sollen, zeigt folgender kleiner Überblick.

News und Infotainment

»Die Fernsehnachrichten werden immer unpolitischer. Immer häufiger bestimmen sogenannte Boulevardthemen wie etwa Meldungen über Prominente die Berichterstattung.« Dieses Ergebnis einer Langzeitstudie der nordrhein-westfälischen Landesanstalt für Medien von 2006 zu den ZDF-Nachrichten gilt auch für die *Tagesschau*.
Was das Nachrichtenangebot der Öffentlich-Rechtlichen zum Trommelfeuer der Demagogie macht, ist vielleicht nur ihr selbsterklärter Informationsanspruch. Hätten *Tagesschau* und *Tagesthemen, heute* und *heute journal* den Untertitel »Globaler Ereignismix aus Sicht der Großkonzerne und der US-Regierung«, wäre nichts dagegen einzuwenden. So aber sind auch sie wichtiger Bestandteil der Gehirnwäsche unter der Flagge der Objektivität – vor allem, wenn man »gegensätzliche Positionen« darstellt:

- Haben die Reformen dem Standort Deutschland bereits genutzt? Sind Löhne und Lohnnebenkosten schon »konkurrenzfähig«? Der Trick: Gerade solche »Kontroversen« und ihre »neutrale Darstellung« zementieren als *Grundkonsens*: Einkommen und soziale Sicherheit der Bevölkerung müssen sich ausschließlich nach den Profitinteressen der Konzerne und der Superreichen richten.

- Deckt Hartz IV das Existenzminimum ab? Schon allein die Frage macht die »Armut per Gesetz« zum *Grundkonsens*. Sogar eiserne Befürworter stehen als Sozialapostel da, wenn sie vor Übertreibungen beim Angriff auf die Menschenwürde warnen.

- Wie viele *Wohltaten* für das *Volk* können *wir* uns leisten? Abgesehen von der Freudschen Unterscheidung zwischen »wir« und »Volk«, werden Kindergeld, Rentenerhöhungen um zehn Euro oder Pendlerpauschale als Luxus diffamiert.

- Wie entlarvt und isoliert man die Linkspartei am wirkungsvollsten? Auch hier drängt ein »erbitterter Streit« dem Zuschauer den *Grundkonsens* auf: Die Linkspartei muss ausgegrenzt werden.

- Engagiert sich die Bundeswehr in Afghanistan ausreichend? Der Streit verkauft die von den Deutschen mehrheitlich abgelehnte Struck-Doktrin von der »Vertretung unserer Interessen am Hindukusch« unverfroren als *Grundkonsens*.

- Nutzt oder schadet ein Truppenabzug der Demokratisierung des Irak? Hier lautet der *Grundkonsens:* Der »freie Westen« darf sogar völkerrechtswidrig fremde Völker überfallen und ihnen »die Demokratie« aufzwingen.

Fazit: Im Grunde kann nur jemand etwas mit »Nachrichten« à la *Tagesschau* anfangen, der sie aufgrund seines Hintergrundwissens und seriöser Informationsquellen gar nicht braucht.

Zielgruppe dagegen sind die vermeintlichen Dumpfbacken: Hier erfahren sie, was der durchblickende Bürger zum jeweiligen Thema zu denken und zu äußern hat.[297]

Aber auch das nicht wirklich: »Zuschauer verstehen ›Tagesschau‹ nicht mehr«, fasste *Welt Online* am 13. Dezember 2007 eine Emnid-Umfrage zusammen. Demnach wusste niemand, was *Schutzschrift* oder *Vorteilsabschöpfung* bedeutet, und selbst *Basta-Politik* konnten nur zehn und *Tarifautonomie* nur elf Prozent erklären.

Generalausrede für den Kauderwelsch ist der selbstgemachte Zeitdruck, also einer dieser typischen »objektiven Sachzwänge« – oder ist das Limit von 15 Minuten vom Himmel gefallen? Und in dieser Zeit werden schwierigste und wichtigste Themen im Telegrammstil heruntergerattert und von befragten Politikern oder ebenjenen »Experten« innerhalb von Sekunden »erläutert«. Die *Tagesschau* sei schließlich nicht »die Volkshochschule der Nation«, meint *ARD-aktuell*-Chefredakteur Kai Gniffke, und müsse »die Bedeutung schwieriger Begriffe wie Bundesrat nicht täglich neu erklären«. Die Frage ist, ob man könnte und wollte, wenn man müsste …

Aber man muss ja nicht, und das ist auch gut so, denn die Botschaft lautet: »Sieh dir den unabänderlichen Lauf der Dinge an, aber halt den Mund und misch dich nicht ein: Du kapierst ohnehin nicht einmal die Hälfte. Es hat schon alles seine Richtigkeit.«

Halten wir also fest: Rund zehn Millionen Zuschauer der *Tagesschau* um 20 Uhr begreifen sehr viele Informationen nicht einmal, glauben sie aber trotzdem. Kann sich eine Regierung bessere Untertanen wünschen? Wie meinte doch der Neoliberale Hayek: Das System funktioniert nur, wenn die Menschen sich mit ihrer Blödheit abgefunden haben …

Dass uns die Wirklichkeit draußen im Lande und in der Welt

als ein Art »*Lindenstraße* in der Endlosschleife«[298] präsentiert wird und uns folglich »wie ein Film« vorkommt, ist allerdings Realsatire: Es ist ja »nur ein Film«, der uns Kinderleichen in zerbombten Krankenhäusern oder bedeutende Leute bei wichtigen Verhandlungen, verwahrloste Altenheime oder jubelnde Sportler, grölenden Ballermann-Mob oder elegante Yachtclub-Schickeria zeigt: Nur gut, dass alle Gegensätze zum Schluss durch den Wetterbericht versöhnt werden: Vor Petrus sind alle gleich.

Andererseits sind die Bilder für den Dortmunder Politikprofessor Thomas Meyer »so nahe und so lebendig wie das Geschehen am häuslichen Tisch und lassen nicht mehr erkennen, dass sie unvermeidlich absichtsvoll inszenierte Kunstprodukte sind«.[299]

Der Zuschauer sieht ja nicht, wie Kostümbildner, Visagisten, Coiffeur und Medienberater sich in der »Maske« – nomen est omen – gegenseitig auf die Füße treten, wie emsige Helfer und Helfershelfer Angstschweiß und Hämefalten wegpudern, die Rolex durch die Tchibo-Uhr und die affige Fliege durch eine affige Krawatte ersetzen und den Teleprompter auf das gewünschte Schriftbild einstellen.

Auf dem Bildschirm aber »erscheinen die elektronischen Bühnen nicht mehr als Bühnen, sondern als veritable Schauplätze der Lebenswelt, als wirkliche Wirklichkeit«.[300]

Diese Realitätsverzerrung ist für den Systemtheoretiker Niklas Luhmann umfassend und unvermeidlich, denn wir wüssten ja gerade aus den Massenmedien selbst »so viel über die Massenmedien, dass wir diesen Quellen nicht trauen können. Wir wehren uns mit einem Manipulationsverdacht, der aber nicht zu nennenswerten Konsequenzen führt, da das den Massenmedien entnommene Wissen sich wie von selbst zu einem selbstverstärkenden Gefüge zusammenschließt. Man wird alles

Wissen mit dem Vorzeichen des Bezweifelbaren versehen – und trotzdem darauf aufbauen, daran anschließen müssen.«[301]
Mit einem Wort: Wir wissen zwar, dass die Nachrichten hinten und vorn nicht stimmen, tun aber so, als wären sie wahr.

Die bösen Privatsender

Diese Tagesdosis »Wahrheit« erhält man allerdings auch bei den Privaten. Und will man nicht absurderweise behaupten, Irreführendes über Rentenreform, Reformstau und Irakkrieg sei wertvoller als möglicherweise sogar Echtes über Paris Hilton und Dieter Bohlen, so sind die »News« von RTL & Co. doch nicht so sehr weit entfernt von den »seriösen Nachrichten«. Vielleicht läuft es, als Pendant zu E- und U-Musik, auf den Unterschied zwischen E- und U-Information hinaus: ernst, schwer und wichtig das eine, unterhaltsam, leicht und belanglos das andere – Fiktion alle beide.

Ohnehin kann sich nach einer Studie des Jenaer Soziologieprofessors Georg Ruhrmann bereits jeder dritte Zuschauer nicht mehr merken, was er gerade in den Nachrichten gesehen hat, geschweige denn in welcher Sendung.[302]

Das schreit nach Verblödungsalarm und scheint die Befürchtungen des US-Medienkritikers Neil Postman zu bestätigen. Er prägte das Wort *Infotainment* für die Methode, jedes Thema in Unterhaltung zu verwandeln, dadurch die Fähigkeit zur rationalen Urteilsbildung zu zerstören, die Grundlagen der Demokratie zu zersetzen und das Volk in die Unmündigkeit zu führen.

Dies bedeutet allerdings keinen Freibrief dafür, Informationen so unattraktiv und schwer verständlich anzubieten, dass »Nachrichtenverweigerung« geradezu provoziert wird. Eine langweilige Märchenstunde ist nicht seriöser als eine unterhaltsame – sondern einfach ermüdender.

Allerdings können selbst verzerrte Nachrichten von ARD und ZDF Appetithäppchen sein: Schon allein Stichwortartiges zu Themen wie *Mindestlohn, Bahnprivatisierung, Klimagipfel, Hungeraufstände* oder *Bundeswehreinsatz* mag neugierige Bürger dazu verleiten, sich anhand unterschiedlicher Quellen ausführlicher zu informieren und sich ein eigenes Urteil zu bilden.

Nun liegt aber *RTL Aktuell* – eine Art Verfilmung der auch permanent als Quelle eingeblendeten *Bildzeitung* – mit durchschnittlich fast vier Millionen Zuschauern nur knapp hinter *heute* und hat in der ominösen RTL-Zielgruppe der 14- bis 49-Jährigen mit 1,4 Millionen sogar eine doppelt so hohe Quote wie *heute* und nicht viel weniger als die *Tagesschau* mit 1,7 Millionen.

Aber was sagt das schon aus? So dürfte jene Bevölkerungsgruppe, die sich von Privatnachrichten ernsthaft auch nur einen Hauch von Information über »das Wichtigste aus aller Welt« verspricht, relativ klein und nicht unbedingt der geistig-kulturellen Elite zuzuordnen sein. Wer sich dagegen von *Tagesschau* und *heute* »gut informiert« fühlt, darf sich mit allem Vorbehalt dem Halbbildungsbürgertum zurechnen.

Journale und Talkshows

Dies ist auch das Motto für das *heute journal*. Claus Kleber, der »Cary Grant des Nachrichtenjournalismus«, ist der Mann, dem die Frauen vertrauen, zum Beispiel *Welt*-Autorin Antje Hildebrand: »Er verbindet journalistische Kompetenz, Selbstironie und eine Lässigkeit, wie man sie sonst nur von amerikanischen Moderatoren kennt. Kleber ist die perfekte Ein-Mann-Show, ohne je den Showmaster heraushängen zu lassen. Er arbeitet schließlich immer noch in Mainz und nicht in Las Vegas.«[303]

Richtig ist: Noch überzeugender und vor allem charmanter sogar als George W. Bush selbst versteht es der »gläubige Katholik« Kleber, ein penetrant zur Schau getragenes »Christentum« für die Idee der US-amerikanischen Weltherrschaft zu missbrauchen.[304] So teilt er offenbar prinzipiell mit Bush »die Überzeugung, dass Amerika eigentlich die Antworten auf die Lebensfragen der Völker gefunden hat. Und als Weltmacht nur dann in Frieden leben kann, wenn überall auf der Welt diese Werte auch Platz greifen.« Im Klartext: Freie Marktwirtschaft und US-Demokratie für alle! Aber Kleber sieht Bush auch wahnsinnig kritisch: »Der größte Fehler war ganz sicher der Irak-Krieg zu dieser Zeit und mit diesen Mitteln.«[305]

Wer so denkt und über das Charisma eines Womanizers verfügt, dem glaubt die weibliche Fangemeinde natürlich aufs Wort, dass Sozialkritiker »Reformblockierer« und »Populisten« sind, dass Privatisierung nottut und die Unternehmenssteuern runter müssen. Jedenfalls brachten ihm seine süffigen neoliberalen Nachtvorstellungen Ende 2007 ein Angebot als *Spiegel*-Chefredakteur ein. Dass er es ablehnte, steigerte seinen Marktwert in gewissen Kreisen nur noch mehr.

Diese Probleme haben die *Tagesthemen* erst gar nicht. Bei 2,2 bis 2,4 Millionen Zuschauern, darunter oft nur 500.000 der Gruppe »14 bis 49«, ist es egal, ob INSM-Sympathisant Tom Buhrow Neoliberales vom Teleprompter abliest oder Caren Miosga den Filmbericht über den umgekippten chinesischen Reissack ankündigt.

Aber die *Tagesthemen* sind *Kult*. Und dazu gehört offenbar – siehe Harald Schmidt –, dass Millionen davon schwärmen, aber kaum jemand es sich antut.

In puncto substanzlosem Kult können die drei Polittalkshows durchaus mithalten. Schon die Kür von *Anne Will* zur *Chris-*

tiansen-Erbin im September 2007 atmete in gewissen Feuilletons das Flair einer Papstwahl: Habemus Annem! Kurz darauf wurden die damals frisch liierten *Maybrit Illner* und Telekom-Sanierer Rene Obermann im *Spiegel* zum »Königspaar aus Berlin-Mitte«, und der gelernte Polizeireporter Frank Plasberg gilt mit seinem »Boulevardmagazin« *(Tagesspiegel) Hart aber fair* als »Talkmaster der Herzen«. Das alles klingt nach gefühlten 200 Prozent Quote, tatsächlich liegen die drei Talkshows dichtauf mit mäßigen drei bis vier Millionen Zuschauern oder 12 bis 14 Prozent.

Was Wunder, denn was sie allwöchentlich abliefern, ist halb Repetitorium der alltäglichen Gehirnwäsche, halb »Makingof« der Politik: Der Blick hinter die Kulissen einer Filmproduktion ist schließlich ebenfalls eine Filmproduktion. Und so »argumentieren« wie eh und je die ewig gleichen Politpromis mit den ewig gleichen Sprechblasen zu den ewig gleichen Themen aufeinander ein – und auch das wie eh und je meist nur zum Schein. Der Journalist Klaus Ungerer nennt sie »Talkshowstammgäste, die so merkwürdig in die Ferne starren, während sie im allgemeinen Gerede auf das Schlagwort warten, bei dem sie jetzt als nächstes Mal einhaken und ihr Eigengewäsch absondern wollen«.[306]

Entsprechend sieht der Medienkritiker Matthias Kalle in *Hart aber fair* »nicht die großartige Talkshow-Innovation ..., die alle darin sehen wollen, sondern im Gegenteil eine Stammtischrunde – nur schlimmer. Geredet wird so lange, bis es knallt. Und wenn die Gäste nicht wollen, dass es knallt, dann kommt Frank Plasberg, der Moderator, und hetzt sie aufeinander los.[307]

Die Gretchenfrage lautet eigentlich nur: Wird hier Politik nur mies verkauft oder miese Politik gebührend abgebildet?

Leitmedium *Spiegel*

Der *Spiegel* ist in erster Linie eine *Marke*. Und Marken behalten bekanntlich ihr Image unabhängig von ihrer tatsächlichen Qualität – zumindest eine Zeitlang. Made in Germany bleibt Made in Germany, auch wenn das Produkt in Transsylvanien oder in den Hochebenen von Peru hergestellt wird.

Die Tochter des legendären *Spiegel*-Gründers Rudolf Augstein, Franziska Augstein, kommentierte den Wandel von der heiligen Kuh des bundesdeutschen Journalismus zum marktliberalen, boulevardesk angehauchten Tendenzblatt so: »Der Akzent auf Wirtschaftsthemen, die Vernachlässigung politischer Entwicklungen und Probleme zugunsten der Personalisierung, die Verlagerung auf die sogenannten weichen Themen« habe den *Spiegel* »zu einem geschwätzigen Blatt unter anderen gemacht«.[308]

Und tatsächlich bezeichneten in einer Umfrage unter 1.536 führenden Journalisten im Frühjahr 2005 zwar noch immer 33,8 Prozent als ihr Leitmedium den *Spiegel*, aber 34,8 Prozent nannten die *Süddeutsche Zeitung*.

Wenn aber das Magazin auch kein Leithammel der Medienleute mehr sein mag: Mit einer Auflage um eine Million und hochgerechneten sechs Millionen Lesern plus *Spiegel Online*, der reichweitenstärksten deutschsprachigen Internetseite, taugt er allemal als Zentralorgan neoliberaler Bullshitter.

Die Spiegel-Redakteure betrachten sich selbst als Durchschnittsleser. Das bedeutet, dass Spiegel-Redakteure nicht allzu klug sein dürfen.
Rudolf Augstein

Wobei allerdings, gleichsam als Abbild unserer Demokratie, »jeder schreiben kann, was er will« – von Franz Walter bis Christian Malzahn, von Andreas Nölting bis Carsten Volkery. Dies behindert die neoliberale Indoktrination aber ebenso wenig wie der Protest der DGB-Führung gegen den Sozialabbau. Stärkste Waffe dabei ist die »Sprache des *Spiegel*«, die Hans Magnus Enzensberger schon 1957 als »Sprache von schlechter Universalität« sezierte: »Sie hält sich für kompetent in jedem Falle. Vom Urchristentum bis zum Rock and Roll, von der Poesie bis zum Kartellgesetz, vom Rauschgiftkrawall bis zur minoischen Kunst wird alles über einen Leisten geschlagen. Der allgegenwärtige Jargon überzieht alles und jedes mit seinem groben Netz: Die Welt wird zum Häftling der Masche.«[309] Es ist also unmöglich, »dem *Spiegel* irgendwelche Überzeugungen zuzuschreiben. Das Blatt hat keine Position … Die Ideologie des *Spiegel* ist nichts weiter als eine skeptische Allwissenheit, die an allem zweifelt außer an sich selbst.« Folglich ist die berühmt kritische Haltung des *Spiegel* auch keine wirkliche Kritik, sondern nur deren »Surrogat«.[310]

Nun ist aber Prinzipienlosigkeit grundsätzlich kein Widerspruch zur Indoktrination. Worin die aktuelle Methode der *Spiegel*-Sprache besteht, verdeutlichen einige Beispiele:

- Lohndumping und Senkung der Sozialabgaben der Unternehmen kommentiert man so: »Standort Deutschland verbessert sich bei Arbeitskosten.«[311]
- Autor Severin Weiland sieht die »Rückwärts-Reformer im Kassenkampf«, denn: »SPD, CDU und CSU wetteifern um Wohltaten für die Wähler – bei der Pendlerpauschale steht die nächste Rückwärts-Reform an.«[312] *Wohltaten*, *Rückwärtsreform* – am Neusprech der INSM hätte George Orwell seine Freude.

- Über die durch massive Proteste erzwungene Rücknahme von Sozialabbau berichtet man unter dem Titel »Reformpläne kosten 50 Milliarden Euro«.[313]
- Ein Schmuckstück an Häme liefert der Literat der zu Tode gelangweilten Single-Generation, Reinhard Mohr: »Spüren Sie es auch? Eine Welle der Warmherzigkeit rollt durch Deutschland … Schubidubiduu, alles wird gut! Länger gezahltes Arbeitslosengeld I, Wiedereinführung der Pendlerpauschale, Tempo 130 auf Autobahnen, Aufweichung der Rente mit 67 durch noch mehr Ausnahmen und Übergangsregelungen, Kindergeld bis 27 und und und. Wunderbar.«[314]
- Logik der Extraklasse enthält der Aufsatz *Deutschland, Jammerland* des Gastautors Eric Gujer: »Verkehrte Welt: Kaum erholt sich die Wirtschaft, bricht großes Wehklagen über die ›Verlierer des Aufschwungs‹ los.«[315] Na so was: Kaum hat er dem Pferd das Fressen abgewöhnt, stirbt das Mistvieh! Und überhaupt: Wieso freut sich die beraubte Rentnerin eigentlich nicht mit dem Räuber über dessen plötzlichen Reichtum?

Enthüllungen: Keine Angst vor der Wahrheit

Die marktliberalen Volksverblöder sind in einem Dilemma: Einerseits müssen sie jede Form halbwegs kritischer Berichterstattung unterbinden – es ist ja immer mehr als peinlich, wenn etwa der »ungeheuer integre unabhängige weltweit geschätzte Experte« aus der Nachrichtensendung nur kurze Zeit später in *Monitor* als intellektuell mittelmäßiges Mietmaul der Arbeitgeber entlarvt wird. Andererseits steht und fällt eine Marktwirtschaftsdemokratie damit, dass sich die Gehirnwäsche auch auf die Illusion der Informationsfreiheit erstreckt.
Die Intendanten der ARD trauten sich dementsprechend sei-

nerzeit nicht so recht, die Politmagazine ganz zu streichen; und so wurden im Januar 2006 *Report Mainz, Report München, Monitor, Fakt, Panorama* und *Kontraste* lediglich von 45 auf 30 Minuten und *Plusminus* von 35 auf 25 Minuten gekürzt. Unterirdischer Serienramsch wie der Klinikkitsch »In aller Freundschaft« blieb allerdings unbeschnitten, damit er – Globalisierung macht auch vor Verblödung nicht halt – »international besser vermarktbar« sei.[316]

Das ZDF dagegen ließ *Frontal 21* ungeschoren bei 45 Minuten, hat aber mit *ZDF-Reporter*, das zumindest Ostdeutsche unwillkürlich an den Montagsappell *Der Schwarze Kanal* erinnert, ein stimmungsvergiftendes Gegengewicht.

Nun erschöpft sich die Rolle der Politmagazine keineswegs darin, Meinungsvielfalt vorzutäuschen, eher im Gegenteil: Besonders *Monitor* und *Frontal 21* gelten vielen als »gallische Dörfer« gelebter sozialer Demokratie, und sie entlarven und decken auf, was das Zeug hält, ob nun Lobbywirtschaft im Bundestag, unsichere Riester-Rente oder Störfälle in Atomkraftwerken durch *Monitor* oder Abrechnungsbetrug mit Zahnersatz, Beihilfe zur Steuerhinterziehung durch Banken oder Tierquälerei im Auftrag der Pharmaindustrie durch *Frontal 21*.

Obwohl diese Enthüllungen meist drei bis fünf Millionen Zuschauer direkt erreichen und dann regelmäßig helle Aufregung im Medienwald sowie in Politik und Wirtschaft verursachen, bleibt die Breitenwirkung wie die des gesamten Informationsangebots der Medien umstritten.

Politiker wie Roland Koch jedenfalls bauen darauf, dass eine »schweigende Mehrheit« von Fakten und Skandalen aller Art sowieso nichts mitbekommt: »Die Hälfte aller Deutschen liest heute nicht mehr den politischen Teil einer Tageszeitung, kann also durch einen noch so entfachenden Kommentar überhaupt nicht ›gestört‹ werden.«[317]

Bedauern klingt anders, im Gegenteil. Koch fürchtet nicht einmal die demokratische Kontrolle durch das Fernsehen: »Politiker glauben, durch einen Beitrag in der ›Tagesschau‹ oder in ›heute‹ werde die Welt verändert. Nur: Von 61 Millionen Wahlberechtigten sehen das an einem Abend im Schnitt 13 bis 14 Millionen. Das heißt: Mehr als 75 Prozent der Bevölkerung bleiben von dem, was wir Politiker für den Nabel der Welt halten, völlig unberührt.« Deshalb hat diese Spezies auch keine Angst vor der Wahrheit: Sollen die Demokraten doch blau anlaufen vor lauter Entlarverei.

Die Mehrheiten bringt der tumbe, uninformierte Mob, wie Koch unter Vermeidung des Wortes »Stammtisch« ausführt: »Die meisten Menschen kommen zu ihren politischen Meinungen und Ansichten viel mehr im Gespräch mit Familienmitgliedern, Arbeitskollegen, Nachbarn und Freunden als über die Medien.« Wo aber haben die ihre »politischen Meinungen und Ansichten« her? Womit wir bei *Bild* wären.

Leitmedium *Bild*

Dass *Bild* massiv auf die Unwissenheit ihrer Leser vertraut, zeigte sich einmal mehr bei der selbst für *Springer*-Verhältnisse beispiellosen Kampagne um die Schließung des Flughafens Tempelhof: Obwohl der rotrote Senat das Flughafengebäude gar nicht abreißen wollte und es wegen des Denkmalschutzes auch gar nicht darf, erweckte *Bild* ebendiesen Eindruck. So schrieb »Gossengoethe« (Branchenspott) Franz-Josef Wagner fünf Tage vor dem Volksentscheid in *Bild* an Klaus Wowereit: »Tempelhof war die Luftbrücke der eingeschlossenen Berliner 1948. Alliierte Piloten flogen Brennholz, Kohle, Fleisch, Gemüse nach Tempelhof … Es soll also nur noch Fotos geben von der Geschichte dieser Stadt.«[318]

Jede Wahrheit braucht einen Mutigen, der sie aus-
spricht.
Bild-Werbung

Nun fällt es allerdings schwer, derart kecke Lügen als »arglisti-
ge Täuschung« zu werten. Wer im Varieté beim Trick mit der
zersägten Frau die Mordkommission alarmiert, gilt ja auch
nicht als »Opfer eines gemeinen Zaubertricks«, sondern als,
höflich ausgedrückt, »extrem uninformiert«. Natürlich gibt es –
als Gegenstück zu den bildungsfernen – auch die informations-
fernen Schichten. Und dass *Bild* wie auch manche Politiker
gerade diese Gruppen »beackern«, spricht einerseits Bände.
Dass diese Menschen aber Wahlen entscheiden können, ist
andererseits tatsächlich eine »unbequeme Wahrheit«, die an
dieser Stelle besser nicht weiter vertieft wird.

Vom Weiterbetrieb des Flughafens hätte die Bevölkerung übrigens nur den Stolz des Gastgebers für die Schönen und Reichen
gehabt. Geplant waren – nebst Direktflügen nach Liechtenstein
und Malibu – auch Kongresszentrum und Luxusklinik, »so dass
Patienten mit eigenen Maschinen fast bis zur ärztlichen Unter-
suchung fliegen könnten« *(Tagesspiegel)*. Außerdem hätten
»kurze Wege für Kreative und Prominente« dem »Standort
Berlin« genutzt.[319]

Dass der Volksentscheid mit 21,7 Prozent Ja-Stimmen glorreich
scheiterte, widerlegt einmal mehr die Legende der *Bildzeitung*
als »Volkes Stimme«. Wenn die Karten auf den Tisch müssen
wie etwa bei Wahlen, sieht die Sache ein wenig anders aus:
Nicht im Bund und nur in drei Ländern regiert die von *Bild*
jeweils fanatisch geforderte schwarzgelbe Koalition, von den
Erfolgen der verhassten Linkspartei ganz abgesehen. All dies

scheint aber dem gefühlten Einfluss der Zeitung keinen Abbruch zu tun.

Offenbar hängt ihr realitätsresistenter Status als *Leitmedium* mit jener Schweigespirale zusammen – *Volkes Stimme* als »sich selbst erfüllende Prophezeiung«: Weil alle, inklusive der Politik, sich einreden lassen, Springers schrille Kampfmaschine spreche für »die kleinen Leute«, wird sie tatsächlich wie die – ungeliebte, verachtete, vor allem aber gefürchtete – wahre Volksvertreterin behandelt.

In Wahrheit ist *Bild* natürlich nicht einmal die Stimme der angeblich etwa elf Millionen Leser. So geben über fünfzig Prozent von ihnen an, die Zeitung auch oder nur wegen des Sportteils zu kaufen.

Ebenso lesen Politiker, Journalisten, Wirtschaftsmanager und viele durchaus kritische Bürger die *Bild* – natürlich nicht als einzige Informationsquelle, sondern weil sie wissen wollen, »was das Volk bewegt«. Nicht wenige übrigens kaufen *Bild*, ohne dem Blatt ein Wort zu glauben.

So ärgert sich Judith Holofernes von der Gruppe *Wir sind Helden* über die vielen »ironischen *Bild*-Leser, *Bild*-Zerschneider, *Bild*-Bewerfer«, denn das Blatt »ist und bleibt kein Lifestyleaccessoire, sondern, für alle Zeiten, das perfideste Werkzeug des Blöden«.

Die netteste Kritik ist die aus der eigenen Familie, in diesem Falle von *WamS*-Kommentarchef Alan Posener: Der Ex-Maoist verteidigt im Mai 2007 in seinem Weblog die *Generation Dutschke* gegen Anwürfe des *Bild*-Chefredakteurs Kai Diekmann. »Die Achtundsechziger zwingen ihn noch heute, täglich auf der Seite 1 eine Wichsvorlage abzudrucken, und überhaupt auf fast allen Seiten die niedrigsten Instinkte der *Bild*-Leser zu bedienen.« Und über die Aufstiegschancen bei *Bild:* »Wenn man ein bisschen zynisch ist, auf miniberockte Vorzimmermiezen großen, auf Ernsthaftigkeit eher weniger Wert legt, kann man dort Karriere machen.«[320]

Bereits im Februar 2004 schrieb die damalige *Welt*-Kolumnistin Mariam Lau nach der *Bild*-Kampagne gegen die Schauspielerin Sibel Kekilli: »Und dann wieder reitet die größte deutsche Boulevard-Zeitung, deren Chefredakteur Kai Diekmann sich angesichts von Gerüchten über eine angebliche Penisverlängerung begreiflicherweise höchst empfindlich zeigte, eine Kampagne ausgerechnet gegen die Frau, die als Berlinale-Siegerin zur Amazone türkisch-weiblichen Freiheitswillens geworden ist, weil sie in einem früheren Leben Pornofilme gedreht hat.« Durch *Bild* wisse man wieder, »was man an einer freien Presse hat«.[321]

Das wusste wohl auch Gunter Sachs, der im Jahre 1979 in einem offenen Brief in der *Süddeutschen Zeitung* an den ruhmreichen Verleger Axel Caesar Springer schrieb: »Über den Tod meines Bruders berichtete Ihr ›Bild‹: ›Der Tote im Schnee ist an seinem Reichtum erstickt.‹ – ›Sein Leben und Sterben war wirklich nur eine Frage des Kontos.‹ – ›Er war kleiner als Gunter, hatte nicht dessen große Nase, dessen behaarte Brust und was sonst noch an ihm groß sein soll.‹ – Herr Springer, wir sind uns selten begegnet; ich möchte Sie nie mehr wiedersehen. – Gunter Sachs.«[322]

Mal also spricht *Bild* die bigotte Jungfer an, mal den postpubertären Masturbanten. Roter Faden scheint allein die persönliche Verunglimpfung zu sein: »Frau Lügilanti stürzt die SPD ins Chaos«, titelte *Bild* am 5. März 2008, offenbar wütend über das Ergebnis der Hessenwahl.

Bild liefert in den Augen ihrer Kritiker seit jeher ein kalkuliertes Kuddelmuddel aus Sex & Crime, Klatsch und Kitsch, Ekelschocker und Esoterik, »Patriotismus« und Politkampagne, Vorverurteilung[323] und Verunglimpfung, Mobbing[324] und

»Menschenjagd«[325] – Letztere auch in der Light-Version des *Leser-Reporters. Bild* richte ihre Leser als Paparazzi ab, kritisiert das Medienmagazin *Zapp.*[326]

Nicht »Bild dir Deine Meinung« (*Bild*-Werbung) ist die Botschaft, sondern »Bild denkt für dich«. Der idealtypische Leser ähnelt Olli Dittrichs *Ditsche*: »Von nichts eine Ahnung, aber zu allem eine Meinung«. Und er sagt, in der Gewissheit, Mitglied der großen Mehrheit namens »kleine Leute« zu sein, ein stolzes »Ja zur Dummheit«.

Dass die *Bild* eine mehr als doppelt so hohe Auflage hat wie *Welt, FAZ, taz, Frankfurter Rundschau* und *Süddeutsche Zeitung* zusammengenommen, erscheint selbst dann als grotesker Widerspruch, wenn man berücksichtigt, dass viele Leute diese Blätter im Internet lesen. Wie kann es sein, dass diejenigen Menschen, denen prinzipielle Probleme mit dem Lesen nachgesagt werden, mehr Zeitungen kaufen als die angeblichen »Bildungseliten«?

»Sich informieren« will der harte Kern gläubiger *Bild*-Leser ja wirklich, aber die anderen Blätter sind ihm – jenseits aller politischen Richtungen – »zu hoch«: *Bild* muss ihm erklären, »was Sache ist«. Diese gereizte Ehrfurcht gegenüber allem, was nach Reflexion auch nur riecht, brachte der Komiker Dirk Bach zu Beginn einer neuen Quizshow auf den Punkt: »Bei uns müssen Sie nicht Astrophysik studiert haben, um zu gewinnen.«[327]

Nun könnte man über derlei intellektuelle Selbstgenügsamkeit mitleidig lächeln. Dabei sollte man aber nicht übersehen, dass *dumm* und *anmaßend* nicht nur eine menschlich unangenehme, sondern auch eine gefährliche Mischung darstellen. Kommt dann noch soziale Unsicherheit oder gar Benachteiligung hinzu, kann es schnell explosiv werden. Dazu braucht man nicht bis zur Reichskristallnacht zurückzugehen. Ein Blick auf die aktuellen neofaschistischen Übergriffe mit teilweise wohlwollender Begleitung durch die »Bevölkerung« genügt. Ein fataler Irrtum wäre es, dass faschistischer Mob auf Mehrheiten angewiesen sei: Selbst wenn das Publikum gewisser Medien zu 90 Prozent aus subjektiv »guten Demokraten« besteht: Der blindwütige fanatische Rest kann – wenn es dumm läuft – eine ganze Gesellschaft ins Wanken bringen.

Teil IV
Ablenkung

Damit es so weit nicht kommt, ist neben der Indoktrinierung vor allem Ablenkung angesagt.

Panem et circenses, Brot und Spiele, hielt der römische Satiriker Juvenal für den Inbegriff der Wünsche der Bürger.[328]
Aber waren und sind die Zerstreuungsangebote wirklich nur die Sehnsüchte des Normalbürgers? Immerhin hieß noch im Griechischen der sich einmischende Bürger *Polites* und der sich heraushaltende Privatmann *Idiotes:* Sind also Ablenkung von der Politik und Massenverblödung nicht vitale Interessen der Herrschenden?
Tatsächlich halten unsere Medien hierfür ein breitgefächertes Angebot bereit. »Verblödung ist Programm im deutschen Fernsehen« stellt *Spiegel Online* lapidar fest,[329] und für die Boulevard-Journaille ist dies ohnehin Ehrensache.

1. Ablenkung bis zum Abwinken

Ablenkung ist nicht gleich Ablenkung. Wenn Sandra Bullock oder Hugh Grant eine Supermarktkassiererin abends vom stressigen Arbeitsalltag ablenken, ist das etwas anderes, als wenn ein Trickbetrüger sie beim Geldzählen ablenkt. Ebenfalls keine erwünschte Ablenkung ist, wenn der Filius auf die Frage der Mutter nach dem Zeugnis eine Schulhofanekdote nach der anderen erzählt.
Letzteres tun die Medien aber mit ihren angeblich »bunten«

und leichten Themen: Wozu sich über Massenentlassungen aufregen, wo doch die kleine Madeleine entführt wurde? Was sollen Details über die Privatisierung der Bahn, während es in der Ehe von Tom Cruise kriselt? Wen interessiert der Mindestlohn, wenn mal wieder ein Serienkiller ausgebrochen ist? Warum sich mit der neuesten Arm-Reich-Statistik befassen, da soeben in China ein Sack Reis umgefallen ist und der Bürger wissen will, ob es Milchreis oder Curryreis war? Dieses Stakkato von Nebensächlichkeiten soll jede eingehende Beschäftigung mit *irgendeinem* Thema verhindern, selbst an die als »Megastar« oder »Partyluder« verkauften Matschbirnen kann sich selbst der gutwilligste Abfallkonsument schon tags darauf kaum noch erinnern.

Es kracht, es zischt, Blut spritzt

Unfälle und Katastrophen sind der rote Faden der wohlwollend »Boulevardmagazin« genannten Voyeursshows wie *Explosiv* (RTL), *Brisant* (ARD) oder *Hallo Deutschland* (ZDF). Geile Gaffer können darin Autofahrer gegen Bäume prallen, Züge entgleisen oder Menschen in Häusern verbrennen sehen und ein dumpfes Glücksgefühl genießen: Wie gut, dass das nicht mir passiert ist. Nun könnte man fragen: Wenn schon Leid und Tod, wieso dann nicht Arbeitsunfälle wegen Sicherheitsmängeln, LKW-Unglücke wegen Übermüdung oder Krankheiten wegen Umweltvergiftungen?

Unschlagbar sind natürlich Unwetter aller Art. Und da auch ohne Erdbeben und Tsunami tagtäglich irgendwo auf der Welt jemand im Hochwasser ertrinkt oder vom Baum oder Blitz erschlagen wird, ist auch hier der tägliche Schrecken gesichert. Über derartigen Journalismus kann nicht geurteilt werden, weil es keiner ist. Ebenso wenig wie Rührstorys über größere Katastrophen: Denn hier ist bis auf das Ereignis selbst fast alles künstlich. So melden sich nach einem Flugzeugsabsturz bei gewissen Medien stets bis zu 2.000 Nobodys und 200 C-Promis, die »um ein Haar auch in der Todesmaschine gesessen hätten«. Und wenn wirklich echte Augenzeugen oder Hinterbliebene zu Wort kommen, dann folgen sie häufig dem Ruf des Fernsehruhms oder des Geldes und »empfinden« das, was die Redaktion vorgibt.

Der Pöbel jagt den Bösewicht

Spektakuläre Fälle, um die herum man »das nackte Grauen« dichten und wochenlang durchhecheln kann, sind für den Boulevard wie der Jackpot: Mal, wie im Fall Dieter Zurwehme[330], ein »Real-Remake« von Fritz Langs Menschenjagdfilm *M – eine Stadt sucht einen Mörder*, mal ein Kripospiel über die jahrelang verschollene angebliche »Sexsklavin« *(Stern)* Natascha Kampusch, mal die sabbernde »Anteilnahme« im Inzestskandal von Amstetten im Frühjahr 2008, wo selbst *dpa* munter mitmischt und die »Ansicht des Psychiaters Reinhard Haller« zitiert. Die *Süddeutsche Zeitung* lässt einen Traumadoktor namens Ullrich Sachsse urteilen: »Da laufen neidvolle Mutter-Tochter-Prozesse ab«,[331] und der *Spiegel* kontert mit der Psychoanalytikerin Rotraud Perner: »Das ist Gehirnwäsche – Widerstand ist da undenkbar.«[332] Und weil das Ganze eh ein Gruselschocker ist, gibt natürlich auch Krimiautorin (!) Thea Dorn ihren Senf dazu und erklärt genrekonform im *Spiegel*, »was an dem Fall Josef Fritzl typisch österreichisch ist«.[333]
Für die *taz* sind »die Ferndiagnostiker, die sich prompt zu Wort melden, … noch widerwärtiger als Inzest«.[334]
Und wirklich: Kaum eine einschlägige Sendung, die sich nicht irgendeinen Psycho aus dem Verwandtenkreis der Redaktion oder aus der nächsten Eckkneipe geholt hatte, der im Grunde nur eines mitteilte: »Die Sache ist furchtbar und – hey,

Leute! – ich bin im Fernsehen.« Und die Schlüssellochjournaille blieb dran: »Kerstin Fritzl möchte Robbie Williams sehen«, war *Spiegel Online* noch am 11. Juni 2008 eine Schlagzeile wert.

»Kidnapping Viewing«

Selbstverständlich braucht sich die ARD bei der Verdrängung wichtiger Nachrichten durch halbseidene Räuberpistolen nicht zu verstecken. »Thema des Tages« im *Morgenmagazin* war zum Beispiel am 2. Mai 2008 das einjährige Jubiläum der Entführung der Britin Madeleine. Da ratterte Klatschexpertin Judith Schulte-Loh in kaum 30 Sekunden die Meldung über den Tarifabschluss bei der Post herunter, nicht ohne sich die Arbeitgeberposition »Die Gehaltserhöhung ist auch nicht schlecht« zu eigen zu machen. Dann geht's live zum Journalistenurlaubsparadies Algarve, wo eine sichtlich verschämte Reporterin mutterseelenallein am Ort des Verschwindens kurz nach acht über die unverschämten Medien jammert, die noch immer schon kurz nach acht hier aufkreuzen würden. Und schließlich faselt Schulte-Loh über drei Minuten lang mit dem Kriminalpsychologen Rudolf Egg über die Wahrscheinlichkeit, dass Madeleine noch lebt.

Selbstverständlich hält sich auch Herzallerliebstes wie die Kindheit des Eisbären Knut oder die Hochzeit von Verona und Franjo endlos in den Schlagzeilen, wenn es nur der Ablenkung von wichtigen Themen dient. Irgendwelche Skandälchen oder Affärchen finden sich immer, um diejenigen Themen aus dem Programm und aus dem Hirn zu verdrängen, die für die Bürger wirklich von Bedeutung sind.

2. Hauptfeind Senioren

Nicht erst seit Roman Herzogs Warnung vor der »Rentner-Demokratie« ist klar, dass die Alten als künftige Mehrheitsfraktion eine Bedrohung der Reichen und Mächtigen darstellen und folglich ihre Verblödung keineswegs als »Spartenprogramm« verlacht werden darf, sondern als ehrenvolle zentrale Aufgabe bei der »Verteidigung der Demokratie gegen die Bevölkerung« (Milton Friedman) zu begreifen ist. Deshalb müssen sich auch ARD und ZDF keineswegs darüber grämen, dass ihre Zuschauer im Schnitt 59 und 61 Jahre alt sind: Schon allein die Traumquoten für »Musikantenstadl« »Wetten dass«, »Verstehen Sie Spaß?«, »ZDF-Fernsehgarten« oder Pilcher-Schmonzes sprechen für sich.

Ebenso die Statistik: Nur 16 Prozent der 14- bis 19-Jährigen und 17 Prozent der 20- bis 29-Jährigen, aber 71 Prozent der über 70-Jährigen und 68 Prozent der über 75-Jährigen sehen ARD und ZDF. Selbst bei den Zuschauern der Seifenopern der Generation Zahnspange liegen die Älteren vorn. So sind die Zuschauer von *Verbotene Liebe* im Schnitt 55 Jahre alt, von *Marienhof* 52, von *Berlin, Berlin* 48 und vom ZDF-Kinderprogramm *Bravo TV* 46 Jahre. Wie aber gehen die Öffentlich-Rechtlichen mit ihrer Klientel um?

Volksmusik

Das reichhaltige »Volksmusik«-Angebot richtet sich an »die ältere Generation«, aber die offenbar frühvergreisten Nebels, Silbereisens und Borgs behandeln ihr Publikum wie Dreijährige oder Demenzpatienten: »Haben wir denn auch brav unseren Blaumacher getrunken? Wir müssen jetzt lachen und uns auf die Schenkel hauen, ich hab nämlich gerade einen sehr lustigen Witz gemacht.«

Das Saalpublikum erscheint als eine schunkelnde und grölende postsenile Horde mit alkoholroten Gesichtern und wirren Blicken, die Musikanten dagegen als hampelnde und trampelnde Gestalten, die mit verbissenem Bühnengrinsen die Lippen meist asynchron zum Playbackgeplärre bewegen, voll Zuversicht, dass die altersschwachsinnigen Deppen das eh nicht mitkriegen – nicht einmal, dass es sich zumeist um volks*tümliche* Musik handelt, drittklassige Schlager also, die mit Volksmusik so viel gemein haben wie ein zerknittertes Fanposter mit dem leibhaftigen Star. Man muss schon Andy Warhols *»Alles* ist Kunst« bemühen, um dies Kunst zu nennen.

Schwer vorstellbar, dass man Derartiges den Senioren Hildegard Hamm-Brücher, Nicole Heesters, Richard von Weizsäcker oder Helmut Schmidt anzubieten wagte, und noch schwerer denkbar, dass diese Menschen sich dies antun würden. Natürlich gibt es Menschen, deren geistige Kräfte im Alter schwinden, und lobenswert ist die Absicht, sie nicht auszugrenzen. Nur sind diese Moderatoren und Musikanten keine Psychiater, sondern bedürften selbst deren professioneller Hilfe: »Dauerlächler werden depressiv«, fand eine Studie der Universität Frankfurt am Main heraus.[335]

Und so vorbildlich die Zuwendung dieser Zwangsgrinser für andere Menschen ist, die nicht bis drei zählen können, so gewagt ist es, die gesamte Seniorengeneration so zu behandeln. Fast scheint es, als wolle man sie auf legale Weise einschläfern.

Herzschmerz im Hirn: Gepilchertes für Seniorinnen

Für die älteren Damen bietet das ZDF die sonntägliche Ration *Pilcher*, wie der Volksmund in Anlehnung an die britische Seichtschreiberin den filmgewordenen Groschenroman nennt. Nun scheinen zwar manche selbsternannten Kulturbürger abfällige Äußerungen über dieses Grenzgebiet zwischen Kultur und Seelenheilkunde als Mitgliedsausweis des Clubs der Anspruchsvollen zu betrachten. Dies allerdings wäre ein lupenreines Eigentor: Bekanntlich versteht sich das Genre als Adaption der legendären BBC-Serie »Monty Python's Flying Circus – also gerade als *Parodie* auf Fernsehschund à la Herzschmerz.[336] Ein Blick auf die Vita der Namensgeberin Rosamunde Pilcher genügt: Die Fabrikantenfrau hatte vier Kinder und schrieb nach eigenem Bekunden aus Platzgründen ihre Werke am Küchentisch. Schon allein diese Konstellation wirft pilchereske Fragen auf: Machte sie bei einem Output von über einhundert Filmvorlagen je etwas anderes, als ununterbrochen darüber zu schreiben, was sie hätte machen und erleben können, wenn sie nicht ununterbrochen geschrieben hätte? Das lässt einige Rückschlüsse zu: Pilchers Figuren sind deshalb so hohl, weil sie kaum Kontakt zu echten Menschen hatte und daher auf andere Groschenromanfiguren zurückgreifen musste. Gefühle wie Sehnsucht, Leidenschaft, Liebe werden deshalb permanent, aber lächerlich beschrieben, weil sie nie erlebt, sondern aus anderen Kitschprodukten übernommen wurden.

Nun mag sein, dass bereits Pilcher sich selbst persifliert hat. In den deutschen Verfilmungen geschieht dies mit Sicherheit, angereichert mit subversiver Sozialkritik: Stets ist mindestens einer der Liebenden steinreich, und zwar immer durch Herkunft statt durch eigene Arbeit. Extrem dumpfe Dialoge, unbeholfene Flirtszenen und permanentes untätiges Herumlungern im »Salon« stellen die Reichen als saudumme, verklemmte und stinkfaule Klasse dar. Indem nahezu alle der über achtzig Verfilmungen mit einer Handvoll Standard-Szenen auskommen, wird die gesamte herrschende Klasse als öde und blöde hingestellt. Dies hat dem Genre allerdings eine Kultgemeinde beschert, die – als Pendant zum ironischen *Bild*-Leser und ganz im Geiste von Monty Python – Pilcher als Posse sieht und

Wetten abschließt: Stößt das Traumpaar zwecks Erstkontakts mit den Autos beim Einparken oder mit den Köpfen beim Bücken im Supermarkt zusammen? Kommt es zum Fremdgehverdacht, weil der Held seine Schwester oder die Heldin ihren Bruder küsst? Geschieht der obligatorische Unfall mit Kind elf oder neun Minuten vor Schluss, und wer von den beiden Verliebten war früher zufälligerweise Unfallchirurg und rettet das Kind?

Eine absurd überdrehte Persiflage bietet die badische Heimatdichterin Christiane Sadlo, die als *Inga Lindström* »schwedischen« Schmacht produziert. Sie zieht nicht nur das Schundgenre, sondern auch die Macher durch den Kakao, nach dem Motto: Schwedisches Flair bedeutet, dass Brigitte und Lars Deutschmann nun Britt und Lasse Svensson heißen, man die Bodenseeinseln »Schären« nennt und Volvo statt BMW fährt. Es ist, als würde man *Starsky und Hutch* in *Kraxlmoser und Hintermaier* umtaufen und als Rosenheimer Krimiserie verkaufen.

Diese Art der Parodie verkennt allerdings, dass die Zielgruppe sie möglicherweise nicht als solche erkennt: Wer *Veterinär* für ein Synonym für *Vegetarier* hält, versteht Tierarztwitze nicht. Die Konsumentinnen »ehrlicher« Frauenromane sind aber häufig Mauerblümchen, die mit leibhaftigen Männern nie näheren Kontakt hatten und das andere Geschlecht fast ausschließlich aus dem Schundgenre kennen. Diese Menschen leben nicht selten in einer heilen simplen Parallelwelt mit reichen Schlossherren, paradiesischen Ziergärten und unterwürfig-loyalem Hauspersonal, die sie im Zweifel sogar einer echten »Liebe auf den ersten Blick« vorziehen.

Nun gilt auch hier der Hinweis des Arztes Paracelsus, dass über die Frage Gift oder Medizin die Dosierung entscheidet. Deshalb bietet entweder das ZDF oder die ARD mit ihren Dritten

Programmen an fast jedem Abend mindestens eine Schmachtro-
manze an. Und auch an den Nachmittagen ist für Realitätsflucht gesorgt. So wird aus dem normalen Abschalten bei immer mehr Bürgern eine Art Verlagerung des ständigen geistigen Wohnsitzes ins Märchenland. Statt darüber nachzudenken,
warum sie eigentlich auch an sonnigen Nachmittagen nichts
Besseres zu tun haben, als fernzusehen, und sich am Ende noch
mit Politik befassen, sollen sich vereinsamte »Omis« und »frus-
trierte Hausfrauen« lieber von 14 bis 17 Uhr in Telenovelas wie
Rote Rosen, Sturm der Liebe oder *Wege zum Glück* versenken.
Und wer auch gleich *Verbotene Liebe* und *Marienhof* mit-
nimmt, ist bis kurz vor 19 Uhr beschäftigt. Und es klappt: Bis
zu drei Millionen schalten ein, und was noch erfreulicher ist:
Bei *Tagesschau* und *heute* vor und zwischen den Serien zappen
im Schnitt eine Million Zuschauerinnen sofort weg – da sage
noch mal einer, es werde nicht programmbewusst ferngese-
hen.
Natürlich sind diese verfilmten Groschenromane ein dankbares
Opfer für Kulturkritik aller Art. Die ewig gleichen, auf das
Endziel Traualtar gerichteten Handlungsstränge mit nahezu
identischen Schwarzweiß-Personen wirken wie aus dem vorvo-
rigen Jahrhundert, und die lieblose bis schlampige Ausführung
könnte ohne weiteres von zurückgebliebenen Zwölfjährigen
stammen – selbst durchschnittlich strukturierte Kitschliebha-
ber wenden sich mit Grausen ab.
Andererseits sollte man nicht vergessen, dass Telenovelas ähnlich wie Hintergrundmusik im Büro nicht für ein aufmerksa-
mes, kritisches Publikum gedacht sind, sondern für Menschen,
die nebenbei bügeln, telefonieren, aufräumen oder vergilbte
Fotoalben sortieren und ihrer mit Groschenromanen ver-
schwendeten Jugendzeit nachtrauern. Das *Nullmedium* läuft,
damit man sich nicht so einsam fühlt. Und nicht zu vergessen

der soziale Aspekt für die Darsteller: Serienmimen sind wenigstens eine Zeitlang »runter von der Straße«, haben ein geregeltes Einkommen und können wieder neuen Mut schöpfen.

Götz »Schimanski« George jedenfalls hat die Serienstars besonders in sein Herz geschlossen. Im April 2007 begründete er seine Aversion gegen Empfänge so: »Wenn man zu einem Event eingeladen wird, steht man plötzlich neben Friseuren, Köchen, Telenovela-Sternen und anderen Knalltüten.«[337] Darauf schrieb die Crew der ZDF-Produktion »Wege zum Glück« einen beleidigten offenen Brief und forderte mehr Respekt ...[338]

Und erst die Daily Soaps der Privaten! »Meisterwerke der Massenverblödung« nennt Peter Luley vom *Spiegel* zum Beispiel »112« sowie »Anna und die Liebe«, sie seien »schlichter, schlecht gemachter Stumpfsinn. Selbst Trash-TV-Fans dürften erschüttert sein.«[339]

3. Die Frau »an sich«

Die abzulenkende Frau begreift sich entweder bereits freiwillig als Gebrauchsgegenstand für Wirtschaft und Männer oder soll »ganz unverbindlich« in diese Richtung beeinflusst werden. An diesem Projekt »Weiberverblödung« können die Opfer passiv oder aktiv teilnehmen.

Schön, reich und berühmt

Besonderen Stellenwert haben die Schlüssellochberichte über die Schöngemachten und Reichen. Im Fernsehen fressen sie sich über die Tratschsparte hinaus in alle möglichen »seriösen« Sendungen, und auch die Printmedien halten gut mit: *Bunte, Gala* und über drei Dutzend einschlägige Frauenblätter kommen insgesamt auf über zehn Millionen Wochenauflage.

Nun könnte man fragen, ob in einer Zeit, in der sich immer mehr Vermögende aus Angst vor künftigen Armenaufständen abschotten und verbarrikadieren, das freche Zurschaustellen eines sorgen- und arbeitsfreien Luxuslebens nicht unnötig provoziert. Aber das verkennt die Botschaft und das Bewusstsein dieser »Journalisten«. Die da oben sind einerseits für Sterbliche unerreichbar, andererseits aber Vorbild, frei nach Jesus: »Viele sind berufen, wenige aber auserwählt.« Da hat Klassenkampf keinen Sinn und Sozialneid keinen Platz. Was dem meist weiblichen Publikum bleibt, ist die Rolle halb als Kinobesucher, halb als devote Untertanin: Wie zu Zeiten von Herrschaft und Gesinde fiebern die Dienstboten, bangen und hoffen, leiden und freuen sich mit dem gnädigen Herrn und vor allem mit der gnädigen Frau.

Dabei wird das sinnfreie Dahinvegetieren in Saus und Braus als kühnster Traum jedes Lebewesens dargestellt: Schönheitsfarm und Schampus-Vollbad, Shoppen und Poppen, Safari und Südseekreuzfahrt, Ferrari und Edelschmuck, Marmorvilla in Malibu und Hochseeyacht vor Hawaii, Golfen, Party machen oder einfach dröge am Pool herumliegen – und vor allem immer den Reichtum zeigen.

Gefährdet Adelstratsch die Gesundheit?

Die Hardcore-Version ist die dümmlich-devote Adelsberichterstattung. Beispiel gefällig? Im Jahr 2004 ist Adelshochzeit im Dreierpack angesagt: In den Niederlanden heiraten Prinz Johan Friso und Mabel Wisse, in Dänemark Kronprinz Frederik und Mary Donaldson und in Spanien Kronprinz Felipe und Letizia Ortiz. Dazu Norbert Lehmann von *ZDF royal*: »Pracht, Glanz und Gloria, eine Szenerie und Dramaturgie, die sich über Jahrhunderte kaum verändert hat – das hat was! Und: Bei allen drei Hochzeiten ehelichen die Prinzen eine Bürgerliche – ich bin gespannt, wie sich das in der Anmutung und Atmosphäre mischt, das Blaublütige und das Bürgerliche. Reporterherz, was willst du mehr?!«[340]

Offenbar nichts, denn: »Es waren royale Geschichten wie aus dem Märchenbuch … Europas große Königshäuser kommen dem Volk näher und werden dadurch populärer. … Die Monarchien leben nicht mehr allein vom Glanz vergangener Jahrhunderte. Sie glänzen in der Gegenwart – mit sympathischen, weltoffenen Königsfamilien. Gerade die jungen Menschen feiern die Hochzeiten ihrer Prinzen und Prinzessinnen – royale Popstars des 21. Jahrhunderts!«[341]

Dies könnte man als Nostalgieneurose eines Sonderlings abhaken, wäre derselbe Norbert Lehmann nicht Redaktionsleiter der Sendung ZDF.reporter, deren Praktiken bei der Verunglimpfung der »Unterschicht« im April 2006 auch Spiegel Online ans Tageslicht brachte: »Fernsehteam zahlte prügelnden Jugendlichen 200 Euro«.

Wie Lehmann schließlich zugeben musste, hatten minderjährige Schüler diese »Aufwandsentschädigung« für wilde Schlägereien erhalten, die in der Sendung am 3. April 2006 als »zufällig eingefangen« ausgegeben wurden und die Verwahrlosung Jugendlicher in Hamburgs Stadtteil Mümmelmannsberg »dokumentieren« sollten. Ein 15-Jähriger gestand: »Die haben uns richtig gekauft. Erst haben sie gesagt, sie wollten viel Positives über den Stadtteil sagen, dann wollten sie Action sehen. Wir sollten so tun, als würden wir uns prügeln und Drogen kaufen.«[342]

Damit erweist sich Norbert Lehmann als personifizierte Verbindung von Buckeln gegenüber der Oberschicht und Treten auf die Unterschicht. In diesem Licht erscheint die massive Adelsverherrlichung – auch die erwähnten Frauenzeitschriften und »Glamourblätter« sind voll von Huldigungen an die Königshäuser – durchaus als politische Botschaft: Der Mensch ist sehr wohl durch seine Abstammung etwas Besseres oder Minderes. Und wenn angeblich *alle* Spanier, Dänen und Niederländer ihren Prinzen das Erbe von Herzen gönnen, wieso erdreisten wir uns dann, an eine Erbschaftssteuer für Superreiche auch nur zu denken? Hätte eine Monarchie mit einem gütigen weisen Herrscher nicht auch ihre Vorteile gegenüber dem ewigen Zank und Streit der demokratischen Parteien?

Auch hier gilt Paracelsus: Sich eine Königshochzeit anzusehen wie einen Rosenmontagsumzug oder wie eben einen Pilcherfilm ist eine Sache: Aber Woche für Woche dieses Hirngift in Schrift, Bild und Ton zu verschlingen, kann die psychische Gesundheit gefährden. Zumindest für diejenigen, die das Ganze als Aschenputtelversion sehen und sich zu tief an die Stelle der Braut träumen, kann dies ähnlich fatale Folgen haben wie der Missbrauch von Groschenromanen.

Karrierefrau & Gebärmaschine & Luder & Supermodel

Wer aber »Träume noch leben kann« *(Münchener Freiheit),* wird ebenfalls bestens bedient: Jede kann ja schließlich alles werden in der Marktwirtschaft. Vor allem, wenn sie frei nach Gittes Gassenhauer »Ich will alles, und zwar sofort« die richtige Kriegsbemalung (»Weil ich es mir wert bin«) und das Dreiwetterhaarspray wählt, Figurverträgliches (»Du darfst«) verzehrt, mit der richtigen Kreditkarte (»Die Freiheit nehm ich mir«) die Boutiquen abklappert und fortwährend Erfolgskaffee (»Du bist aktiv den ganzen Tag«) schlürft.

Nun erkennt auch der käuflichste Boulevardjournalist mit Baumschuldiplom, dass diese Spezies der eierlegenden Wollmilchfrau außer in Werbespots nur in einschlägigen Medien und in der Phantasie klischeegeschädigter Damen existiert.

Was also liegt näher, als diese Frauen – wie beim Modernen

Fünfkampf – in allen Einzeldisziplinen zu trainieren. Die entsprechenden »Vorbilder« gibt es ja – von Hera Linds Schnulzenfigur *Superweib* einmal abgesehen – mit Ministerin Ursula, Siebenfachmama Ursula, »Feuchtgebiet« Charlotte, Schönheitsroboterin Heidi und Faststaatsoberhäuptin Schwan tatsächlich – der Boulevard ist Zeuge. Also stopft mann das vermeintlich schwache Geschlecht damit voll, wie frau sich möglichst gleichzeitig

- im Job nach oben intrigiert,
- mit Bälgern, Bettenmachen, Blumengießen befasst,
- Anzeigen wegen Erregung öffentlichen Ärgernisses einfängt,
- zur Venus zurechtschneiden lässt und
- sich klug und weise gibt.

Das Schöne an diesem Spiel ist: Wer über das nötige Startkapital verfügt und es tatsächlich unter sachkundiger Anleitung durch die Medien in einem dieser Wettbewerbe in die Nähe der erwünschten Perfektion bringt und sich in ein fleischgewordenes Klischee verwandelt, erhält als Gratisbeigabe das schlechte Gewissen wegen der jeweiligen Problemdisziplin: die kinderlose Professorin und die berufslose Mutter ebenso wie das bildungsresistente Model und die unaufgetakelte Emanze. Das garantiert eine Endlosnummer, bei der die Medien wiederum mit Rat und Tat zur Seite stehen.

Und wenn alles nichts hilft, dann denkt frau an Maybrit Illners Obermann, Nina Ruges Reitze, Maria Furtwänglers Burda oder Heidi Klums Ex Briatore und gönnt sich eine Überdosis von Marilyn Monroes Lebensberatung: *Wie angle ich einen Millionär?*

4. Männer und Fußball

»Fußball ist unser Leben.« Dieser Satz gilt mehr oder minder für die gesamte Gesellschaft. Nationale Erfolge im Fußball oder auch nur die Vorfreude auf kommende Großereignisse beflügeln die »Kauflaune« und lassen die Bürger insgesamt optimistischer in die Zukunft blicken – auch für sich persönlich, versteht sich, wirtschaftlich und beruflich. »Aufschwungslaune steckt Verbraucher an«, meldete der Marktforscherkonzern GfK im Januar 2006. Auch die »Vorfreude auf die Fußball-WM« habe »den Pessimismus vertrieben«.

Fußball fasziniere deshalb die Massen, lehrte Sepp Herberger, »weil man nicht weiß, wie es ausgeht«. Aber das erklärt nicht, warum erwachsende und kultivierte Männer – denn es betrifft keineswegs nur fanatische jugendliche Unterschichtler – ihr persönliches Wohlbefinden und Lebensgefühl an Fußballresultate binden, auf die sie selbst keinerlei Einfluss haben.

Ein Grund ist sicherlich jener dumpfe »Stolz-auf«-Nationalismus, der beileibe nicht nur bei braunen Sumpfgruppen in den diffusen »Stolz, ein Deutscher zu sein« mündet: Man heftet sich die Erfolge der Mitglieder »seiner« Gruppe an die eigene Brust: Dichter, Denker, Fußballer – zu anderen Zeiten und bei anderen Nationen mögen es Boxer, Handballer, Maler, Schauspieler sein. Ehe man sich's versieht, ist es da, das »Ich-bin-Deutschland-Gefühl«. Zehnjährige Nachwuchskicker »sind« Ballack, Lehmann, Poldi, Schweini oder Frings und die Älteren sind es – unausgesprochen natürlich – ebenso: Anders lässt sich die bis an die Infarktgrenze gehende Aufregung kaum erklären, und auch nicht, warum zumindest geheuchelte Fußballbegeisterung für Politiker Pflicht ist.

Hier aber lauert der völkische Pferdefuß und die Riesenchance zur Massenverblödung, gerade *weil* das gemeinsame Anfeuern des »eigenen« Teams an sich harmlos und sympathisch anmutet. Dazu ein Beispiel: In einer deutschen Fankurve könnten rein theoretisch ein Dieb und der Bestohlene, ein Vergewaltiger und sein Opfer, ein Firmenboss und ein von ihm Entlassener, ein Todesraser und eine Hinterbliebene direkt nebeneinander sitzen. Würden die zueinander sagen: »Vergessen wir's und feuern wir gemeinsam Deutschland an«?

Genau dies fordert und beabsichtigt aber der »Fußballpatriotismus« als Spielart des völkischen Nationalismus. Man denke nur an das »Wunder von Bern« und Sönke Wortmanns gleichnamigen Film, bei dem Gerhard Schröder im Jahr 2003 seine legendären Rührungstränen vergoss. Schon zuvor hatte der damalige Kanzler das Berner Wankdorfstadion zur nationalen Gedenkstätte erklärt und gefordert, es »in einem Zug mit der Berliner Mauer, mit Weimar und anderen Bauwerken und Orten« zu nennen, »die in der Geschichte des Landes hervorragende Bedeutung haben und deren symbolische Bedeutung über viele Generationen erhalten bleibt«.[343] Die erhaltenswerte Berner Botschaft von 1954 war simpel und unzweideutig: *Wir-sind-wieder-wer!*

ARD-Reporterikone Rudi Michel durfte in seinem »Offiziellen Erinnerungsbuch« damit prahlen, bei der Siegerehrung im Stadion die erste Strophe der Nationalhymne voller Stolz mitgesungen zu haben, und der damalige DFB-Präsident Peco Bauwens beschimpfte nach dem Spiel die Siegermächte und sah die deutsche Nation von den NS-Verbrechen reingewaschen: »Dieser Sieg hat gezeigt, dass es Schlacken auf dem Sport und dem deutschen Volk nicht mehr geben kann, wenn es jemand ehrlich mit uns meint.«[344] Auch der Historiker Joachim C. Fest resümiert: »Dieser Tag leistete eine Befreiung der Deutschen von all dem, was auf ihnen nach dem Zweiten Weltkrieg lastete.«[345] Bei dieser gloriosen Vorgeschichte des Verblödungsmittels

Fußball ist für die Spitzenpolitiker die Anwesenheit im Stadion wichtiger als am Kabinettstisch, auf der Regierungsbank oder in den ersten Sitzreihen der Opposition.

Eine perfekte Inszenierung gelang unserer Kanzlerin bei der EM 2008. Nicht nur, dass Bastian Schweinsteiger sein gutes Spiel in vielen Interviews auf Merkels Ratschläge zurückführte: »Kohls Mädchen« gab so perfekt die Fußballexpertin, dass sogar die *Financial Times Deutschland* (»Schöner jubeln mit Angela Merkel«) eine heimliche SMS-Regie durch Jürgen Klinsmann vermutete. »Angela Merkel zeigt stets perfekt dosierte Volksnähe. Sie ballt die Fäustchen, hüpft, grinst, jubelt oder leidet. Immer genau richtig.«[346]

Dass die Damen und Herren Volksvertreter dann auf den Ehrentribünen in verlässlicher Regelmäßigkeit ausgepfiffen werden, zeigt ihr Image beim Volk – aber man stelle sich nur einmal vor, die Kanzlerin hätte während der beiden »Sommermärchen« 2006 und 2008 gesagt: »Tut mir leid, aber was gehen mich diese Fußballmillionäre an? Viele spielen ja nicht einmal in Deutschland.« Womöglich wäre sogar dem einen oder anderen Parteifreund das Wort »Vaterlandsverräterin« rausgerutscht.

Nun haben wir bereits anhand nüchterner Zahlen gesehen, dass das Vertrauen der Bürger in die Politik rapide schwindet. Ebenso ist es aber eine Binsenweisheit, dass herausragende sportliche Erfolge der jeweiligen Regierung nutzen und das System stabilisieren. Insofern ist die Bezeichnung »König Fußball« gar nicht so abwegig.

Nicht zufällig ist bei *Bild* die Sportredaktion nicht nur mit etwa 25 Prozent aller Redakteure personell am stärksten besetzt, sondern auch bei seriösen Kollegen der Konkurrenz relativ am höchsten angesehen: Nicht nur »Sex sells« – Sport auch.

Insofern sind alle Überlegungen, wichtige Fußballspiele dem

Bezahlfernsehen zu überlassen, ein Tanz auf dem Vulkan. Bisher sind alle Erpressungsversuche – wie etwa die Drohung mit der Verlegung der Samstags-*Sportschau* auf nach 20 Uhr – jämmerlich gescheitert: Lieber verzichten die Fans auf Fernsehfußball und lassen Sender wie *Premiere* vor sich hin dümpeln. Deshalb *mussten* sich ARD und ZDF die Rechte für die WM 2010 sichern – dass dies den »Gebührenzahler« etwa 180 Millionen Euro kostet und wer sich davon wie viel einsteckt, steht hier nicht zur Debatte.

Die scheinbaren Exoten des Fußballwahns, die ihn aber in Wahrheit nur konsequent zum (bitteren) Ende führen, sind jene Vereinsanhänger, für die der Fan-atismus im Wortsinne »ihr Leben« geworden ist. Gemeint sind nicht hochgejazzte Randgruppen wie Hooligans oder faschistische Schläger. Es geht um jene »Herzblut-Fans« von Schalke, Dortmund oder Cottbus, die sich – ähnlich wie jene Frauen ihre Welt der Schönen und Reichen – ein Ersatzleben zurechtträumen.

5. Heldenverehrung: Wir sind Goethe

Dass »wir« nacheinander oder gleichzeitig Papst, Wimbledonsieger sowie Formel-1-, Handball-, Box-, Fußballweltmeister und Hockeyolympiasieger sind, mag ja noch angehen.

Absurd wird die Heldenverehrung als Form des Eigenlobes aber spätestens dann, wenn die tumben Bewunderer so gut wie gar nichts über ihre Helden wissen.

So würde die hochgebildete CSU-Spitze sicherlich unisono erklären, stolz auf unseren Nationaldichter Johann Wolfgang von Goethe zu sein. Als aber die aufmüpfige Fürther CSU-Landrätin Gabriele Pauli im Herbst 2007 eine siebenjährige Begren-

zung der Ehe vorschlug, hatte die Parteiprominenz einhellig
Weißbierschaum vor dem Mund. »Pauli bricht das Grundgesetz«, zeterte Horst Seehofer. Erst der Presse entnahm man
vermutlich, dass dieser Gedanke (wenn auch mit einer Fünf-
Jahres-Grenze) bereits in den *Wahlverwandtschaften* ihres
Dichter-Idols auftaucht. [347]
Oder anders gesagt: Man ist schon zufrieden, wenn eine gewisse Art von Goethe-Fangemeinde darüber informiert ist, dass er
nicht mehr schreibt.

Am 20. April 2005 erschien die *Bild*-Schlagzeile *Wir sind Papst*,
wozu *BILDblog* bemerkte: »Der erste Papst mit eigener Boule-
vardzeitung«.
Was aber wissen »wir«, also die *Bild*-Redakteure und ihre
Gläubigen, vom Papst? Dass er gegen Abtreibung, Homo-Ehen
und weibliche Priester ist. Und weiter? Was macht »unser«
Papst den ganzen Tag? Beten, Segnen, Audienzen geben – und
sonst?
Man lege der Diekmann-Truppe einmal folgendes Zitat vor:
»Nach der bürgerlichen von 1789 war eine neue, die proletarische Revolution fällig: Der Fortschritt konnte nicht einfach in
kleinen Schritten linear weitergehen. Es brauchte den revolutionären Sprung. Karl Marx hat diesen Anruf der Stunde auf-
genommen ... auf den Weg zu bringen versucht.«
Nein, das stammt weder von Erich Honecker noch von Osama
Bin Laden, sondern vom Papst, und zwar aus der Enzyklika
»Spe salvi« vom 30. November 2007. Man kann den Papst für
reaktionär halten, aber zwischen seiner Marx-Kritik und dem
tumben »Mauer-Stacheldraht-Schießbefehl«-Gezeter gewisser
»Wir-sind-Papst«-Patrioten liegen Lichtjahre. Marx habe »zwar
sehr präzise gezeigt, wie der Umsturz zu bewerkstelligen ist«,
aber »den Menschen vergessen, und er hat seine Freiheit ver-

gessen. Er hat vergessen, daß die Freiheit immer auch Freiheit zum Bösen bleibt. Er glaubte, wenn die Ökonomie in Ordnung sei, sei von selbst alles in Ordnung.« Richtig dagegen sei: »Auch die besten Strukturen funktionieren nur, wenn in einer Gemeinschaft Überzeugungen lebendig sind, die die Menschen zu einer freien Zustimmung zur gemeinschaftlichen Ordnung motivieren können. Freiheit braucht Überzeugung; Überzeugung ist nicht von selbst da, sondern muß immer wieder neu gemeinschaftlich errungen werden.«

Von solchen seriösen Beiträgen zur Debatte über die Aufklärung, die Ideale der bürgerlichen Revolution und das Scheitern des Ostblocks, die man ja durchaus als Bauernfängerei ablehnen kann, ahnen die Papst-Patrioten vermutlich nicht einmal im Traum. Muss man auch nicht, wenn man sich mehr für die Dessous von Boris Beckers Besenkammerbekanntschaft und Babsi Beckers Busen interessiert.

Mit den meisten anderen Helden sieht es nicht besser aus. Dass die Erfinder von Antibiotikum, Auto, Buchdruck und Glotze ordentliche Arbeit geleistet haben, denkt sich auch der fernsehbestrahlte Dödel, der mit wichtiger Miene von Einsteins und Plancks »Genialität« schwärmt. Aber wozu sind eigentlich Albert Einsteins Relativitätstheorie und Max Plancks Quantenmechanik gut und was besagen sie überhaupt?

Hier treten wieder Schweigespirale und Bullshit in Kraft, nach dem Motto: »Ich habe zwar keinen Schimmer von der CDU-Finanzpolitik, aber ich bin mit ihr sehr zufrieden.«

Und auch das sollte zu denken geben: Daniel Küblböck ist die Nummer 16 der bedeutendsten Deutschen aller Zeiten, Nena landet vor Immanuel Kant, Dieter Bohlen vor Robert Koch und Patrick Lindner vor Friedrich Schiller. *Bild* und das *ZDF* – wer sonst? – suchten 2003 *Unsere Besten*. Dass Johannes B. Kerner moderierte, 3,3 Millionen zuschauten und 1,8 Millionen durch Anruf plus 1,5 Millionen vor der Sendung abstimmten, sagt eigentlich schon genug. Für den *Spiegel* war es »besinnungslose Verramschung letzter Bildungsreste« und »skrupellose Verpanschung all dessen, was einmal mit Geist, Geschichte und Geschmack zu tun hatte«,[348] für *Zeit*-Autor Jens Jessen »eine systematische Spekulation der Fernsehsender auf die Dummheit des Zuschauers«.[349] Offenbar sei bei ARD und ZDF jahrzehntelang »eine Art von Redakteuren gezüchtet worden, deren moralische und intellektuelle Vorstellungen sich von allen Traditionen entfernt haben«. Man wisse nicht genau, »ob ihre Verachtung eher den Massen gilt, die sie dumm halten möchten, oder den Akademikern, denen sie ihr Unterhaltungsprogramm um jeden Preis vorenthalten möchten«. Gewiss sei nur, »dass sich die öffentlich-rechtlichen Anstalten ihrem gesellschaftlichen Auftrag restlos entzogen haben. Ungewiss dagegen ist, wie man die Fernsehsekte von ihrem Weltverdummungsprojekt abbringen kann.«[350]

Unsicher ist auch sein Erfolg. Obwohl die Stammkundschaft solcher Spektakel sicherlich dem geistig-kulturellen Bodensatz zuzurechnen ist, nutzen einige Spaßvögel das Ganze bewusst als sinnfreies Nullmedium: Platz 125 unter Kerners Besten belegte die unbekannte Schülerin Silke Fritzen, für die ein Internetforum geworben hatte.

Und wenn sich die Massen bei der Heldenverehrung absolut widerspenstig zeigen, wird auch schon mal nachgeholfen. So erhielt die Show zum *Deutschen Fernsehpreis 2006* in Köln den *Preis des beleidigten Zuschauers:* Damit richtig Stimmung aufkommt, hatte man im Vorfeld der Verleihung zwei Doppeldecker-Busladungen jubelnder, kreischender Claqueure gekauft.

6. Die »Ehrenwerten« als Türöffner der Schmuddelkinder

Wenn die Sonne der Kultur tief steht, dann werfen auch Zwerge lange Schatten.
Karl Kraus

Der Deutsche Fernsehpreis ist auch ein Paradebeispiel, dass sich ARD und ZDF in puncto Niveau nicht nur rasend schnell den Privaten annähern, sondern ihnen, wo immer möglich, als Türöffner dienen. In vornehmen Clubs braucht der Eintrittskandidat einen Bürgen, und wenn unsere beste Freundin zu unserer Party jemanden mitbringt, dann gehen wir davon aus, dass es kein Taschendieb oder Gewaltverbrecher ist.

Als ARD, ZDF, Sat.1 und RTL 1998 den Deutschen Fernsehpreis als Eigenlobexzess gründeten, wurden die beiden Privaten endgültig gesellschaftsfähig. Als dann im Jahre 2007 die verfilmte *Bildzeitung* RTL-Aktuell als »beste Informationssendung« ausgegeben wurde, war längst zusammengewachsen, was zusammengehört. So wurde für berüchtigte Schmuddeltalker der rote Teppich ausgerollt und des Gebührenzahlers Notgroschen angegriffen. Sogar die Landesanstalt für Medien Nordrhein-Westfalen fordert süffisant »eine medienkritische Magisterarbeit, die analysiert, warum zum Beispiel Johannes B. Kerner und Jörg Pilawa öffentlich-rechtliche Weihen erhielten«.[351]

Kerner wiederum lässt seine Kumpels vom Privatboulevard nachkommen und stellt seine nächtliche Dauerwerbesendung zum Beispiel RTL-Zugpferd Dieter Bohlen quasi als zweites Wohnzimmer zur Verfügung, Verwandtschaft eingeschlossen:

»Superstar« Mark Medlock darf den Verkauf seiner CDs an-
kurbeln und Ex-Gattin Verona Pooth regelmäßig über ihr ak-
tuelles Herzeleid klagen. Letztere wurde auch gleich an den
ARD-Geniestreich *Das unglaubliche Quiz der Tiere* weiterge-
reicht – kurz nachdem die Klatschpresse die Schulden ihres
Mannes auf über 20 Millionen Euro taxiert hatte.

Überhaupt gilt Kerner bei den Privaten als erste Adresse für
kostenlose Werbung, so etwa für Heidi Klum und ProSieben,
als sich am 20. Mai 2008 die gesamte Kandidatenschar der
Kinderberieselung *Germany's Next Topmodel* dem Altherren-
charme des Gastgebers aussetzte. Da durfte auch Frank Plasberg mit *Hart aber fair* nicht fehlen. Zwei Tage vor Klums Finale im Juni 2008 lud er unter anderem ein Jurymitglied und
eine Ex-Kandidatin zur Selbstdarstellung zum Thema Models.
»ProSieben hätte sich bessere kostenlose PR nicht wünschen
können«, fand *Spiegel Online*.[352]

Für viele Scheinwerferlichtgestalten von Sat.1 erweist sich
der Gebührenzahler als überaus großzügiger Arbeitgeber:
Sportschau-Frontfrau Monica Lierhaus wurde beim Müllfor-
mat *Blitz* sozialisiert, Dschungelcamperin Caroline Beil kam im
Sturm der Liebe unter, Frühstücksfernsehmamsell Andrea Kie-
wel war jahrelang im *ZDF-Fernsehgarten* und im MDR-Talk
Riverboat zugange, bevor sie 2007 wegen allzu penetranter
Schleichwerbung rausflog. Monica Ballhaus qualifizierte sich
als Wetterfee für den ZDF-Reißer *Volle Kanne*, aber auch ARD-
Beichtvater Reinhold Beckmann sowie *Tagesthemen*-Aushilfe
Susanne Holst feierten beim heutigen Heuschreckensender
einschlägige Erfolge.

Da außerdem die modebewusste Kriegsreporterin Antonia
Rados und der Tratschveteran Markus Lanz von RTL zum
ZDF übersiedelten und die ARD von ProSieben den Pöbelprofi
Oliver Pocher holte (»Mariah Carey sieht aus wie eine Press-

wurst«), mutet die Niveaukritik der Gebührensender an ihren eigenen Talentschmieden immer ein wenig skurril an – zumal die Jauchegrube immer mehr überschwappt. Dreister Höhepunkt war die ZDF-Zumutung *Nachgetreten*, laut *Süddeutsche* schon die »inoffiziell unlustigste Sendung der WM 2006«, in der das gesamte *Comedy-Prekariat* (Harald Schmidt) der Privaten zur EM 2008 erneut penetrante Eigenwerbung betreiben durfte.

7. Hauptfeind Unterschichten

Nach den Senioren ist die Unterschicht die zweite – und noch gefährlichere – aufstrebende Bevölkerungsgruppe, zumal Verstärkung in Sicht ist: Die Mittelschicht werde zusehends nach unten gedrückt, und die Arm-Reich-Schere öffne sich immer weiter, warnt im Mai 2008 die Unternehmensberatung McKinsey und empfiehlt – wer hätte das gedacht – eine firmenfreundlichere Politik und mehr Eigenverantwortung.[353]

Welt-Chefredakteur Thomas Schmid, in seinem früheren Leben Achtundsechziger und Mitbegründer der Gruppe *Revolutionärer Kampf*[354], freut sich, dass die Globalisierung »bald schon jeden zwingen wird, ein kämpferisches Leben in Reaktion auf Ungeahntes zu führen«, und empfiehlt, »darin auch Chancen zu sehen und zukunftsfroh die Kunst des Umgangs mit Unvorhergesehenem einzuüben«.[355]

Andere sehen das nicht so locker: Die uralte Erkenntnis, dass die Gesellschaft auseinanderbricht, wenn die Klassengegensätze zu groß werden, war schließlich eine Grundüberlegung zur Errichtung des Sozialstaates. Sie erlebt nun auch in den großen Parteien eine Renaissance. Wer aber dennoch unbeirrt dem »Sachzwang zur Verarmung der Bevölkerung« frönen will, ist

umso dringender auf die Verblödung der Unterschichten angewiesen.

Diese Erkenntnis stand Pate bei der Zulassung des Privat-
fernsehens, eine der ersten Amtshandlungen der schwarzgelben Koalition nach ihrer Machtübernahme im Jahre 1982 und
zu Recht »geistig moralische Wende« genannt.[356]

Folglich *zielt* das Unterschichtenfernsehen auf die sozial
Schwächsten, vor allem die Hartz-IV-Empfänger. Es *erreicht*
aber den geistig-kulturellen Bodensatz der Gesellschaft: Wer
halbwegs klar im Kopf ist, empfindet das Gros der Programme
als abartige Unverschämtheit.

Der Zielgruppe der sozial Schwachen ein Fernsehen für intellektuell und kulturell Zurückgebliebene anzubieten folgt der
Gleichung: »arm und arbeitslos = bekloppt und verwahrlost«.
Dies entspricht der neoliberalen Logik: Jeder erhält, was er verdient, und Arbeitslose bringen es halt nicht.

Da dies blanker zynischer Unsinn ist, kann man vom Pro-
grammangebot für Arbeitslose logischerweise nicht auf deren
Zustand schließen – wohl aber auf die Befindlichkeit der Macher selbst: Offenbar gehören zumindest einige der Lichtgestalten mit dem Mikro, die unter der nicht geschützten Bezeichnung »Moderatoren« auftreten, zur gleichen geistig-kulturellen Schicht wie ihre fiktive Zielgruppe. Wenn es auch kein
Sender an die große Glocke hängt, welche Mitarbeiter sich in
Behandlung befinden oder am Projekt »betreutes Moderieren«
teilnehmen, so sollte man beim Urteil über sie berücksichtigen,
dass man an die meisten von ihnen eben nicht dieselben Ansprüche wie an normale Medienleute stellen kann, und ihren
Mut bewundern, sich vom Schicksal nicht unterkriegen zu
lassen.

Deshalb wäre für ihre Auftritte auch die Kurzformel »Von Bekloppten für Bekloppte« taktlos und überdies unvollständig:

Wie wir ja schon gesehen haben, schließen Verdummung und Gehirnwäsche einander keineswegs aus.

Casting

Die Zuschauer von Schmuddeltalks und Castings geilen sich daran auf, wie Dilettanten und Zurückgebliebene sich bis auf die Knochen blamieren und fertiggemacht werden, und bilden sich ein, sie wären etwas Besseres. Ganz anders natürlich die kritischen und hochgebildeten Schöngeister, die ihrerseits über die Zuschauer von Schmuddeltalks und Castings herziehen …

Eigentlich ist das öffentliche Casting im Zweifel besser als die konspirative Besetzungscouch. Und auch die Mitbestimmung der Zuschauer hat etwas für sich, da die ja später die Musik herunterladen oder als CD kaufen und hören sollen.

Damit aber haben Castings wie Dieter Bohlens *Deutschland sucht den Superstar* (DSDS) bekanntlich nichts zu tun. Und, so könnte man fragen, welches echte Talent wendet sich schon ans Kloaken-TV und setzt sich dem »Urteil«, also den Pöbeleien und Anzüglichkeiten, dummdreister Juroren aus?

Zumal vor der Glotze laut *Spiegel* eine Generation hockt, »die ›Stars‹ gar nicht mehr anders kennengelernt hat denn als stetig wachsenden Haufen grenzdebiler Kurzzeit-Promis mit Woher-kenn-ich-bloß-das-Gesicht«, als »Heer verhaltensgestörter Kurzzeit-Freaks, Zielgruppen-Ikönchen und Nischen-Berühmtheiten«, als Menschen, »die für ein bisschen TV-Ruhm jede Demütigung ertragen und von Einpeitschern wie Dieter Bohlen schnell verinnerlicht bekommen, dass das Hochkommen und Obenbleiben ein ewiger Kampf ist, für den man seine Menschenrechte tunlichst an der Studiogarderobe abgeben sollte«.[357]

Wohnzimmerhäme für Voyeure

Bei DSDS geht es auch gar nicht um Musik und Talentsuche, sondern ausschließlich ums Anrufen – und zwar völlig egal, warum. Motto: »Anrufen ist nicht alles; aber ohne Anrufen ist alles nichts.« Dass irgendwelche indiskutablen »Moderatoren« vor lauter Tele-Staking, Werbepausen-Ankündigung und debiler Fragen nach dem Befinden der Kandidaten kaum einen geraden Satz herausbringen, ist weder wichtig noch ein Wunder.

Denn hier ist der Kunde König als gaffender Voyeur. Und man bietet ihm neben einer guten »Portion Wohnzimmerhäme« (Frank Plasberg) vor allem einen Abklatsch von US-Militärcamps, wie auch *taz*-Autorin Renée Zucker findet: »Echte Full-Metal-Jacket-Shows. Den Stolz des jungen Menschen brechen, ihn beleidigen und öffentlich zur Schau stellen, um ihn im letzten Moment wieder aus der Gülle zu ziehen, so dass nur noch Dankbarkeit und emotionale Abhängigkeit gegenüber dem Schleifer bleiben.«[358] Nicht zu vergessen der »unerhörte Skandal« als Salz in der Suppe: Angeblich gerade aufgetauchte »peinliche Details« über Achims Stricher-Leben oder Paulas Knasterlebnisse werden vermutlich vorher minutiös geplant, die Skandaltypen extra deshalb ausgewählt und ihre Geschichtchen über *Bild* bis in die Abfallformate von ARD und ZDF lanciert.

Immerhin: Bei der Staffel 2008 gab es 28.290 Bewerber, die Einschaltquote lag bei 19 Prozent, und es sahen 44 Prozent der 14- bis 29-Jährigen zu und 39 Prozent der 3- bis 13-Jährigen.[359] Da will man sich die Eltern, sofern sie überhaupt dabeisaßen, besser gar nicht erst vorstellen.

Das absolute Glanzlicht in Sachen Gossen-TV aber liefert Sat.1 mit dem Menschenjägerformat »Gnadenlos gerecht«. Mit dem Vorführen angeblicher Hartz-IV-Betrüger liefert der Sender nach Auffassung des *Spiegel* »populistisches Denunzianten-TV der übelsten Sorte«.[360] Mit in vorderster Front beim »Halali«: Helena Fürst vom Sozialamt des Kreises Offenbach – mit freundlicher Genehmigung ihrer Behörde.

Auch hier gilt: Die wahre geistig-kulturelle Kloake der Gesellschaft sitzt weder vor der Glotze noch vor der Kamera, sondern in den Sendern. Und wenn die Staatsorgane schon Leute dingfest machen: Sind arme Würstchen, die den Staat um 12,50 »abzocken«, wirklich krimineller als gewohnheitsmäßige moralisch verwahrloste Volksverhetzer?

Verblödung in der Verblödung

Bei Millionen Anrufen zu fünfzig Cent sind »Ungereimtheiten« eigentlich überflüssig. Aber im Frühjahr behauptete der Kandidat Max Buskohl in Interviews, RTL habe ihn überredet, seinen Ausstiegsplan nicht sofort, sondern erst am Tag nach der nächsten Entscheidung bekanntzugeben. Der Sender bestreitet dies entschieden, denn dies würde ja heißen, man habe die Zuschauer für teures Geld abstimmen lassen, obwohl da nichts mehr abzustimmen war. Von den 14 zuständigen Landesmedienanstalten ist in derlei Fällen übrigens nichts zu erwarten – und zwar wegen der berüchtigten neoliberalen »Standortpolitik«. Man versucht »Fernsehsendern in ihrem Land möglichst kuschelige Rahmenbedingungen zu verschaffen«.[361]

Heidi oeconomica: »Gib den Augenaufschlag deines Lebens«

Die Kultsendung *Switch* von ProSieben parodiert Fernsehprominenz: Ob Beckmann oder Kleber, Silbereisen oder Mälzer – alle werden in Wort und Mimik gnadenlos überzeichnet. Nur Heidi Klum wird dargestellt, wie sie ist: Offenbar ist das Original in Sachen dussliges Gequatsche und gekünstelte Gesten nicht zu toppen. Dass die Frontfrau von *Germany's Next Top-*

model überhaupt der Rede wert ist, liegt am Marktanteil bei 14- bis 29-jährigen Frauen von 45 Prozent.

Renée Zucker beschreibt das Model und ihr Werk so: »Die Mädchen bemühen sich mit allen Kräften, das zu erlangen, was ihnen diese dumme Bergisch Gladbacher Pute als ›Persönlichkeit‹ verkauft. Eine Persönlichkeit, die so unnatürlich läuft, dass es einem schon beim Zugucken wehtut, die alles macht, was andere von ihr verlangen, die sich von einer schurigeln lässt, die nicht richtig Deutsch kann und auf Englisch nur amerikanische Phrasen beherrscht und deren beste Zeiten längst vorbei sind.«[362] Allerdings kann die »Pute« auch giftig werden. Als in der Sendung am 1. Mai 2008 eine Kandidatin zugunsten einer anderen auf einen Fototermin verzichtete, explodierte die Bergische Heidi und klärte das solidarische Mädchen darüber auf, wer auf andere Rücksicht nehme, könne niemals »Next Topmodel« werden.

Heimtückisch, hinterhältig, skrupellos, egoistisch und reichlich die Ellenbogen einsetzen auf dem Weg nach oben: Der Homo oeconomicus als Erfolgsrezept und Menschenbild – das ist die eigentliche Botschaft dieser Art von Casting an die Unterschichten. Da strahlt Frederik Hanssen vom *Tagesspiegel*: »Mit ›DSDS‹ leistet RTL vielleicht mehr für das soziale Miteinander in diesem Land als so manches wohlmeinende Programm der politisch Überkorrekten.«[363] Begründung: Die Endrunde 2008 sei ein »Migrantenstadl«, da neun der zehn Kandidaten aus Einwandererfamilien stammten.

Will sagen: Die deutsche Unterschichtjugend ist noch nicht entwürdigt und perspektivlos genug, um sich von diesem dummfrechen Jurorenhaufen beleidigen und herumkommandieren zu lassen, oder in neoliberalem Neusprech: »Den stärksten Aufstiegwillen zu zeigen«.

Im Prinzip freiwillig

Überhaupt geschehe ja alles völlig freiwillig, außerdem sei gerade das fiese und hemmungslose Mobbing eine gute Schule für das Leben in der Marktwirtschaft. Beidem kann man nicht widersprechen, wie ja auch die neoliberale Behauptung von der »freiwilligen Arbeitslosigkeit« formal stimmt. Nur ist dann natürlich auch die Lösegeldzahlung für ein entführtes Millionärskind freiwillig, wie sich überhaupt sämtliche Erpressung und Nötigung in Freiwilligkeit auflöst. Andererseits ist ebenfalls klar, dass unabhängig von materieller Armut ein gewisser geistig-kultureller Bodensatz der Gesellschaft so ziemlich alles tut, reich und berühmt zu werden: Selbst Vermögende und »Leute aus gutem Haus« begeben sich in ihrem verzweifelten Kampf um Medienpräsenz in unterste Gefilde, man denke nur an gewisse Partygirls oder Prinzen in gewissen Dschungelcamps. Gerade diese Mischpoke trifft man aber kaum unter der Casting-Kundschaft. Vielmehr fallen bei den meisten – um es diplomkaufmännisch auszudrücken – materielle und immaterielle Ressourcenknappheit zusammen. Nur so ist es möglich, 28.000 Leute nach einer einzigen Superwurst springen zu lassen, die auch noch äußerst begrenzte Qualität und Haltbarkeit besitzt. Das Ganze erinnert an die letzten Tage des antiken Rom, als ein Sklave mehrere andere töten musste, bis ihm die Freiheit geschenkt wurde.

»Lebenshilfe« I:
Rückkehr der mittelalterlichen Behindertenschau

Wichtiges Markenzeichen der Privatsender ist neben dem Menschenzirkus als dem »Fegefeuer des Fäkalfernsehens« *(Spiegel)* der Schmuddeltalk: Betrunkene, verwahrloste, körperlich entstellte oder einfach grelle Figuren kreischen, flennen, pöbeln oder greifen einander tätlich an und »gestehen« – motiviert durch etwa 300 Euro Gage und aufgehetzt von erregten Moderatoren plus hochgepeitschtem Publikum –, dass sie sich nie waschen, zu faul zum Arbeiten oder sexuelle Selbstversorger sind und was das Obszönitätenarsenal sonst noch so hergibt.

Nun liegt auf der Hand, dass Gossentalker wie Oliver Geissen mit seiner »gleitcremigen Art der Menschenzurschaustellung« *(Süddeutsche)*, Krawallschachtel *Britt* Hagedorn mit Themen wie »Ich schlage zu, na und« oder Schmuddel-Veteranin *Vera IntVeen* mit Hirnverbrennung à la »Warum bist du gegangen? Tote antworten« ihrerseits erstklassige Belustigungsobjekte und sogar die eigentlichen Opfer sind, deren Therapeut vermutlich hinter der Bühne wartet.

Die sonderbaren Studiogäste dagegen – meist Hartz-IV-Empfänger und für jeden Euro dankbar – geben einige Minuten lang den Proll, nehmen die Kohle und verschwinden wieder. Motto: »Mit den gestörten Klapspaten daheim vor der Glotze haben wir sowieso nichts zu tun. Was sollte uns also peinlich sein?«

Gerade diese Couchpotatoes aber sind die Zielgruppe: sie sollen sich freuen können, dass andere noch mieser drauf, noch mehr vom Schicksal benachteiligt sind als sie selbst – oder einfach sinnlos ihre Zeit herumbringen. Jedenfalls sind sie auch beim blödesten Programm besser aufgehoben als beim kritischen Lesen oder gar Demonstrieren.

Fragt man die Macher aber nach dem Sinn ihres Treibens, so lautet die einhellige Antwort, man würde den Teilnehmern »psychologische Lebenshilfe« leisten. Nun kann man bezweifeln, ob man seelisch gestörte Moderatoren weiterbringt, indem man sie öffentlich lächerlich macht. Richtig daran ist aber, dass selbst niederster Schmuddeltalk kaum schlimmer ist als die offizielle »Lebenshilfe« der Sender.

Ob saubermachen, entrümpeln, einrichten, renovieren, mit Geld umgehen, Kinder erziehen oder Beziehungsprobleme lösen: Unterschichtler bekommen nichts auf die Reihe und müssen sich ausgerechnet vom Privatfernsehen helfen lassen. Dabei wirken die Akteure durchaus sozial vernachlässigt, kulturell verkommen und hilfsbedürftig – allerdings weniger die angeblichen »Prekarier« als vielmehr die hilfreichen »Spezialisten«.

Wie deren Hilfe aussieht, zeigt beispielhaft die tägliche Pseudoberatung *Zwei bei Kallwass,* die für SAT.1 immerhin fast zwei Millionen Voyeure anlockt. Nach vier Wochen mit echten Klienten war es den Quotenjägern noch nicht lebensecht genug. Seither sagen Laienmimen irgendwelche abwegig konstruierten Psychoprobleme auf, die die echte Diplom-Psychologin und Modehausleiterin Angelika Kallwass dann reißerisch »löst«.

Noch ekliger allerdings ist die RTL-Menschenschau *Raus aus den Schulden* des Unterschichten-Vorführers Peter Zwegat. Zur Belustigung eines schadenfrohen Publikums präsentiert er verschuldete, meist verwahrloste und überforderte Mitbürger in ihrer Verzweiflung und gibt billige, altkluge Ratschläge.

Dass ZDF-Superstar Kerner mit dem RTL-Müllwerker Zwegat zuweilen auch arglose Gebührenzahler belästigt, wie etwa beim Hilfsschülerkongress *Wie schlau ist Deutschland* am 4. Juni 2008, ist Ehrensache.

Wie vor allem die Privatsender routinemäßig mit der Menschenwürde umgehen, war im August 2008 sogar Gegenstand eines Justizprozesses. Die Pressekammer des Landgerichts München I verurteilte *ProSieben* zur Zahlung von 5.500 Euro Schmerzensgeld an einen slowakischen Hamburger-Brater, der in einer Gerichtsvollzieher-Reportage verschlafen und nur mit Unterhose bekleidet einem Millionenheer von Fernsehgaffern vorgeführt worden war.

»Lebenshilfe« II:
Die Ossis als arbeitsscheue Faschisten?

Manchmal dient »Lebenshilfe« auch zur Pauschaldiffamierung sozial schwächerer Ostdeutscher. So lobt Reinhard Mohr in *Spiegel Online* unter der Überschrift *»Nu aber«-Beratung im Plattenbau* die RTL-Menschenvorführerin Katharina Saalfrank alias *Super-Nanny:* »Immerhin kämpft sie tapfer an der vordersten Front des sozialpädagogischen Prekariats ... um im Chaos überforderter Familien am rechtsradikalen Rand des Nervenzusammenbruchs eine halbwegs demokratische Grundordnung zu schaffen.« Und dann erst *Die Arbeitsbeschaffer!* Eine Szene mit einem »Arbeitslosen«, von dem man nicht erfährt, wie viel Geld er für den Auftritt erhielt und wer ihn dermaßen auf verlottert getrimmt hat, kommentiert Mohr so: »So, wie Rainer im Schlabber-T-Shirt samt Mottenloch zu den Bewerbungsgesprächen erscheint, ... signalisiert er nur eines: Ihr könnt mich mal, ich muss gar nix! Empört steht er auf und reißt sich das Mikro vom Schmuddelhemd.« Und: »Er sieht sich als Opfer, und das gibt ihm alles Recht der bösen Welt. Schuld haben immer nur die anderen, und im Zweifel verharrt er lieber im bekannten Luxuselend, als wirklich etwas Neues anzugehen.« Und ausgerechnet dieses Schmuddelformat eines Senders, dem Klardenkende nicht einmal die eingeblendete Uhrzeit glauben, ist für Mohr »eine kleine Schule der Wirklichkeit mit einer unschönen Erkenntnis: Trotz eines Rekordstands von beinahe 40 Millionen Arbeitsverhältnissen wissen viele in Deutschland gar nicht mehr, wie das geht: leben und arbeiten auf eigene Rechnung und Verantwortung.«[364]

Die eigentliche »unschöne Erkenntnis« ist eine andere: Trotz Joschka Fischer, Otto Schily oder Daniel Cohn-Bendit staunt man immer wieder, wie tief frühere »Linksradikale« abrutschen können, wenn es mit der Karriere als Berufslinker nicht klappt. Reinhard Mohr schrieb für das Spontiblatt *Pflasterstrand*, landete aber nach Gastspielen für *taz* und *FAZ* bei *Spiegel Online*.

Schleichwerbung – Die gesunde Portion Krankheit

Zuweilen wünscht sich auch der modernste Hausarzt, manche Patienten würden noch an den »Halbgott in Weiß« glauben und sich nicht in die Behandlung einmischen. Zum Beispiel, wenn sie ihm ganz aufgeregt von einer Szene aus der ARD-Ärzteserie »In aller Freundschaft« erzählen:

> Klinikärztin Dr. Elena Eichhorn sagt zum Epilepsie-Patienten Klaus Ritter nach einem Anfall: »Es gibt ein neues, hochwirksames und sehr gut verträgliches Anti-Epileptikum. Das ist ein sogenanntes add-on-Präparat…« (in diesem Moment bringt Klinikarzt Dr. Brentano die neue Packung) »… das sie zusätzlich zu Ihren bisherigen Medikamenten einnehmen werden.« Dr. Elena Eichhorn reicht ihm die Packung ins Krankenbett: »Mit diesem neuen Medikament werden wir ihre Anfallshäufigkeit deutlich reduzieren.«[365]

Echte Ärzte stöhnen, sie hätten dann oft nur noch die Wahl, dem Patienten das Präparat zu verschreiben oder ihn an weniger gewissenhafte Kollegen zu verlieren. Einzelfälle?

Wie der *Stern* im August 2007 aufdeckte, war die von der ARD-eigenen *Bavaria Film* produzierte Serie »regelrecht verseucht mit Pharmaschleichwerbung« gleich mehrerer Konzerne. Über 250.000 Euro habe die Bavaria-Tochter BSM dafür allein zwischen 2002 und 2004 kassiert.

Schon harmlos dagegen erscheint, wenn der MDR unter dem Vorwand »Diäten-Test« ein konkretes Schlankheitsmittel empfiehlt – mit »kritischen Einschränkungen«, versteht sich. Und der Rauswurf der Moderatorin Andrea Kiewel durch ZDF und MDR wegen penetranter Schleichwerbung für Schlankheitskurse ist ja noch in bester Erinnerung.

Bei diesem Geschäft dürfen natürlich auch Blätter wie Burdas *Bunte Gesundheit* nicht fehlen, die zu 80.000 Exemplaren in den Wartezimmern ausliegt und der die *Zeit* eine »unheilige Allianz mit Pillendrehern« vorwirft. »Ob Panikmache in Sachen Schilddrüse, fragwürdige Versprechen zur Wirksamkeit von Alzheimer-Medikamenten oder Artikel, die thematisch genau auf Anzeigen der Werbepartner wenige Seiten vor oder hinter dem Bericht plaziert sind – in fast jeder Ausgabe von *Bunte Gesundheit* steckt die Botschaft: Hier ist ein Medikament, von dem Sie noch gar nicht wussten, dass Sie es brauchen!«[366]

Typisch sind Ratschläge wie der des Münchner Kardiologen Rudolf Blasini: »Bestehen Sie neben den üblichen Herzmedikamenten auch auf entzündungshemmende Mittel. Bestes Beispiel: niedrig dosierte Acetylsalicylsäure (ASS).« Kommentar der *Zeit* »Ein Glücksfall für Hexal, bei dem der Arzneimittelklassiker seit Jahren zu den Umsatzrennern zählt.«[367]

Aber damit nicht genug: Man redet auch völlig gesunden Menschen ein, sie wären krank und brauchten teure Medikamente, indem man sich Krankheiten ausdenkt. Pharmakonzerne sponsern laut *Spiegel* die Erfindung ganzer Krankheitsbilder, wie »soziale Phobie, Internet-Sucht, erhöhter Cholesterinspiegel,

larvierte Depression, Übergewicht, Menopause, Prä-Hyperto-
nie, Weichteilrheumatismus, Reizdarmsyndrom oder erektile
Dysfunktion«.[368]

Da bleibt eigentlich nur, buchstäblich jede mediale Erwähnung
einer Krankheit oder Arznei für gekauft zu halten und zunächst
»den Arzt oder Apotheker« zu fragen – am besten gleich mehrere, damit man einen integren erwischt.

Schleichwerbung ist ohnehin eine Passion der Öffentlich-
Rechtlichen (von den Privaten erwartet man ja ohnehin nichts
anderes):

- die ARD-Serie »Marienhof« verwandelte sich wochenlang
  in ein *TUI*-Reisebüro und machte 117-mal Schleichwerbung;
- der WDR sperrte 67 Filme und zwei Serien, darunter 38
  Tatort-Folgen und 13 *Schimanski*-Krimis, in denen Schleichwerbung plaziert war;
- das ZDF verkaufte Schleichwerbung in der Serie »Samt und
  Seide« an den *Kaufhof* und in der Serie »Sabine« an *Volks-
  wagen* und die *Deutsche Post*. Veronica Ferres war auf dem
  Traumschiff mit Kosmetika des *Henkel*-Konzerns zu bewundern und »Wetten, dass …« ist ohnehin eine Dauerwerbesendung.

Nicht ganz ohne ist auch die permanente Schleichwerbung in
ARD-Magazinen wie *Brisant*, sei es durch die ständige Quellenangabe *Bild* oder *Bild.de*, sei es durch ausführliche Hinweise
auf andere Produkte des *Axel Springer Verlags*, wie etwa auf
TV-Zeitschrift *HörZu* zur 700. Folge des *Tatort* am 15. Mai
2008.

Wer hat es erfunden? Das Trashfernsehen.

Schon im Oktober 1982 hatte Helmut Kohls Bundesprivatfern-sehminister Christian Schwarz-Schilling die Erwartung geäu-ßert, »dass der Empfang der vielen Programme in den ersten Monaten wie eine Narkose wirken kann«.[369] Gut 25 Jahre spä-ter kann die Ernte eingefahren werden. Das Fernsehen mache »dick, dumm, traurig und gewalttätig«, bilanziert Familien-ministerin Ursula von der Leyen,[370] und Bernhard Vogel, als damaliger rheinland-pfälzischer Ministerpräsident ein Steig-bügelhalter der Privaten, sieht »das Kulturgut Fernsehen« in Gefahr.

Tatsächlich: »Sexy Clips, Dschungelshows, debile Manga-Co-mics, Menschenhaltungsformate wie Big Brother, bizarre Do-ku-Filme, Spielfilme mit Action und Trallala, auf der anderen Seite kaum Nachrichten oder anspruchsvolle Informationssen-dungen – für Wertkonservative ist es eine Mixtur des Grauens, die sie da geschaffen haben.«[371]

Selbst Günther Oettinger schimpft plötzlich auf das »Scheiß-Privatfernsehen«[372] und nennt RTL 2 und Super RTL. Denn wie zum Beispiel der Schmuddelsender RTL 2 die lieben Klei-nen während des Kinderprogramms via Bildschirmtext auf Pornoseiten locken will, ist selbst für manchen moralresisten-ten Neoliberalen zu viel freie Marktwirtschaft: »Black Girls 19+ glatt rasiert. Eng und nass!«, »Diese Oma verträgt alles.«, »Transen stecken alles rein.«, »Wähl die Seite an und dann schön dein Ofenrohr polieren!!!« und so weiter und so fort. Erst als das NDR-Magazin *Zapp* diesen Lesestoff für die Kleinen ans Tageslicht bringt, verschwindet er aus dem Pro-gramm.[373] Dazu passt die Forderung der Privaten, für »beson-ders wertvolle Inhalte« ebenfalls Geld vom Gebührenzahler zu erhalten.[374]

Inzwischen belegen Studien, dass diese »besonders wertvollen Inhalte« zumindest die Jugendlichen verblöden: Je länger Zehn- bis Fünfzehnjährige vor der Glotze oder der Playstation hocken, desto schlechter sind sie in der Schule, ermittelte zum Beispiel das Kriminologische Forschungsinstitut Niedersachsen. Schon macht unter Lehrern das Wort vom »Bethlehemitischen Kindermord der Moderne« die Runde.[375] So viel könnten die Pädagogen gar nicht richtigstellen und beheben, wie das unterbelichtete Gesindel in Schmuddeltalks, Gerichtsshows, Menschenzoos oder Events à la »Deutschland sucht« anrichte.

Allerdings sollte man die Dinge nicht auf den Kopf stellen: Unterschichtenfernsehen verblödet zwar gewisse Schichten mehr und mehr, aber es produziert sie nicht. Das Zweiklassenfernsehen – Niveauvolles gibt es ja nicht nur bei *Arte* ebenfalls reichlich – kann zwar »die Klugen klüger und die Dummen dümmer« machen; aber es macht ja nicht die Armen ärmer und die Reichen reicher: Die Unterschicht wird von der freien Marktwirtschaft produziert, und damit auch die »Nachfrage« nach Idioten-TV.

Der ultimative Rundumschlag

Während Götz George – wie berichtet – seinen Ekel nur auf die »Knalltüten« auf Empfängen bezog, setzt Kritiker-Legende Marcel Reich-Ranicki bei der Verleihung des Deutschen Fernsehpreises im Oktober 2008 in Sachen Niveaukritik noch einen drauf: Er lehnt die Ehrung für sein Lebenswerk rundweg ab, nennt die ganze Veranstaltung »Blödsinn« und sagt über die teils unterirdischen Preisträger »Ich gehöre nicht in diese Reihe«. Dabei zieht Moderator Thomas Gottschalk seine ursprünglich als feierliches Finale geplante Ehrung sogar noch vor. »Bei den durchweg peinlich-dümmlichen Einlagen hatte der Literaturpapst immer häufiger auf die Uhr geschaut, als wolle er jeden Augenblick den Saal verlassen.«[376]

Unterstützung erhält er von der ZDF-Buchvorstellerin Elke Heidenreich *(Lesen!)*, die die Preisverleihung ganz unbefangen als »hirnlose Scheiße« identifiziert: Natürlich sei »ein unterhaltender Abend für intelligente Menschen« möglich. »Aber eben nicht bei ZDF, ARD, Sat.1 und RTL. Und schon gar nicht mit Thomas Gottschalk.« Und weiter: »Wie jämmerlich die dargebotenen Produkte und Arbeiten in der Mehrzahl waren, wie jämmerlich unser Fernsehen ist, wie arm, wie verblödet, wie kulturlos, wie lächerlich. Wieso darf ein Simpel namens Atze Schröder da vorn seine Possen reißen? Wieso wird eine unterirdische Sendung wie ›Deutschland sucht den Superstar‹ zur besten Unterhaltungssendung gekürt? ... Ich dachte, was für eine Zumutung diese armselige, grottendumme Veranstaltung für ihn sein müsse.« Die nominierten Filme und Serien seien in der Mehrzahl »jämmerlich«. Ihr Fazit: »Man schämt sich, in so einem Sender überhaupt noch zu arbeiten. Von mir aus schmeißt mich jetzt raus, ich bin des Kampfes eh müde.«[377]

8. Religion

Da 70 Prozent der Deutschen einer christlichen Kirche angehören, liegt hier ein wichtiges Feld der Massenverblödung. Wenn heute die Amtskirchen und erst recht Politiker von Christentum und Religion reden, dann denken sie natürlich nicht an philosophisches Gedankengut wie etwa die erwähnte Papst-Enzyklika. Eher schon meinen sie im Sinne von Karl Marx Religion »als Seufzer der bedrängten Kreatur, das Gemüt einer herzlosen Welt, wie sie der Geist geistloser Zustände ist«, also als »Opium des Volkes«.[378]

Aus Sicht der Herrschenden ist Religion nichts anderes als ein Mittel, die Bürger daran zu hindern, »alle Verhältnisse umzuwerfen, in denen der Mensch ein erniedrigtes, ein geknechtetes, ein verlassenes, ein verächtliches Wesen ist«.[379] Während der Papst als Wissenschaftler diesem Ziel – wie oben gesehen – durchaus positiv gegenübersteht, kommt es ihm als Volkstribun unisono mit den Herrschenden aber gerade auf Ablenkung von diesem Ziel an, auf Vertröstung ins Jenseits. So wurde hierzulande das »christliche Menschenbild«, das im Grunde ein weltumspannend anerkanntes »humanistisches Menschenbild« ist, zum neoliberalen Zerrbild.

Die deutsche Bischofskonferenz ließ sich von der INSM ihr Impulspapier *Das Soziale neu denken*[380] schreiben, wonach Sozialabbau und Umverteilung von Arm nach Reich der Wille Gottes und Kritik daran ein »Neidkomplex« sei. Demgegenüber forderten sogar Jesuiten wie der Ethikprofessor Friedhelm Hengsbach, die Kirche solle lieber »Das Neue sozial denken«[381], und christliche Politiker wie Heiner Geißler fragten: »Was würde Jesus heute sagen?«[382]

Wie ernst es der Amtskirche mit der Verblödung ist, zeigt der vom Vatikan völlig ernsthaft betriebe Exorzismus, den – wie konnte es anders sein – der offizielle kirchliche Teufelsaustreiber Don Gabriele Nanni bei *Kerner* vorstellte, sekundiert von einem *Bild*-Schreiber, der zum Besten gab: »Ich bin überzeugt, dass es den Teufel gibt. Ich habe es selbst gesehen.«[383]

Auf diesem *Bild-Kerner*-Niveau erklärt dann der Vatikan seit jeher jeden nicht sofort erklärbaren Mist zum »Wunder« und hat bei den Deutschen bis heute Erfolg: 56 Prozent glauben tatsächlich an Wunder.

Grund genug für Maybrit Illner, »die neue Sehnsucht nach der Spiritualität« auszurufen und als Kronzeugen mit Jakobsweg-Verwurster Hape Kerkeling natürlich wieder einen Sat.1-Scherzkeks zu den Öffentlich-Rechtlichen einzuladen.

Besonders dankbare Opfer für derlei esoterische Sperenzchen scheinen die »hochreligiösen Menschen«, zu denen laut Bertelsmann-Stiftung jeder fünfte Deutsche zählt.[384] »Hochreligiöse« Fußballer bekreuzigen sich und meinen, beim Spiel München gegen Petersburg würde Gott auf ihrer Seite stehen, weil sie mehr Getaufte im Team haben. Wenn »hochreligiöse« Lottospieler den Jackpot knacken, glauben sie, Gott persönlich verschaffe ihnen leistungslosen Reichtum, während er in Afrika Kinder verhungern lasse. Besonders »Hochreligiöse« treten für Kreuzzüge gegen den Islam, für Folter und sogar Präventivtötung von Kritikern der freien Marktwirtschaft ein, die sie natürlich ebenfalls für »gottgewollt« erklären.

Kurzum: Gerade »hochreligiöse« Christen praktizieren so ziemlich das Gegenteil dessen, was ihr eigener Gott, der überlieferte Christus, erzählt: auf Erden alles abgreifen, was bei drei auf den Bäumen ist, und gleichzeitig in den Himmel kommen – das ist der große Selbstbetrug und die große Massenverblödung gleichermaßen. Jesus nämlich, den viele unserer Politiker, Wirtschaftsbosse und Dividendenmilliardäre vorgeblich für Gottes Sohn halten, sagt laut Neuem Testament relativ eindeutig: »*Es ist leichter, daß ein Kamel durch ein Nadelöhr gehe, als daß ein Reicher ins Reich Gottes komme.*«[385] Und wäre ein heute lebender Jesus nicht längst ins Visier von Innenminister Schäuble geraten, wegen der verfassungsfeindlichen Worte: »Wehe euch, ihr Reichen! Denn ihr habt euren Trost schon gehabt. Weh euch, die ihr satt seid, denn ihr werdet hungern. Wehe euch, die ihr jetzt lachet; denn ihr werdet trauern und weinen.«[386]?

Vor allem die Bergpredigt und die vielen Passagen über die Nächstenliebe und den schweren Weg der Reichen ins Paradies erklären die neoliberalen »Christen« faktisch zu belanglosen Karnevalsscherzen Gottes. Außerdem habe Jesus die Sachzwänge der Globalisierung noch nicht gekannt, ebenso wie sein Vater noch nicht wissen konnte, dass »die Zehn Gebote als ökonomische Kalkulation zu betrachten« seien, wie erst Ethikprofessor Karl Homann dem Allmächtigen beibrachte.[387]

Dass es sich bei dieser Art »Christentum« in Wahrheit um hirnverbrannten und teilweise gemeingefährlichen Aberglauben handelt, bestätigt auch eine Allensbach-Umfrage, wonach jeder zweite Deutsche an Glücksbringer wie vierblättrige Kleeblätter oder Sternschnuppen oder an Unglücksboten wie die Zahl 13 glaubt. Damit sind mehr Menschen dem Hokuspokus verfallen als vor 25 Jahren, Tendenz steigend.

Dies wiederum wittern die Geldmacher als Goldgrube, denn im einfachen Volk gibt es genügend Selbstlose, die nach der Bergpredigt oder einfach nach den Spielregeln der Menschlichkeit leben wollen und sich vielleicht ausnutzen lassen. So schreibt das neoliberale Bollwerk Bertelsmann-Stiftung: »Hohe Religiosität scheint eine große zivilgesellschaftliche Ressource zu sein. So übten nur 19 Prozent der Nichtreligiösen und 26 Prozent der durchschnittlich Religiösen, aber 43 Prozent der Hochreligiösen ein freiwilliges unbezahltes Ehrenamt aus.«[388]

Die Jugendoffensive verläuft allerdings ein wenig zählebig: Seit der erste ökumenische Kirchentag 2003 in Berlin mit dem Event »Woodstock in der Waldbühne« auch die werberelevante Zielgruppe »14 bis 49« anpeilte, fällt bei allen derartigen Veranstaltungen das Werbewort »Woodstock«. Und die Rentner von morgen nehmen diese Treffen auch gern mit; auf dem Weltjugendtag 2005 in Köln feierten sie sogar den Papst. Aber Köln ist nicht Hameln, und so zweifelten selbst Kirchenobere, ob das Ganze auch ein Sieg für die verlogene Sexualmoral und die Flucht aus der Realität war. Laut *Spiegel Online* verkam die

Begegnung mit dem Papst »in den Straßen Kölns des Öfteren zu albernem Gaffertum. Mädchen kreischten sich heiser, wie ihre Mütter es früher vielleicht bei Auftritten der Beatles taten.«[389]

Nach Massentaufe im Rhein klingt das jedenfalls nicht. Und wenn diese Jugendlichen in eine Parallelwelt abdriften sollten: die miefige, marktwirtschaftlich angehauchte der Amtskirchen dürfte es kaum sein.

Nun ist es ohnehin nicht so, dass den Herrschenden oder den Amtskirchen ein Volk ehrlicher Christen besonders am Herzen läge. So ist dem Papst die Befreiungstheologie, also der Einsatz der Christen für die Armen in der Dritten Welt, ein Greuel (»Jesus war nicht Spartakus«[390]). Christen sollen offenbar lieber zur Rettung des christlichen Abendlandes gemeinsam mit Bischof Wolfgang Huber und Kardinal Joachim Meisner gegen Moscheen protestieren. Vor allem aber sollen sie dem Hier und Heute entfliehen und sich auf das Jenseits freuen.

9. Die Parallelwelt

Die heutige Variante des Programms *Brot und Spiele* ist aber durchaus ein zweischneidiges Klappmesser.

Einerseits kann die Flucht in Traumwelten jene Spannungen und Aggressionen abbauen, die sich durch den Alltagsfrust ansammeln und aufstauen. So sind altersarme Senioren, herumgeschubste Sekretärinnen, zukunftslose Schüler, existenzbedrohte Kleingewerbler und gedemütigte Hartz-IV-Empfänger bei Pilcher oder PC-Spielen, in Fanclubs oder Sekten besser aufgehoben als bei Gewerkschaften, Bürgerinitiativen, politischen Gruppen oder Demonstrationen.

Hier im Nirwana können sie ohne Gefahr für die Reichen und

Mächtigen die Regeln und Normen »der Gesellschaft« – also die »des Marktes« – außer Kraft setzen und sich eine gerechte Gesellschaft oder wenigstens ein besseres Leben zurechtphantasieren.

Andererseits besteht die Gefahr, dass Tagträumer ihre wunderschöne Parallelwelt in Realität verwandeln wollen – vor allem wenn ihre Träume für andere Wirklichkeit sind. Wieso soll man nicht das Leben der Reichen und Schönen durch »Eigentumsdelikte« ansteuern, wieso nicht den Wunschpartner durch Stalking oder »Verbrechen gegen Leib und Leben« erobern, wieso nicht den »Respekt der Gesellschaft« nach Django-Art erkämpfen und wieso nicht den angeblichen Willen Gottes durch Attentate gegen Abtreibungskliniken, Morde an Homosexuellen und Jagd auf Ungläubige durchsetzen?

Jedenfalls erweist sich die Hoffnung, dass Realitätsflucht zwangsläufig als friedliche individuelle Vereinsamung und soziale Isolation auftritt, ebenfalls als Tagtraum.

Und selbst wenn nicht: Gerade in Zeiten des wirtschaftlichen Aufschwungs stellen die Reichen und Mächtigen fest, dass umfassende Massenverblödung auch *zu* erfolgreich sein kann: Weil eben nicht das Kapital arbeitet und Werte schafft, sondern man dafür noch immer menschliche Arbeit benötigt, ist das Geschrei groß, wenn Jugendliche für Lehrstellen, ausgegliederte Arbeitslose für geregelte Jobs und Geringqualifizierte für anspruchsvollere Tätigkeiten ungeeignet sind.

Nimmt man dann noch den Umstand hinzu, dass die heutigen Witzfiguren namens *Eliten* dieses Spannungsfeld zwischen Verblödung und Brauchbarkeit im Wirtschaftsprozess großenteils nicht einmal intellektuell erfassen, dann nähert sich die Gesellschaft immer mehr dem Tanz auf einem Vulkan.

Teil V
Bildung

Das wohlklingende Gerede von der *Bildungsgesellschaft* ist in erster Linie ein neoliberaler Taschenspielertrick. Er weist nämlich dem Einzelnen die alleinige Verantwortung für sein Schicksal zu und nimmt die Wirtschafts- und Gesellschaftsordnung völlig aus der Schusslinie: Wer einen schlechten oder gar keinen Job hat, der hat eben nicht genügend oder das Falsche gelernt. Selbst als die Blase der *New Economy* platzte und Hunderttausende von fachlich gut ausgebildeten Akademikern auf die Straße spülte, war nicht die Finanzwirtschaft schuld, sondern der Hochschulabsolvent. Selbst wenn jemand hundertundeine Theorien draufhatte – tja: er hätte sich eben um die hundertundzweite kümmern sollen. Aber selbst wenn man diesem unverfrorenen »selber schuld« folgt, stößt man auf blanke Heuchelei.

Fragt man nämlich einen Koalitionspolitiker nach Chancengleichheit bei der Bildung, so sieht er einen an, als habe man ihn aufgefordert, all sein Hab und Gut den Armen zu schenken. Tatsächlich ist es mit der Forderung nach »Bildung für alle!« wie mit einer ständig geplatzten Verabredung: Nach dem dritten Mal befürchtet man, nach dem fünften Mal ahnt man und nach dem zehnten Mal weiß man, dass das nie etwas wird.

Nicht zufällig ist das Jammern über die »Bildungsmisere« so alt wie die Aufklärung: Statt auf irgendwelche Götter zu vertrauen, sollte der Mensch den eigenen Verstand benutzen. Schon bald aber wurde unter dem Schlachtruf *Wissen ist Macht* die »Bildung« unter der Hand zur Ersatzreligion, zum »Vehikel, mit dem Unterschichten, Frauen, Migranten, Außenseiter, Behinderte und unterdrückte Minderheiten integriert werden sollen«, und zum Zaubermittel, »mit dem Vorurteile, Diskriminierungen, Arbeitslosigkeit, Hunger, Aids, Inhumanität und Völkermord verhindert, die Herausforderungen der Zukunft bewältigt und nebenbei auch noch Kinder glücklich und Erwachsene beschäftigungsfähig gemacht werden sollen«.[391]

Dies ist natürlich völlig unmöglich und – außer von intellektuellen Leichtgewichten aller politischen Richtungen – auch nicht ernst gemeint. »Wozu denn eine andere Gesellschaftsordnung«, lautet die wirkliche Botschaft, »wenn auch in der freien Marktwirtschaft mit ›Bildung‹ alle Probleme dieser Erde zu lösen sind.«

Die simple Logik dagegen sagt, dass zum Beispiel Hartz-IV-Empfänger, abstiegsbedrohte Mittelschichtler oder zukunftslose Jungakademiker und andere »Systemverlierer«, die über Politik und Wirtschaft *wirklich* Bescheid wissen, gar nicht im Interesse der Reichen, Mächtigen und schon gar nicht der weitgehend selbst im Nebel stochernden politischen Klasse sein können.

Stattdessen wird eine »Bildung« angesteuert, die einerseits nur im Besitz einer kleinen Oberschicht ist, andererseits aber als »Bildungsziel« und Maßstab für das ganze Volk gilt. Die tumben Untertanen nämlich sind dann auch noch selbst schuld, wenn sie zu »ungebildet« für eine Karriere oder auch nur für ein würdevolles Leben sind.

1. Klassenbildung

Unser weltweit fast einmaliges dreigliedriges Schulsystem ist ein wohlbehütetes Erbe der Ständegesellschaft früherer Jahrhunderte. Noch bis 1964 hießen die drei Schultypen völlig korrekt *Volksschule* (für das Volk), *Mittelschule* (für die Mittelschicht) und *Oberschule* (für die Oberschicht).

Die Umbenennung in *Hauptschule, Realschule* und *Gymnasium* war nur alter Wein in neuen Schläuchen: Noch immer verewigt das Schulsystem die bestehende Ungleichheit der Gesellschaft. Viel früher als in fast allen anderen Ländern werden bei uns schon die Zehnjährigen selektiert. Selbst der OECD-Wirtschaftsbericht für Deutschland forderte im April 2008, man solle mit dieser frühen Aufteilung endlich aufhören und die Haupt- und Realschulen zu einer Schulform zusammenlegen. Momentan nämlich entscheiden logischerweise die Eltern und nicht die Begabung. Im Klartext: De facto werden die Menschenrechte der Kinder zurückgestellt gegenüber dem Privateigentum der Eltern – am Kind. Gerade diejenigen, die sich bei orientalischen Zwangsehen vor Abscheu schütteln, halten es für normal, dass auch im dritten Jahrtausend die Eltern die Schulbildung und nicht selten auch den Beruf und sogar den Ehegatten des Kindes zumindest »genehmigen« – man denke nur an den keineswegs immer nur als Floskel gemeinten Spruch: »Darf ich um die Hand Ihrer Tochter bitten?« Und noch heute gelten in manchen Kreisen jene »schwarzen Schafe«, die nicht den Betrieb des Vaters übernehmen, sondern zum Beispiel Künstler werden, als gefühlskalt und undankbar.

Aber selbst dieses »Eigentum am Kind« gilt nicht für das gemeine Volk: In bundesweit 5.000 Schulen werden 1,5 Millionen Hauptschüler unterrichtet, etwa 15 Prozent aller Schüler. Aber nur ein Zehntel aller Eltern sind damit zufrieden, dass ihr Kind die Hauptschule besucht. So werden häufig hochbegabte Underdogs von den Lehrern nicht für das Gymnasium empfohlen, in dem die »Bessergestellten« ihren Nachwuchs selbst bei Schuhgrößen-IQ mühelos unterbringen.

Kein Wunder also, dass nach wie vor Akademikersprösslinge eine fast siebenmal so große Chance auf eine höhere Schule haben wie Facharbeiterkinder, ganz zu schweigen von den Kindern mit »Migrationshintergrund«: Nur 18 Prozent der ausländischen, aber 40 Prozent der deutschen Schüler besuchen ein Gymnasium – und umgekehrt jeder zweite ausländische Schüler und nur jeder fünfte deutsche Schüler eine Haupt- oder Sonderschule. Selbst der neoliberale Volkswirtschaftsprofessor Hans-Werner Sinn stellt fest: »Auf den deutschen Gymnasien finden sich viele, die dort eigentlich nicht hingehören, und unter den Handwerkern und Arbeitern gibt es viele, die das Zeug zum Akademiker gehabt hätten, hätte man sie rechtzeitig gefördert.«[392]

Inzwischen hat sogar schon die UN-Menschenrechtskommission die deutschen Faxen dicke. Im Februar 2006 reiste ihr Sonderberichterstatter für Bildung, Vernor Muñoz, durch das Land der Dichter und Denker, um sich ungeschönt und persönlich über die Umsetzung des Rechtes auf Bildung zu informieren. Abgesehen von seiner vernichtenden Kritik am Schulsystem, hatte er noch viele andere peinliche Fragen: Wieso fallen Tausende »Schulverweigerer« ganz durch das Bildungsnetz? Warum beendet jeder zehnte Jugendliche die Schule ohne Abschluss? Was ist mit dem Recht auf kostenlose Grundbildung, wie es die Menschenrechtserklärung von 1948 fordert? Wieso ist auch nach Pisa und der »neuen« Erkenntnis über die Bedeutung der ersten Lebensjahre für die Bildung der Besuch von Kindergärten noch immer kostenpflichtig? Wieso werden sozial Schwächere bewusst und planmäßig schon allein dadurch aussortiert, dass bereits in der Grundschule Arbeitshefte, Bücher, Klassenfahrten bezahlt werden müssen?

Besonders scharf kritisierte Muñoz die Föderalismusreform: »Mit der Verlagerung von immer mehr Kompetenzen auf die

Länderebene verliert der Bund seine Möglichkeit, die Einheit und Gleichheit im Bildungswesen zu gewährleisten.«[393] Und selbst Professor Sinn räumt ein, dass die Ständepolitik der Reichen und Mächtigen deren eigenen Staat gefährdet: »Wenn die höhere Ungleichheit als Preis der höheren durchschnittlichen Schülerqualität angesehen werden könnte, ließe sich das deutsche System vielleicht noch rechtfertigen. Da dieses System jedoch die Ungleichheit vergrößert, ohne den Durchschnitt zu verbessern, gehört es in den Abfalleimer der Geschichte.« Und er folgert, fast im Stile der Linkspartei: »Weil wir durch unser Schulsystem die Chancengleichheit mit den Füßen treten, brauchen wir einen exzessiven Sozialstaat, um das wünschenswerte Maß an Gleichheit wenigstens im Nachhinein herzustellen.«[394]

Wobei sein Hintergedanke durchaus marktradikal ist: Weil ein jeder wüsste, dass auch seine Kinder eine faire Chance zum Aufstieg haben, könnte er sich sehr viel eher mit den wirtschaftlichen Segnungen eines liberaleren Gemeinwesens anfreunden. Der Arbeiter, der hofft, dass seine Kinder Millionäre werden, wird keine Neidsteuer für die Millionäre mehr fordern.

2. Bildungsalarm

Im wahren Leben aber wird der »Bildungskatastrophe« anders begegnet: »Nach dem Pisa-Schock – Privatschulen in Deutschland boomen«, meldete *Spiegel Online* schon im März 2005. Ein Musterbeispiel ist in diesem Zusammenhang die *Phorms AG* mit bundesweit geplanten 40 Filialen. Natürlich wollen die 24 Investoren für ihre bislang insgesamt 800.000 investierten Euro Traumrenditen sehen, und die Führungsclique hat in der Tat Erfahrung mit der schnellen Abzocke: Initiator und Aufsichtsratschef Alexander Olek war vorher Vorstandsboss der Biotech-Klitsche *Epigenomics*, mit dabei sind der Chef der *Sony-BMG* Rolf Schmidt-Holtz und Antonella Mei-Pochtler, Senior Partnerin der *Boston Consulting Group*. Dort arbeiteten früher auch Béa Beste sowie Ulrike Senff, die als »Human-Resources-Managerin« für die Schulkette nach »Top-Pädagogen« sucht. Ein Schulgeld von über tausend Euro pro Monat soll sicherstellen, dass der verhätschelte Nachwuchs der Möchtegernoberschicht weitgehend unter sich bleibt.

Um einen »sozialen Mix« vorzutäuschen, soll auch eine Handvoll Unterschichtkinder zum Schnäppchenpreis von 333 Euro zugelassen werden, die wie die Affen im Zoo »den Mittelschichtskindern als lebendiges Anschauungsmaterial« dienen sollen. Prompt fragt Carola Rönneburg von *Spiegel Online* besorgt: »Wie viele Kinder aus unteren Einkommensklassen verkraften die Gymnasialklassen?«

Freie Fahrt also für die »Marktteilnehmer«, die tausend Euro Schulgeld locker aus der Schwarzgeldkasse zahlen, und weiter *ab nach unten* für das gemeine Volk.

Die Frage ist allerdings, ob die marktradikale Klippschülerlogik »Privat ist immer besser als staatlich« wenigstens im Bildungsbereich zutrifft, und mehr noch, was es mit Ranglisten à la Pisa eigentlich auf sich hat.

Pisa-Ranking

Die gute Nachricht zuerst: Endlich wurden die vier Millionen volljährigen deutschen Analphabeten und die allgemeine Massenverblödung zum Thema gemacht und Lesen und Schreiben als Bildungsziele anerkannt.

Dass fast jeder vierte Fünfzehnjährige selbst einfachste Texte nicht lesen und verstehen sowie allenfalls auf Grundschulniveau rechnen kann und dass in keiner anderen großen Industrienation die Schere zwischen guten und schlechten Schulen und Schülern so groß ist und immer größer wird, wurde erst durch Pisa »amtlich«.

Lobenswert auch die Entscheidung des Sozialgerichts Lüneburg, eine Behörde müsse analphabetische Hartz-IV-Empfänger telefonisch verständigen.

Die schlechte Nachricht: Das Pisa-*Ranking* besitzt eine ähnliche Aussagekraft wie Kerners *Unsere Besten* und ist Ausdruck einer allgemeinen Ranglisten- und Bewertungshysterie. Philosoph Liessmann erkennt darin eine Zwangsneurose: So wie manch einer in jedem Bad die Fliesen abzähle, sei der »Bildungsexperte« gezwungen, buchstäblich jede Frage in Form einer Liste zu beantworten. »Was bedeutet Qualität im Unterricht? Testen und reihen! Was eine gute Universität: Evaluieren und reihen!« Nie werde über die Sache selbst nachgedacht, sondern stets nur über dubiose Ranglisten.[395]

Nur folgerichtig jedenfalls krähen die Kreter und Pleter von den Dächern ihrer PCs, dass »Finnland im Ranking top ist«, aber kaum jemand weiß, was genau die finnischen Schüler besser können, was eine Lesekompetenz von 2,19 im Vergleich zu 3,16 bedeutet und wie man 0,1567 Punkte Rechenkompetenz aufholen kann. Kurzum: Auch diese neoliberale Pseudoexaktheit landet wieder bei Norbert Blüms Lieblingshäme über die neoliberalen Rechenfanatiker: »Karl liebt Maria 3,7-mal mehr als Erna.«[396]

Und genau genommen, löste ja nicht die beständige Verblödung den »Pisa-Schock« (über 32.000 Einträge bei Google!) aus, sondern die miserable Plazierung. Deshalb geraten auch bei der bloßen Frage, was ein Abiturient können muss, ein Realschüler aber nicht, die meisten »Bildungsexperten« ins Schwitzen und Stammeln.

Es eilt ja auch nicht, da ja offenbar selbst die primitivsten Voraussetzungen für irgendwelche Verbesserungen verweigert werden. Weiterhin verlottern und schließen Schulen und Kindergärten, fehlen für halbwegs erträgliche Klassenstärken die Lehrer, von deren Ausbildung zu wirklich fähigen Pädagogen ganz zu schweigen. Das alles muss als gewollt erscheinen; denn die ewige Ausrede der »knappen Kassen« ist in einem der reichsten Länder der Erde, das überdies die großen Einkommen, Vermögen und Erbschaften so sehr verschont wie kaum eine andere Industrienation, eine Beleidigung des Verstandes.

Dass der Pisa-Schock keine soziale Bildungsrevolution ausgelöst hat, ist aber durchaus folgerichtig und zielstrebig: Schließlich ist *Pisa* kein Projekt des Humanistischen Bildungsvereins, sondern der Weltwirtschaftsorganisation OECD, und die hat Wachstum, Liberalisierung der Finanzmärkte sowie des Handels mit Gütern und Dienstleistungen, außerdem Deregulierung und Privatisierung auf ihre Fahnen geschrieben.

Auf Deutsch: Nicht »der Mensch« steht im Mittelpunkt, sondern »die Wirtschaft«. Daher zählen hier keine hehren Bildungsideale, sondern der Beitrag des *Humankapitals* zu Wachstum und Produktivität. Und da auch diese Menschenzüchtung für »den Markt« natürlich möglichst nichts kosten soll, geht es bei *Pisa* um Kosten-Nutzen-Analysen von *Investitionen* in die Bildung: von Humboldt und Kant zur Finanzplanung und Buchhaltung.

Der Politik wird »vorgeschlagen«, wie man Vorschulen, Schulen und Unis möglichst zweckdienlich und kostengünstig ausrichtet und damit natürlich auch die Staatsquote senkt. Und weil im Zeitalter der Globalisierung das »Humankapital« international flexibel und austauschbar sein muss, vergleicht man die nationalen Bildungssysteme mit dem Ziel der Einebnung (»Harmonisierung«).

Nicht zufällig, wird auch beim Unterrichtsmaterial geschludert, dass sich die Pulte biegen. Als die Stiftung Warentest siebzehn Schulbücher untersuchte – zehn für Biologie, sieben für Geschichte –, fand sie auf jeder fünften Seite einen sachlichen Fehler, in manchen gar auf jeder Seite. Die Bücher sind in Nordrhein-Westfalen, Niedersachsen und Baden-Württemberg im Einsatz und durchliefen ein »strenges« Zulassungsverfahren. Nicht besser die Geschichtsbücher, vor allem zum Thema DDR. So sind der Sturz Erich Honeckers, der Rücktritt von Egon Krenz und die Ausbürgerung von Wolf Biermann allesamt falsch datiert, und Günter Schabowskis historische Worte auf der Pressekonferenz am 9. November 1989 zur Öffnung der Mauer werden als »wirre Mitteilungen« bezeichnet. Besonders kritisierten die Tester, dass die Entwicklungen der Planwirtschaft unvollständig dargestellt, die Rolle der Frau in der DDR ganz knapp beschrieben und Aspekte der Arbeitsbelastung ausgeklammert würden.

Urteil der Stiftung: »Ein Geschichtsbuch hat die wesentliche Aufgabe, den Schülern historische Sachverhalte aus unterschiedlichen Perspektiven nahezubringen. Die Reduktion auf eine ›staatstragende‹ Darstellung wird diesem Anspruch nicht gerecht.«[397]

Die Halbbildung

Dass 47 Prozent der Deutschen einer Heidi Klum den Job einer Familienministerin zutrauen, könnte man als beißende Kritik an Ursula von der Leyen werten oder unter der Rubrik »dumme Fragen dumme Antwort« abhaken. Dass aber die Deutschen Günther Jauch seit 2001 für den klügsten Deutschen halten – was selbst der Moderator intelligenterweise entschieden zurückwies –, zeigt eine dümmlich-devote Klugenverehrung als

Pendant zur Expertenverehrung: Wer so schlau dreinschaut wie Jauch, der weiß sicher die Antworten auf alle seine Fragen schon vorher. Noch viel verheerender aber ist der Schluss: Nur wenn er die Antworten wirklich wüsste, dann wäre er der klügste Deutsche.

Der Irrglaube, Bildung habe irgendetwas mit der Menge der »Fakten, Fakten, Fakten« zu tun, wird zementiert, wenn zur Belustigung gerade der Halbgebildeten angebliche Vollidioten mit angeblichen kapitalen Wissenslücken vorgeführt werden: »Ein Dreisatz ist eine olympische Disziplin« – hihihi, der Bundestag ist ein Feiertag – hahaha, und zu Skandinavien gehören Schweden, Holland und Nordpol – hohoho.[398] Abgesehen davon, dass man sich derlei »Beispiele« an der roten Ampel ausdenken kann (»Ozon ist ein Mundwasser« – kicher, glucks), sollen sie denen ein Gefühl von »Bildung« geben, die auch nicht mehr wissen, als dass *Dreisatz* irgendwas mit Mathe, *Bundestag* irgendwas mit Politik und *Nordpol* irgendwas mit eiskalt zu tun hat.

Aber damit keine Missverständnisse aufkommen: Dass Bildung unterhaltsam sein kann und muss, wusste man schon im Mittelalter. Hier bereits gab es die Vorläufer der heutigen Small Talks und der prahlerischen »Partydebatten« und Georg Philipp Harsdörffer lieferte mit seinen acht Bänden *Frauenzimmer Gesprächspiele* (1644 – 1657) bereits im 17. Jahrhundert eine Art Theorie des geistreichen Kaffeekränzchens.[399] Spieltrieb, Geltungssucht und vor allem ganz profane Neugier waren stets ein wesentlicher Antrieb zum Wissenserwerb. Natürlich soll Lernen Spaß machen; und deshalb ist bigottes Naserümpfen völlig fehl am Platz, wenn Kinder Harry Potter lesen – immer noch besser als bei Chips und Cola vor der Glotze zu lümmeln und einen Klingelton nach dem anderen herunterzuladen.

Arte ist ja schön und gut, aber was nutzt schließlich der klügste Vortrag oder Fernsehfilm, der kein Publikum hat?

Insofern wäre gegen das *Histotainment* eines Guido Knopp nichts einzuwenden, denn seine lockeren Geschichtsdokumentationen – zumeist rund um die Nazizeit – erreichen bis zu zehn Millionen Zuschauer. Prügel bezieht er dagegen für Darstellungsform und Aussagen: Indem er Geschichte an Einzelfällen darstelle und Zusammenhänge weglasse, verharmlose er die NS-Zeit.

Beispielhaft ist die Kritik an Knopps ZDF-Dreiteiler *Die Kinder der Flucht* durch Evelyn Finger in der *Zeit*: »Wer bisher dachte, das Sentimentalisierungsmedium befördere nur eine Relativierung faschistischer Verbrechen durch die ständige Suggestion, dass nicht alle Deutschen Mörder waren und nicht nur Juden leiden mussten, der wird jetzt eines Besseren belehrt. ›Die Kinder der Flucht‹ betreibt Entschuldung durch konsequente Entpolitisierung … Natürlich bangen wir mit den verwaisten Wolfskindern, die auf der Suche nach einem Stück Brot, einem Obdach durch die litauische Winterwüste irren. Doch das bedrohte Kind als die personifizierte Unschuld dient hier als extremes Mittel emotionaler Manipulation. Es ist die Geisel der Gegenaufklärung. Sein Leid hat keine Verursacher als die roten Horden oder einzelne fiese Faschisten. Selbst Hitler und Stalin sind in mythische Ferne gerückt.« Das Ganze ist für Finger schlicht neoliberale Propaganda: »Worum also geht es? Vielleicht um die Entpolitisierung der Geschichte in einem Moment politischer Agonie, da der Glaube sich breitmacht, der Mensch sei ein Spielball wirtschaftlicher Verhältnisse und diese Verhältnisse seien nicht beeinflussbar.«[400]

Für Fingers *Zeit*-Kollegen Peter Kümmel funktionieren Knopps Filme »wie Rollenspiele, mit deren Hilfe sich die Deutschen mit ihren Großvätern versöhnen könnten … Das Knopp-Erinnern ist das schonendste Erinnern, das wir kriegen können. Es ist die Erinnerung als Zerstreuung … Gesprochen wird im ewigen

Präsens der Sportberichterstattung, und die Erzählerstimmen kennt man aus dem Kino.« Zum Beispiel die von Robert Redford alias Christian Brückner: »Robert Redford spricht das Schlusswort: ›Schon bald wird ein neuer Plan entstehen, Hitler zu töten.‹ Vielleicht klappt's ja in der nächsten Folge. Ein Vorschlag ans ZDF: Lasst das Publikum abstimmen. Liebe Zuschauer, soll Hitler nächste Woche einem Attentat zum Opfer fallen? Wir sind gespannt.«[401]

Hier wird verständlich, warum dem Philosophen Theodor W. Adorno der Ungebildete lieber war als der Halbgebildete als ein »von Kultur ausgeschlossener und gleichwohl sie bejahender«. Daher sei Halbbildung »tendenziell unansprechbar: das erschwert so sehr ihre pädagogische Korrektur«. Und weiter: »Das Modell von Halbbildung ist auch heute noch die Schicht der mittleren Angestellten, während ihre Mechanismen in den eigentlich unteren Schichten offenbar so wenig eindeutig nachgewiesen werden können wie nivelliertes Bewusstsein insgesamt.« Aber das ist auch gut so, denn: »Unbildung, als bloße Naivität, bloßes Nichtwissen, gestattete ein unmittelbares Verhältnis zu den Objekten und konnte zum kritischen Bewusstsein gesteigert werden kraft ihres Potenzials von Skepsis, Witz und Ironie – Eigenschaften, die im nicht ganz Domestizierten gedeihen. Der Halbbildung will das nicht glücken.«[402]

Die wiederum will sich von der Unterschicht abgrenzen und mit den Reichen und Mächtigen identifizieren, und zwar durch »gebildetes Reden«. »Die bestialischen Witze über Emporkömmlinge, welche Fremdwörter verwechseln, sind darum so zählebig, weil sie ... alle die, welche darüber lachen, im Glauben bestärken, die Identifikation wäre ihnen geglückt.«[403]

Womit wir in der Abteilung Schöngeister wären, zum Beispiel bei selbsternannten Deutschlehrern der Nation wie dem *Spie-*

gel-Mitarbeiter Bastian Sick, dessen Buch *Der Dativ ist dem Genitiv sein Tod* über 1,5 Millionen Käufer fand. Für seriöse Wissenschaftler wie den Duden-Autor und Germanistikprofessor Peter Eisenberg ist Sick ein »Sprachentertainer«, der heutige Sprachprobleme nicht »auch nur um einen kleinen Schritt einer Lösung näher« bringe.[404] Und exemplarisch haut er den aufgeblasenen Rechthabern eine Passage aus Goethes Faust um die Ohren »Hier steh ich nun, ich armer Tor, und bin so klug *als wie* zuvor.« *Als wie* ist also falsches Deutsch?

Aber vermutlich macht gerade das Überhebliche derlei Besserwisser-Traktate so attraktiv für Halbgebildete bei ihrer Anbiederung an die Oberschicht: »Die Bildungsidee ist dazu prädestiniert, weil sie – ähnlich wie der Rassewahn – vom Individuum bloß ein Minimum verlangt, damit es die Gratifikation des kollektiven Narzissmus gewinne; es genügt schon der Besuch einer höheren Schule, gelegentlich bereits die Einbildung, aus guter Familie zu stammen.«[405]

Wir sind immer noch bei Adorno, 1959. Aber auch aktuell fallen uns jede Menge Promis oder Bekannte ein, die als »Arztsohn« firmieren oder angeblich »in den Staaten studiert« haben.

Nicht viel besser ist übrigens die Kaste der *Bildungsbürger*. So weisen einige bei jeder Möglichkeit auf ihre irrsinnige humanistische Bildung hin, indem sie die ersten Verszeilen vom Homers Odyssee herunterleiern: »Andra moi ennepe , musa, polytropon, hos mala polla« – weiter sind sie womöglich auch in der Untertertia nie gekommen. Wieder andere schwadronieren über Hermann Hesse oder Thomas Mann, Heinrich Böll oder Martin Walser, vorne weg natürlich über Günter Grass: Kürzlich gelang der *Initiative Deutsche Sprache* und der *Stiftung Lesen* die Synthese der schöngeistigen Literatur mit dem neoliberalen Ranglistenwahn, indem sie den »schönsten ersten

Satz der deutschsprachigen Literatur« küren ließ. »And the winner is«: *Ilsebill salzte nach,* aus des Nobelpreisträgers Edelwälzer *Der Butt.* Franz Kafka holte Silber und Siegfried Lenz Bronze.

In der Jury hockten Autoritäten wie die Literaturkritikerin Elke Heidenreich, die Präsidentin des Goethe-Instituts Jutta Limbach, die Schriftsteller Thomas Brussig und Paul Maar, die TV-Moderatorin Marietta Slomka sowie der Handball-Bundestrainer Heiner Brand. Resultat: »Ilsebill salzte nach«.

Dazu fällt einem nichts mehr ein – oder vielleicht das: »Die Attitüde, in der Halbbildung und kollektiver Narzissmus sich vereinen, ist die des Verfügens, Mitredens, als Fachmann sich Gebärdens, Dazu-Gehörens … Die ›Sprache des Angebers‹ ist geradezu die Ontologie von Halbbildung.«[406] Auch hier klingt Adorno brandaktuell, wie sich nicht zuletzt bei den Eliten zeigt.

Die Eliten

»Unsere Gesellschaft braucht Eliten«, hatte Bundeskanzler Gerhard Schröder zu Beginn seiner Amtszeit erklärt und im Januar 2004 durch den Ruf nach Elite-Universitäten bekräftigt. Bereits dies ist schon wieder eine Verblödung, weil bei uns der Aufstieg in die Elite mit Ausbildung so viel zu tun hat wie das Husten der Maus mit dem Stolpern des Elefanten.

Für den Soziologieprofessor und Eliteforscher Michael Hartmann kann von einer sozialen Öffnung der deutschen Eliten keine Rede sein. Die Bildungsexpansion habe bestenfalls den Zugang zu den Bildungseinrichtungen erleichtert, nicht aber zu den echten Spitzenjobs. Wer in Vorstände und Geschäftsführungen großer Unternehmen gelangen wolle, der müsse vor allem eines besitzen: »habituelle Ähnlichkeit mit den Personen, die sich dort bereits befinden«.[407]

Zweifellos sind gewisse Studienabschlüsse nützlich für gewisse Karrieren. Dies sagt aber nicht unbedingt etwas über die Qualität der Ausbildung aus, wie bei der in Zeiten des Neoliberalismus wichtigsten Richtung deutlich wird, dem Betriebswirtschafts- oder Managerstudium.

Und tatsächlich sind Betriebswirte, ob sie sich nun *Bachelors of Arts in Economics* oder *Masters of Business Administration* (MBA) nennen, nichts anderes als – wenn auch vielleicht brillant ausgebildete – Buchhalter. Was sie darüber hinaus im Studium lernen, ist für den späteren Job nahezu komplett unbrauchbar. Dies ist für die Betroffenen traurig, aber spätestens klar, seit durch die neoliberalen Vordenker selbst das bereits erwähnte Ende vom *Ende der Geschichte* ausgerufen wurde: Auch die Verfeinerung einer widerlegten Theorie ist für die Katz, und man kann somit jeden Cent für neoliberale Forschung und Lehre genauso gut in die Astrologie stecken.

»Der Bachelor ist der Studienabschluss für Studienabbrecher«,[408] lästert denn auch Philosoph Liessmann, aber auch der MBA ist kaum noch etwas wert. »Der schöne Titel aus Amerika steht heute für gar nichts mehr«, meinte das *manager magazin* schon 1992, und für den St. Gallener Weiterbildungsexperten Michael Schade ist die angebliche »Elite-Ausbildung« meist nur ein »äußerst unterqualifiziertes Hochschulstudium«. Und der Bremer BWL-Professor Karlheinz Schwuchow setzt noch einen drauf: »Mit dem MBA ist es wie mit dem Kaufmann. Das kann einer sein, der ohne jede Lehre eine Würstchenbude betreibt, oder ein promovierter Vollakademiker.«[409]

Auch die deutsche Wirtschaft ist laut einer Umfrage von 2008 der Deutschen Industrie- und Handelskammer unter 2.135 Unternehmen verschiedener Branchen und Größen von den Hochschulabsolventen oft bitter enttäuscht. 40 Prozent konnten freie Stellen aufgrund mangelnder fachlicher Qualifikation der Bewerber nicht besetzen. 38 Prozent trennten sich bereits in der Probezeit wieder von einem Berufseinsteiger. Häufigster Grund: Die Neuen konnten die theoretischen Kenntnisse in der Praxis nicht anwenden. Mehr als jedes fünfte Unternehmen nannte Selbstüberschätzung als Grund, außerdem Mangel an Sozialverhalten (19 Prozent), Fachwissen (15 Prozent), Dienstleistungsorientierung, Belastbarkeit, Flexibilität und Reisebereitschaft.[410]

Natürlich ist das Studium für manchen kompliziert, voller wundersamer Mathematik und zeitaufwendig. Aber das ist ein Horoskopstudium im Rahmen einer Hellseherausbildung auch. Natürlich springen neoliberale BWL-Professoren und die Absolventen oder Studenten der Master- und Bachelor-Lehrgänge im Dreieck, wenn man ihr Fach zum totalen Nonsens erklärt, aber das tun ertappte Sterndeuter auch.

Das Beste an der *Exzellenzinitiative des Bundes und der Länder zur Förderung von Wissenschaft und Forschung an deutschen Hochschulen* vom 18. Juli 2005 ist ihr schicker Name. Der Rest ist schnell erzählt: Es werden etwa zwei Milliarden Euro an »Elite-Unis« vergeben, die wiederum anhand diverser Rankings bestimmt werden.

Wie Wissenschaftseliten nun genau ermittelt werden, erläutern die Ranking-Profis vom *Handelsblatt*. Dabei erfolge die »Evaluierung der Forschungsleistung von Ökonomen im deutschsprachigen Raum ... nach internationalen Standards ... Deshalb wurden nur Zeitschriften in Betracht gezogen, die einen qualitativen Mindeststandard erfüllen – insgesamt 182 Journale. Die Zeitschriften wurden mit abgestuften Punktwerten versehen, die widerspiegeln, wie stark sie in der Fachwelt beachtet werden und wie schwer es ist, einen Aufsatz darin unterzubringen.«[411]

Sogar der Schweizer Wirtschaftsprofessor Bruno Frey, in der Disziplin *Lebenswerk* dieser Nonsens-Rangliste klar auf Platz

1, läuft Sturm gegen die »neue Krankheit« namens »Evaluitis« und fragt, ob die für den Verkauf der eigenen Leistung aufgewendete Zeit, Energie und Kreativität nicht in der Forschung produktiver eingesetzt werden könnten. Selbst wer vom Unsinn einer Evaluation überzeugt sei, mache mit, um nicht von vornherein schlecht beurteilt zu werden. Dies aber werde dann »flugs als Einverständnis mit der Evaluitis interpretiert«.[412]

»Kaum ein Evaluator hat aber auch nur einen der Texte gelesen, die er evaluieren soll«, weiß der Philosoph Liessmann. Wozu auch? Eine dermaßen groteske Quantifizierung würde beim Dichter-Ranking Heinrich Heine für das *Wintermärchen* 2,78 Punkte zuweisen, während Schillers *Glocke* und Goethes *Römische Elegien* mit 2,189 und 2,191 Kopf an Kopf lägen. Wobei der eigentliche Verblödungsfaktor von 0,815 nicht durch dieses hanebüchene Zeug an sich entsteht, auch nicht durch die Masse der Gutgläubigen, sondern durch die Tatsache, dass man auf der Grundlage dieses Kokolores Karrieren befördert oder zerstört und mit Steuergeldern über Glanz und Elend ganzer Unis entscheidet.

Die Folgen des absurden Konkurrenzkampfes: Wenn es statt auf Inhalte auf die Menge ankommt und buchstäbliche jede Zeile zählt, gehen einem irgendwann auch die schwachsinnigsten Ideen aus, und da diesen Mist vermeintlich sowieso keiner liest, spricht eigentlich nichts gegen eine Bildungsrationalisierung der dritten Art: Mal fliegt ein Berliner Juraprofessor, mal ein Erlanger Philosoph wegen »Verletzung der Zitiernorm« auf. Sogar »Deutschlands Plagiatjägerin Nummer eins« *(Spiegel)*, die Berliner Medienprofessorin Debora Weber-Wulff, schlägt Alarm und sieht im Plagiat auch unlauteren Wettbewerb: »Wir können Schüler und Studenten nicht wegen Copy and Paste durchfallen lassen und das bei Professoren durchgehen lassen.« Das könne sich »erst recht keine Hochschule erlauben, die noch im Exzellenz-Wettbewerb um den Titel Elite-Uni und das entsprechende Preisgeld mitmacht«.[413]

Aber es gibt noch andere Maßstäbe für die Wissenschaftselite: »Gerade Drittmittel werden als Ausweis erstklassiger Forschung gewertet, verkündet die Ruprecht-Karls-Universität Heidelberg in einer Pressemitteilung, und *wer* das so wertet, posaunt man sogar in der Überschrift hinaus: »Heidelberger Mathematik im Focus-Ranking auf Platz eins«. Der »Spiegel für Bildleser« begutachtet die *Elite*-Unis? Warum nicht gleich *Deutschland sucht die Super-Uni* mit Kai Diekmann, Peter Hartz und den Teletubbies in der Jury? Viel fehlt ja nicht: »Das Elite-Casting der deutschen Hochschulen hat zunächst drei Hauptgewinner«, verkündet *Spiegel Online* im Oktober 2008. »Doch der wahre Sieger ist das Hochschulsystem. Leistung lohnt sich und wird belohnt, das ist das entscheidende Signal der Exzellenzinitiative.«[414]

Dass Drittmittel nur der von der Wirtschaft erhält, der ihr zuarbeitet, versteht sich von selbst. Verständlich ist auch der Wunsch der Unternehmen, die Forschung und die Ausbildung des Führungsnachwuchses nach ihren Bedürfnissen auszurichten. Dies wäre auch wunderbar, wenn … ja wenn das Wohl der Unternehmen wirklich mit dem der Bevölkerung identisch wäre oder wenigstens die freie Marktwirtschaft die Arbeitsproduktivität am besten voranbrächte.

Nun erleben wir aber nicht erst in Gestalt der globalen Bankenkrise den kompletten Bankrott des gesamten marktradikalen Gedankengebäudes – das erwähnte Ende vom *Ende der Geschichte* zeigt sich gerade in Deutschland: »Erfindungspatrioten« erinnern nicht ganz zu Unrecht daran, dass unter anderem Telefon, Glotze, Farbfernseher, LCD-Technik, Hybridmotor, Faxgerät, Walkman und MP3-Player »in Deutschland erdacht – im Ausland gemacht« wurden.[415] Und zur globalen Sicht der

Dinge ist die naive Kinderfrage »Wieso können wir zum Mond fliegen, aber nicht den Hunger in der Welt besiegen?« gar nicht so abwegig.

Nun werden aber Drittelmittel häufig nicht einmal zur Entwicklung »falscher« Produkte ausgegeben, sondern für den Maximalprofit ohne jegliche Produktivitätssteigerung. Damit ist diesmal nicht die erwähnte Geldverschwendung rund um die neoliberale Wirtschaftslehre gemeint, sondern die »wissenschaftliche Fundierung« von Lügen. Vielleicht sollte man den US-Schriftsteller John Grisham verbieten, denn in seinem Thriller *The Runaway Jury (Das Urteil)* beschrieb er 1996, wie die Tabakkonzerne Gutachten über die Unschädlichkeit des Rauchens kaufen. Dies wurde offenbar als Handlungsanleitung verstanden; denn neun Jahre später berichtet der *Spiegel* detailliert von einem Realkrimi: »Hochrangige Gesundheitswissenschaftler aus Deutschland ließen sich jahrelang Studien von der Tabakindustrie bezahlen ... oft klammheimlich und oft mit sechsstelligen Beträgen ... um die Gefahren des Rauchens herunterzuspielen.«[416] Konsequenterweise blockierte diese »Wissenschaftselite« nach Erkenntnissen des Deutschen Krebsforschungszentrums jahrzehntelang die Forschung zur Suchtprävention, die nun weltweit »abgeschlagen ganz hinten« liege.[417]

Man fragt sich eigentlich, warum der Internierungswahn mancher Innenminister vor korrupten Wissenschaftlern haltmacht, die zweifellos mehr Schaden anrichten als ein »Graffiti-Verbrecher«, der einem Waffenschieber das *Peace*-Zeichen an den Maserati sprüht.

Es lohnt sich also, bei den »Drittelmitteln« frei nach Helmut Kohl immer genau hinzuschauen, was »hinten rauskommt«: Wer legt gegen wie viel Bares »Studien« über nagelneue Volkskrankheiten, gesundheitsförderndes Gammelfleisch, notwendige Privatisierungen, segensreiche Zusatzversicherungen, friedensstiftende Panzerexporte oder ungefährliche Atomkraftwerke vor?

Auch wegen der Instrumentalisierung ihrer Arbeit flüchten ehrliche Wissenschaftler häufig ins EU-ferne Ausland, wie etwa der Potsdamer Klimaforscher Gerald Haug. Kaum mit dem Leibnizpreis der Deutschen Forschungsgemeinschaft (DFG) geehrt, wechselte er, ungerührt von allem Elitegeschwafel, zur Eidgenössischen Technischen Hochschule nach Zürich. Er wolle als »wirklich freier Grundlagenforscher« arbeiten und nicht wie in Deutschland den Geldgebern gegenüber weisungsgebunden, »Spielball wissensfremder Interessen« und durch Verwertungszwang zur »Kurzatmigkeit« gezwungen sein.[418]

Obwohl man in Ausnahmefällen – zum Beispiel mit dem richtigen Stammbaum oder Parteibuch – auch gleich nach dem Bachelor seinen Doktor machen kann, handelt es sich um eine Ausbildung für intellektuelle Hilfsarbeiter, während das MBA-Studium zusätzlich keinesfalls echtes Wissen, sondern offenbar Überheblichkeit und Schaumschlägerei lehrt: Seit Jahren schon klagen die Kunden selbst von namhaften und sündhaft teuren Unternehmensberatungen über »meist junge Business-School-Absolventen, hochintelligent, aber hochnäsig. Im Examen haben sie eine Eins, ihre praktische Erfahrung geht gegen null.«[419]

Dieses Niveau soll durch das monströse Blendwerk »Bologna-Prozess« und das »Turbo-Abitur« (G8) nach zwölf Jahren den Bedürfnissen »der Wirtschaft in der Globalisierung« angepasst und europaweit vereinheitlicht werden. Damit wird aus dem »Lernen für das Leben« der Drill für die Verwertbarkeit: Nicht Menschen werden erzogen, sondern »Humankapital« hergestellt.

Schon rein aus Zeitgründen sollen die Schüler und Studenten gar nicht zum Nachdenken über ihre Tätigkeit und ihr Leben kommen. Wozu auch: Seit wann stellen Produktionsfaktoren dumme Fragen? Nicht zufällig strich Bayern im Sommer 2008 unter dem Vorwand der Überlastung der Schüler durch G8 die Aufklärung über das Dritte Reich fast völlig aus den Lehrplänen. In den beiden Jahren bis zum Abitur sind nur noch je 315 Minuten für die Weimarer Republik und den Nationalsozialismus vorgesehen.

Dass *Bologna* nur folgerichtig mit seinen *ECTS-Leistungspunkten* den Wert eines Studiums nicht über die Qualität der Inhalte, sondern nach der dafür notwendigen durchschnittlichen Arbeitszeit berechnet, zählt zu den »Ironien der Weltgeschichte« (Liessmann): Denn dies ist nichts anderes als die Arbeitswertlehre jenes Karl Marx, den Neoliberale zumeist als Erfinder von Winnetou und Old Shatterhand kennen.

Die Pointe: Sogar die Götter des Wirtschaftsliberalismus, von Adam Smith über Friedrich Hayek bis Milton Friedman, würden heute wegen Säumigkeit und Planlosigkeit von der Uni fliegen. Vollends auf den Kopf gestellt wird die Vorstellung, die Reichen und Mächtigen wären so etwas wie »Anführer des Volkes« durch »Die Flucht der Elite« *(Spiegel)*: »Sie schicken ihre Kinder in teure Privatschulen, verbarrikadieren sich in streng bewachten Vierteln und klinken sich aus den Sozialsystemen aus. »Die deutschen Eliten fangen an, sich aus der Solidargemeinschaft zu verabschieden.«

Fazit: Unsere »Elite« ist eine asoziale, relativ abgeschottete *Erbdynastie,* ergänzt um einige halb- und eingebildete Emporkömmlinge, während die wirklichen Leistungsträger in Wirtschaft und Wissenschaft im gesellschaftlichen Mittelfeld rangieren. Daher drängen sich Vergleiche mit dem Niedergang des Römischen Reiches und des Feudalismus vor der Französischen

Revolution geradezu auf, womit keineswegs das obligatorische Jammern jeder älteren über den »Sittenverfall« der jüngeren Generation (»o tempora, o mores«) gemeint ist.

Dies aber hängt damit zusammen, dass selbst die Eliten ihre eigene Bildung nicht als geistiges Durchdringen der Wirklichkeit begreifen, sondern nur als Vehikel für Macht, Reichtum, Karriere und Ruhm. Ähnlich wie »strenggläubige Christen« in der Regel keinen Schimmer von Religionsgeschichte und -philosophie haben, so interessieren sich auch die größten neoliberalen Scharfmacher nicht die Bohne für ihre eigenen Vordenker: Was hat Hayek, was Smith nicht hatte, worin unterscheiden sich beide von Friedman, und was haben Kant, Hegel und Popper damit zu tun? Fragen über Fragen, die den neoliberalen Eliten dicht am Aktiendepot vorbeigehen. Nicht selten geraten kritische Wissenschaftler in die seltsame Situation, ihre neoliberalen Diskussionspartner schon deshalb nicht überzeugen zu können, weil die von ihren »eigenen« Theorien noch nie etwas gehört und nur die handelsüblichen Sprechblasen im Kopf haben, daher den Argumenten geistig oder fachlich gar nicht folgen können.

Teil VI
Aufgehetzt

Trotz aller Ablenkungs- und Verblödungsprogramme besteht die ständige Gefahr, dass die Menschen den Teufelskreis der Verdummung durchbrechen: »Eine Theorie, die die Lebensansprüche der Menschen mittels Verkündung einer ›zweckfreien Wirtschaft‹ zurückdrängen will, kann sich ihrer Sache nicht sicher sein«, sagt der Psychologe Thomas Gerlach. Stets sei sie »durch die nie völlig zu beseitigende Erkenntnisfähigkeit der Menschen bedroht. Die Frage ›wem nutzt es?‹ lässt sich nicht zum Schweigen bringen.«[420] Daher ist Goethes »Entzwei und gebiete«, also die Methode *Teile und herrsche,* für die Mächtigen eine Überlebensmaxime.

Nicht erst seit Machiavelli gehört es zum Einmaleins der Machterhaltung, sich das aufmüpfige Volk entweder durch Aufeinanderhetzen seiner einzelnen Gruppen oder durch einen äußeren Feind vom Leibe zu halten, eine Überlegung übrigens, die manche pädagogisch mäßige, aber intrigenbegabte Lehrer ebenfalls beherrschen. Um die Klasse »in den Griff zu bekommen«, wiegeln sie einfach Jungen gegen Mädchen, »Streber« gegen »Versager«, »Fettwänste« gegen »Hungerhaken«, »Discofreaks« gegen »Stubenhocker« oder die gesamte Klasse gegen die Parallelklasse auf.

Wie man ganze Bevölkerungsgruppen gegeneinander ausspielt, sahen wir bereits anhand der Gerechtigkeitsdebatte. »Aber der Krieg Alt gegen Jung wird ausfallen«, meint Matthias Drobinski in der *Süddeutschen,* »solange er nicht mutwillig vom Zaun gebrochen wird.«[421]

Denn selbst bei größter Demagogie stößt die Saat der Zwietracht oft auf unfruchtbaren Boden. So musste sich Anne Will in ihrer Demagogenstunde *Extra-Portion für Rentner – die Jungen zahlen die Zeche* am 30. März 2008 ausgerechnet von der verarmten Schauspielerin Ingrid van Bergen anhören, sie lasse sich nicht gegen die Jüngeren aufhetzen.

Erschwert wird die Aufwiegelung durch den simplen Umstand, dass alle Kinder Eltern haben und nicht alle mit ihnen heillos verkracht sind. Aber auch dem hartherzigen Nachwuchs sind gutversorgte Eltern lieber, weil sie die dann leichter und mit weniger schlechtem Gewissen ins Heim verfrachten können.

1. Unterschichten

Mit Abstand am besten geeignet als Zielscheibe einer regelrechten Volksverhetzung aber sind die »Unterschichten« und die »Menschen mit Migrationshintergrund«.

Kaum etwas wäre für die Mächtigen bedrohlicher als die Verbrüderung der unzufriedenen Teile der Hand- und Kopfarbeiter. Nicht umsonst hetzte man zur Zeit der Achtundsechziger »den anständigen deutschen Arbeiter« gegen »die ungewaschenen, faulen, linken Studenten«. Und das nicht ohne Erfolg, wie nicht nur das Attentat auf Rudi Dutschke im April 1968 durch den Hilfsarbeiter Josef Bachmann beweist. In zahllosen Filmdokumenten aus dieser Ära sind jede Menge »patriotischer Bürger« mit sachlichen Kommentaren wie »sofort aufhängen«, »ab in die Gaskammer« und »am liebsten verbrennen« zu bestaunen.

Auch heute befürchten manche, wie Franz Walter es nennt, eine »Symbiose von Laptop und Putzmopp«.[422]

Allerdings leben ausgebremste Elitekandidaten, Hochqualifizierte ohne entsprechende Berufsaussichten sowie kritische Intellektuelle einerseits und Geringverdiener, schlecht ausgebildete Arbeitslose und echte »Bildungsferne« andererseits in völlig unterschiedlichen Welten und haben kaum Berührungspunkte. Dass dies auch so bleibt, ist das vornehmste Anliegen aller nur erdenklichen Formen der Hetze gegen die Unterschichten.

Prolophobie: Gossenhumorist Mario Barth

Erinnern wir uns daran, dass wir *alle* Informationen durch die Medien erhalten, also auch darüber, was gerade *in* ist – und das wiederum ist ebenfalls häufig medieninszeniert. Man lasse einfach vor laufender Kamera und gegen Bezahlung Schüler randalieren, Beamte in Bürohängematten schnarchen oder Arbeitslose morgens Wodka aus der Flasche trinken und behaupte, so seien alle Schüler, alle Beamten und alle Arbeitslosen …

Eine beliebte Variante ist es, dem Fernsehvolk intellektuell-ästhetischen Ausschuss vorzusetzen, der bestenfalls einer kleinen simpelst gestrickten Minderheit gefällt, und ihn dann als Lieblingsprogramm *der Unterschicht* auszugeben.

Nehmen wir den Fall Mario Barth. Das Theater um den »fleischgewordenen Blondinenwitz« *(Welt)* gleicht verdächtig den damaligen Kampagnen um die Bohliden Verona und Naddel: Diese Mitbürger kommen wie Phönix aus dem Ascheimer, verfügen über keinerlei erkennbare Talente oder Fähigkeiten und behaupten dies auch gar nicht erst. Sie sind lupenreine Mediengeschöpfe und unterscheiden sich von den Heerscharen anderer Mediengeschöpfe nur durch ihre Ausdauer in Sachen Selbstverachtung. Sie nutzen Andy Warhols demokratische Maxime »Jeder kann ein Star sein …« brutalstmöglich aus – allerdings unter Weglassen von Warhols Zusatz »… für 15 Minuten«.

Nun wird in der reifen Marktwirtschaft die Frage der Qualität gar nicht mehr gestellt, sondern der Nachfrage überlassen: Über die Qualität von Analsekreten bestimmen die Fliegen und über die von stammelnden Debilos die Fangemeinden.

Und selbst dabei wird massiv verfälscht: 75.000 im Berliner Olympiastadion bei Mario Barth im Juli 2008, das klingt nach ungeheuer viel, dabei ist das nicht einmal ein Fünftel der etwa 400.000 Leser der örtlichen Boulevardblätter *B.Z.* und *Berliner Kurier.* Und sogar den 1,5 Millionen Käufern seines *Deutsch-Frau*-Lexikons stehen die vier Millionen Analphabeten gegenüber – *Käufer* heißt ja nicht *Leser.*

Insofern wüsste die zivilisierte Menschheit rein gar nichts von Barth, wäre da nicht die pausenlose Medienpräsenz. Was zum Beispiel hat er bei Kerners Eva-Herman-Tribunal als »Faschismusexperte« verloren? Er brachte erwartungsgemäß nicht einen klaren Satz heraus, was aber den Vorteil des Outings hatte: Einmal Barth, immer Barth, in jeder Lebenslage.

Während zum Beispiel Olli Dittrich den Dittsche nur mimt, spielt Mario Barth nicht den Machoproll, er spielt auch nicht sich selbst. Er spielt überhaupt nicht, weil er gar nicht spielen kann. Er ist dieser humorfreie, piefige, verklemmte Frauenlästerer, der Typ, der den »geilen Tussis« hinterherpfeift und knallrot im Boden versinken will, wenn sie tatsächlich stehenbleiben und »is was?« fragen.

Seine Storys werden seit Generationen erzählt: dass Frauen vor dem Fernseher einschlafen, nur in Gruppen aufs WC gehen, meilenweit für eine Handtasche fahren, sich endlos mit Schminken aufhalten und natürlich nicht einparken können.

Nun aber kommen Kulturwächter wie Filigrangeist Broder ins Spiel: Barths Geschichten hätten »keinen Witz«, lediglich Wiedererkennungswert. »Die zwanglose Mischung aus anal und fäkal trägt entscheidend zum Wohlbefinden des Publikums bei.«

Ergo: »Barth ist der Zeremonienmeister des Prekariats.« Und das wiederum erkennt Broder in bewährter deutscher Tradition – Motto: »Schwule tragen Täschchen, Lesben Anzüge und Ökofreaks Latzhosen« – schon am Äußeren: »Die männlichen Barth-Freunde tragen Vokuhila und Goldkettchen, die Frauen kurze Röcke und T-Shirts mit dem Aufdruck ›Willst Du mit mir gehen?‹« One Woman, one T-Shirt, one Underdog – oder wie?

»Und selbst wenn«, könnte man mit dem *Welt*-Autor und früheren *Eulenspiegel*-Satiriker André Mielke erwidern: »Selten lachen Menschen eindeutiger über sich und ihresgleichen und von Dünkel befreiter als bei Mario Barth, sei es nun, weil sie sich mit ihren leicht asozialen Verhaltensweisen und kulturellen Defiziten nicht mehr allein fühlen, oder deshalb, weil sie bestimmten bürgerlichen Konventionen entweder nicht genügen können oder wollen.«[423]

Dies mag man Schwachsinn, kann es aber auch Parallelkultur nennen. Und auch hier will die Verblödungsmaschinerie wieder doppelt punkten: Einerseits wie im Fall Barth »Unterhaltung« ohne Fallhöhe auf allen möglichen Ebenen bekanntmachen – auch Verriss ist Werbung – und mit Dauerberieselung die Zuschauer hirnweich kochen, andererseits aber genau dieses niveauferne Programm den Unterschichten anlasten und sie dadurch ausgrenzen, damit wenigstens hier neoliberale und humanistische Ästheten gemeinsam gegen die Barbaren in den Kampf ziehen können.

Dass dies oft funktioniert, liegt auch an der »Prolophobie«, der tragikomischen Angst sogar »kritischer« Mittelschichtler, mit den *Prolls*, *Prolos* oder *Proleten* verwechselt zu werden: Socken zu Sandalen, Bonbons zu Brahms, Riesling zu Rehrücken, von Ballermann und Dosenbier ganz zu schweigen. Wie die meisten Phobiker, sieht auch diese Gruppe das Objekt ihrer Angst und

Abscheu bestenfalls diffus. Nur eines wissen sie genau: Dort landen wollen sie nicht. Für sie ist »Stil« ein wenig von Gottfried Kellers *Kleider machen Leute,* ein wenig von den Tipps der Restaurantführer und Modemagazine und ein wenig vom vorgeblichen Benimmratgeber des Freiherrn *von Knigge.*

Übrigens steckt schon im Wort die blanke Verachtung für die Unterschicht durch die übrigen Schichten. Schon im alten Rom waren die *Proletarier* die unterste Schicht des Volkes, die nichts »besaß« als ihre Nachkommen und daher arbeiten musste. Die heutige Gleichsetzung von *arm* und *Arbeiter* mit *kulturlos* entstammt also der Sklavenhaltergesellschaft.

Nun sind Verachtung und Berührungsängste gegenüber der Unterschicht auch in der Bundesrepublik nicht neu. Schon 1965 sang Franz Josef Degenhardt über die Standesdünkel der eben noch hitlertreuen und plötzlich superdemokratischen Mittelschicht: »Spiel nicht mit den Schmuddelkindern, sing nicht ihre Lieder. Geh doch in die Oberstadt, mach's wie deine Brüder.«

Mehr als zwanzig Jahre später schreibt die *Süddeutsche*: »Neue Bürgerlichkeit grenzt sich ab von neuen ›Unterschichten‹, auch in der Erziehung. Das Bewährte humanistischer Bildung soll auch der Statuserhaltung dienen und den Horror des Abstiegs bannen.«[424]

Dass aber die traditionelle Unterschichtenverachtung seit geraumer Zeit aggressiver wird und teilweise in blanken Hass umschlägt, hat den simplen Grund, dass niemand mehr sicher vor dem Abstieg ist. Und besonders den Muttersöhnchen und -töchtern der zwischen Nena und Nutella wohlbehütet und gutsituiert aufgewachsenen *Generation Golf* verging mit dem Platzen der New-Economy-Blase die Sorglosigkeit.

Nicht zufällig erklärt einer ihrer Autoren, Dietmar Dath, seinesgleichen den Begriff *Unterschicht:* »Was eigentlich stört daran? Das Abwertende? Das Unhöfliche? Das Pietätlose (Kin-

der, weckt den arbeitslosen Vater nicht, er ist besoffen)? Oder einfach eine gewisse Griffigkeit, ein Moment des unwillkommen Anschaulichen?« Da kann es Schöngeist Dath schon mulmig werden: »›White Trash‹, weißen Abschaum, gab es einmal nur in Amerika.«[425]
Frisst die Angst die Abscheu auf?

Gestatten: Unterschicht

Ähnlich denkt Klaus Wowereit über die Berliner Armenviertel. Hätte er Kinder, so verriet er dem Volk, würde er sie nicht auf eine Kreuzberger Schule schicken.

Dabei geht es der politischen Klasse vor allem um »Hetze gegen die Arbeitslosen«, wie Regine Zylka von der *Berliner Zeitung* kritisiert: »Es ist der immer wieder von Politikern erhobene Pauschalvorwurf, sie missbrauchten Steuergelder und machten es sich bequem. Das ist keine Arbeitsmarktpolitik, sondern sozialpolitische Hetzerei.«[426]

Ein wahrer Meister in dieser Disziplin aber ist Hans-Ulrich Jörges, der von seiner bei den Achtundsechzigern und bei *Reuters* erlernten Schreibe selbst beim Hitlertagebuch-Magazin *Stern* nicht viel eingebüßt hat. Hartz IV sei »komfortabelster Ausbau in der deutschen Sozialgeschichte«, durch den »Arbeit verhöhnt und Nichtstun belohnt« werde. »Die Hartz-IV-Leistungen überspülen den Bundesetat wie eine Tsunami-Welle. Eine Familie mit zwei Kindern kann es unter günstigsten Umständen auf monatlich fast 2.000 Euro bringen, was einem Stundenlohn von gut 12 Euro brutto entspricht. Ohne Arbeit. Das ist deutlich mehr, als ein Bauarbeiter in der Stunde verdient. Unter Schweiß. Die Dämme der Scham scheinen zu brechen.«[427]

Dagegen ist die Einlassung des Berliner Politstänkerers Sarrazin, Hartz-IV-Empfänger sollten sich lieber um die Jobsuche kümmern, statt Ehrenämter auszuüben, schon fast harmlos. Auch dass Thomas Gottschalk offenbar sämtliche Arbeitslose für Säufer hält und folglich die Bierdosenstapel, die er in seiner Sendung für eine Wette brauchte, als »Hartz-IV-Stelzen« bezeichnete, kann kaum überraschen.

Unvergessen und ein Dauerbrenner der Satiriker ist natürlich Kurt Becks Arbeitsmarktprogramm, das er vor Weihnachten 2006 dem gelernten Mauer Henrico Frank verkündete: »Waschen und rasieren Sie sich, dann haben Sie in drei Wochen einen Job.« *Bild* nutzte die Steilvorlage sogleich für einen Aufmacher: »Warum kriegt so einer Stütze?«

Auch ARD und ZDF tun ihr Möglichstes. Die einschlägig für Anekdoten über schwarze Schafe unter den Schwächsten der Gesellschaft bekannte ARD-Dame Rita Knobel-Ulrich, die sich auf Gebührenzahlers Kosten einen schönen Lenz macht, tischte im »Dokumentarfilm« *Arbeit – nein danke* im August 2005 unbewiesene Anwürfe einer Fallmanagerin der Arbeitsagentur über Arbeitslose auf: »Tag für Tag hört sie sich die gleichen Geschichten an. Frau M. wohnt auf dem Land und hat keinen Führerschein. Mit der Bahn will sie nicht fahren und arbeiten gehen schon gar nicht. Herr F. hat zwar einen Beruf erlernt, den aber nie ausgeübt und somit keine Berufserfahrung. Warum? Das macht mir keinen Spaß, sagt er. Und Frau Z. hat zwei Kinder und will nur zwischen 14 und 18 Uhr bereitstehen. Gelernt hat sie nichts, aber als Putz- oder Küchenhilfe möchte sie auch nicht gehen, das sei ja Stress.«

Wenn man sogar unter katholischen Priestern Sittenstrolche und unter Krankenpflegern Serienkiller findet, wieso dann nicht unter vier Millionen Arbeitslosen einige Drückeberger? Den Tenor des tausendfachen Proteststurms trifft Zuschauer Stephen Zehn: »Es erschreckt mich zutiefst, wenn schon wieder

so gesprochen wird wie vor ca. 70 Jahren im Dritten Reich!«[428]
Und Heiner Geißler mahnte die wutschnaubende Hetzerin in
der Sendung ihrer Gesinnungsgenossin *Anne Will* am 25. Mai
2008: »Sie müssen diese Menschen nicht auch noch verhöh-
nen.«

Dass auch die *ZDF.reportage* des Adelsverehrers Norbert Lehmann in Sachen Diskriminierung stets am Ball ist, versteht
sich. Mal attestiert man *den* Arbeitslosen »Keinen Bock auf
Billig-Jobs«[429], mal weidet man sich in Beiträgen wie »Glotze,
Gameboy, Tiefkühlpizza«[430] an der Hilflosigkeit alleinerziehen-
der Mütter, und auch hier ist die Zuschauerresonanz eindeutig:
»Im Vordergrund stand der Voyeurismus. Der Kommentar
strotzte vor Arroganz. Keinerlei Versuch, die Hintergründe und
Schwierigkeiten eines solchen Lebens zu verstehen. Dafür
dümmliche Sprüche.«

Namenskundeprofessor Jürgen Udolph weiß zu berichten, dass
man das »Prekariat« schon am Namen erkennt. So ordneten
Personalchefs »eine Mandy, Cindy oder einen Kevin instinktiv
der mediengläubigen, bildungsfernen Unterschicht« zu, was
ihnen »Minuspunkte« bringe: »Mandy Müller ist als Friseurin
glaubhaft, als Anwältin oder Designerin dürfte sie es schwerer
haben.«[431]

Man stelle sich einmal die Schlagzeile vor: »Kneipen rüsten
sich gegen isländische Krawallmacher.« Obwohl eigentlich die
Streitlust der Isländer gar nicht behauptet wird, werden simple
Gemüter dennoch davon ausgehen – wieso sonst sollten sich
die Kneipen dagegen rüsten? Daher ist ein Aufmacher wie »Ar-
beitsagenturen wappnen sich gegen Gewalttäter« in *Spiegel
Online* besonders perfide, weil die Arbeitslosen pauschal als
brutale Meute dargestellt werden.

Besonders dankbare Opfer für zügelloseste und perverseste

Unterschichtenhetze scheinen die Neuen Länder zu sein. So meint Sachsen-Anhalts Ministerpräsident Wolfgang Böhmer (CDU): »Kindermord ist DDR-Mentalität.«[432] Schon 2005 sagte Brandenburgs Innenminister Jörg Schönbohm nach einer neunfachen Kindstötung in Ostbrandenburg, für die Gewaltbereitschaft und Verwahrlosung im Osten seien »Proletarisierung« und »zwangsweise Kollektivierung« unter dem SED-Regime verantwortlich. Dies wiederum fand den stürmischen Beifall des traumatisierten DDR-Flüchtlingskinds Claus Christian Malzahn vom *Spiegel*: »Politisch unkorrekt – aber notwendig«.[433]

Kein Wunder: Wer sich über Böhmers und Stoibers Hasspredigten gegen die Ossis aufregt, hat noch nicht die Darstellung der ostdeutschen Bürger durch den *Spiegel* gelesen:

- Ost-Demonstranten gegen die »Sozialreformen« zum Beispiel sind für die Hamburger Stimmungsmacher »Menschen mit düsteren Gesichtern, viele alkoholisiert, grölende Skinheads und schmächtige Rentner, die erregt mit Anti-Hartz-Plakaten der PDS fuchteln … längst ist der Protest umgeschlagen in eine Mischung aus Ressentiments und blankem Hass gegen Wessis, Demokratie und ›die da oben‹.«[434]

- Im Osten gibt's nur »leergefegten Regionen, aus denen sich die Klugen abgesetzt haben«[435] und wo die Arbeitslosen stinken, wofür ein Arbeitsvermittler aus Ueckermünde, natürlich »ein freundlicher, aufgeschlossener Mann in Gesundheitssandalen« Kronzeuge ist: »Ganz oben auf dem Regal hat er eine Dose Toilettenspray stehen, einen Selbstschutz gegen den schlechten Geruch seiner Kundschaft.«[436]

- Ein lustiger Freudscher Fehler unterläuft den *Spiegel*-Agitatoren bei der Beschreibung des »Jammertals Ost« anhand eines gewissen Jörg Beetz: »Mit ein paar Worten über ihn kann man leicht halb Westdeutschland gegen den Osten aufbringen.«[437] Endlich einmal Hetze mit Ansage! »Er lebt in Forst an der deutsch-polnischen Grenze und ist seit 14 Jahren arbeitslos. Sein Leben wie sein Aussehen haben jede Form verloren. Meistens sitzt er daheim und spielt am Computer. Beetz fühlt sich so krank, dass er nur einen extrem leichten Job annehmen will: keine Kälte, keine Nässe, keine schweren Gegenstände. Deswegen will er Arbeitslosengeld II beantragen und bald auch wieder einen Rentenantrag stellen – der letzte wurde abgelehnt. Beetz ist 31.«[438]

- Ebenfalls seine Freude hätte Freud am Ex-DDR-Bürger Frank Pergande von der *FAZ*: »Es mangelt überhaupt an Leuten, die dem in der DDR so gründlich proletarisierten Osten Bürgerlichkeit, Christlichkeit zurückbringen könnten.«[439] Auf Deutsch: Ganz so unbürgerlich und unchristlich wie die DDR war die Nazizeit nun auch wieder nicht.

Aber nicht nur die Unterschicht, auch das arbeitende Volk ist einigen *Spiegel*-Schreibern ein Dorn im Auge. So konnten bei der Berichterstattung über den Lokführerstreik selbst BDI und *Bild* neidisch werden:

- Mal betrachtet man den Arbeitskampf aus Konzernsicht: »EU-Kommission befürchtet Schaden für Wirtschaft in Europa.«[440]
- Mal hetzt man andere Arbeitnehmer auf: »Lokführer vergrätzen Hafenarbeiter.«[441]
- Mal mobilisiert man die niedersten Instinkte des Pöbels »1400 Lokführer legen Deutschland lahm – Passagiere sauer … Leere Bahnhöfe, Autokolonnen, wütende Pendler – die GDL hat heute wieder einen Streik hinter sich gebracht.«[442] Dummerweise ermittelte *Infratest dimap* zur selben Zeit,

dass 64 Prozent der Deutschen »Verständnis für den Streik der Lokführer« hatten. [443]

Dass die Unterschichtenhetze auch vor Minderjährigen nicht haltmacht, sahen wir bereits bei der gekauften Schülerschlägerei. Aber auch politische Kreise betreiben die Ausgrenzung nach Kräften. So nennen SPD-Politiker wie Wolfgang Clement die Hauptschule verächtlich »Restschule«, und der *FAZ*-Redakteur Edo Reents fand im Internetportal des hessischen Bildungsministeriums folgende Beschreibung eines Schülers für etwaige Lehrherren: »Norman, 14,1 Jahre, einmal sitzengeblieben (in der sechsten Klasse), zunehmend aggressiv, eine Gefahr für seine Umwelt, schlechte Sozialprognose«. [444]

Wie man sozial Schwächere nicht nur verbal aufeinanderhetzt, demonstrierte der *Media-Markt* bei der nächtlichen Eröffnung einer Filiale am Berliner Alexanderplatz im Herbst 2007. Natürlich gab es das erhoffte werbewirksame Schnäppchen-Gerangel, und *Welt Online* konnte hinterher verkünden: »Das sind keine Menschen, das sind Tiere.« [445]

Und Tiere haben nun mal kein Stimmrecht, finden Teile der CDU und wollen mit der Forderung ihres reformfreudigen Studentenverbandes RCDS nach Beschneidung des Stimmrechts für Hartz-IV-Empfänger und Rentner womöglich in den Bundestagswahlkampf 2009 ziehen.

Edle Wilde?

Nicht ganz unschuldig an der punktuellen Wirksamkeit dieser putzigen Stimmungsmache ist ironischerweise ein Teil der sogenannten Linken selbst. Seit der Studentenbewegung nämlich übersetzen die vom schlechten Gewissen geplagten Bürgertöchter und -söhne die Marxsche These vom »Proletariat als

revolutionären Klasse« so, dass die Unterschicht nahezu ausschließlich aus zwar geknechteten, aber durchaus selbstlosen,
mutigen und gebildeten Klassenkämpfern, zumindest aber aus
»edlen Wilden« bestünde.

Nur konsequent wird daher jedes Fluchen über »die Regierung« und »Die-da-oben« zur fundierten Systemkritik ver-
klärt, Alkohol- und Fastfood-Sucht zum »alternativen Lebens-
stil«, Verhaltensstörungen zur »Originalität« und die Unfähigkeit, selbst einfache Sätze zu bilden, zur »schnörkellosen
Einsilbigkeit«. Dieses anbiedernde »Einfühlungsvermögen«
setzt mit umgekehrten Vorzeichen ebenfalls *arm* und *arbeitslos* mit *dumm* und *verwahrlost* gleich.

Nun genügt schon ein Blick in das *Kommunistische Manifest* –
darüber sind sehr viele »Salonmarxisten« eh nie hinausgekom-
men –, um die wirkliche Meinung der linken Vordenker über
die arbeitslose Unterschicht zu erfahren: »Das Lumpenproleta-
riat, diese passive Verfaulung der untersten Schichten der alten
Gesellschaft, wird durch eine proletarische Revolution stellen-
weise in die Bewegung hineingeschleudert, seiner ganzen Lebenslage nach wird es bereitwilliger sein, sich zu reaktionären
Umtrieben erkaufen zu lassen.«[446]

Diese Prognose erfüllte sich eindrucksvoll durch den Nationalsozialismus und wird durch die aktuellen neofaschistischen
Zusammenrottungen bestätigt. Geistig-moralische Verwahrlosung schönzureden verbietet sich daher von selbst. Das kleine
Wörtchen »bereitwillig« im Zitat aus dem *Manifest* ist eine
auch vorweggenommene Absage an die pseudosoziologische
Behauptung, das Abrutschen in den geistig-moralischen Sumpf
sei für den Einzelnen unabwendbar. Der Volksmund kennt
dafür den weisen Satz: »Eine Erklärung ist noch keine Entschuldigung.« Dennoch bleibt der Appell an die »Eigenverantwortung« verlogen, wenn er die äußeren Einflüsse nur als

»Ausrede« abtut. Denken wir an das Beispiel der Berliner Rütli-Schule, die im März 2006 vom Boulevard zum Abschaum des Abschaums hochstilisiert wurde.

Aber die dumpfe rassistische Hetze – die Schule wird überwiegend von Migrantenkindern besucht – hatte ihren Weg in die Leserhirne noch gar nicht recht gefunden, da gelang es schon im Mai der US-Tanzgruppe *Young Americans* binnen weniger Tage, die angeblich bösartigen und verlorenen Jugendlichen in eine elanvolle, eifrige und ansatzweise optimistische Truppe zu verwandeln. Die angeblich »hoffnungslosen Faulpelze« hatten plötzlich eine Aufgabe, strengten sich entsprechend an und erfuhren – vielleicht erstmals in ihrem Leben – Anerkennung und Lob.

2. Ausländerhetze

»Ausländer« mit deutschem Pass

Wie schon angedeutet, wird der braune, geistig, kulturell und moralisch verkommene Bodensatz der Gesellschaft auch heute von den Herrschenden eher hofiert. Natürlich soll die NPD verboten werden: Sie nimmt den anderen Parteien schließlich die Stimmen des braunen Auswurfs weg. Aber bei Verbrechen von Rechtsradikalen wird auf Biegen und Brechen »schöngeredet und vertuscht« *(Süddeutsche)*.

Regelrechte braune Lynchmobs wie in Hoyerswerda, Solingen, Mölln und Mügeln werden in »Schaulustige« umgedichtet oder ihr Ausländerhass mit »Angst vor Überfremdung« entschuldigt.

Ganz in diesem Sinne verwahrt sich auch *FAZ*-Mitherausgeber Frank Schirrmacher dagegen, »das alte Weltbild der moralisch

dubiosen, weil nach Belieben unter Nazi-Verdacht zu stellen-
den deutschen Mehrheit zu erhalten«.[447]

Diese »braven Patrioten« meinte Roland Koch vermutlich mit
der »schweigenden Mehrheit«, die er bei der Landtagswahl
2008 durch die Diffamierung seiner Gegner Al-Wazir und Ypsilanti wegen ihrer »nichtarischen« Namen gewinnen wollte.
Spiegel-Online-Redakteur David Crossland, gebürtiger Bonner
mit englischen Eltern, fasst Kochs Kampagne zusammen: »Der
Deutsche mag es reinrassig.«

Entsprechend ist für Günther Beckstein die von EU-Kommissar
Franco Frattini geforderte »Blue Card« für Einwanderer »ziemlich abstrus: Wir haben einen erheblichen Braindrain aus Europa in Richtung Amerika – und das sollte ausgeglichen werden durch die Hereinnahme von Leuten insbesondere aus Afrika?«[448]

Inzwischen wandern hochqualifizierte türkischstämmige Akademiker aus, weil sie ständig Sprüche wie diese hören: »Sie
können drei deutsche Pässe haben, für mich bleiben Sie ein
Türke.«[449]

Und Türken oder andere fremdländische Menschen mit »Mi-
grationshintergrund« wiederum bedeuten für Frank Schirrma-
cher höchste Gefahr: »Die von uns zu verantwortende Nicht-
Integration der Zuwanderer tritt jetzt in die nächste Phase: die
Desintegration der Mehrheit durch punktuelles Totschlagen
Einzelner.«[450]

Derlei Stimmungsmache nennt Alan Posener von der *Welt am
Sonntag* beim Namen: »Schirrmachers Behauptung erfüllt den
Tatbestand der Volksverhetzung, als müsste jeder weiße Deut-
sche Angst haben, demnächst von einem ›Zuwanderer‹ …
totgeschlagen zu werden. Das verkehrt die Verhältnisse in ihr
Gegenteil und schürt den Rassenhass zu einem Zeitpunkt, da
Abrüstung das Gebot der Stunde wäre.«[451]

Ein Glanzlicht in dieser Hinsicht war allerdings das Titelblatt des *Spiegel* Nr. 2 vom 7. Januar 2008 mit einem raufenden jungen Mann aus Nahost: »Die Migration der Gewalt – Junge Männer: Die gefährlichste Spezies der Welt«. Und im Text wird zum »Umgang mit Migranten« gefragt: »Ist die Gewaltbereitschaft junger Männer auch angeboren?« Die Antwort des Zentralrats der Juden ließ nur wenige Stunden auf sich warten. Die Debatte um die Kriminalität ausländischer Jugendlicher sei für Rechtsextremisten ein willkommenes Argument, allen Ausländern ihre Daseinsberechtigung in Deutschland zu entziehen.

Aber nicht nur das Hamburger Magazin begibt sich in die Nähe der »gefährlichsten Spezies« von Rassentheorien à la Josef Mengele.

Ulli Kulke darf in *Welt Online* unter der Überschrift »Der Intelligenzquotient der Türken« behaupten: »In Migrantenmilieus sind die Durchschnitts-IQ niedriger als bei den Deutschen.«[452]

Mit gemeingefährlichen Bekloppten ist Multikulti natürlich nicht möglich, und deshalb wird auch ein Integrationsprojekt nach dem anderen gestrichen. Stattdessen fordert man mehr Staatssicherheit durch »hartes Durchgreifen«, »Erziehungscamps« oder Abschiebung »krimineller Ausländer« und schürt die Fremdenangst und den Fremdenhass.

Eine besonders perfide Taktik war und ist die planmäßige Ansiedlung von Ausländern in bestimmten Ghettos. Ganz offenbar hatten sich die Städteplaner in den »Nationenvierteln« in US-Metropolen wie New York umgesehen und waren begeistert von Harlem, China Town und all den anderen isolierten Bezirken. »Hier können sie sich gegenseitig die Köpfe einschlagen, und trotzdem ist Ruhe«, dachten sie wohl. Denn ob ganze Stadtteile, Wohnviertel, Straßenzüge, Schulen oder Kindergärten: Nirgendwo fällt ein Ausländeranteil von 60 bis 90 Prozent vom Himmel. Stets wird er gewollt und gleichzeitig heuchlerisch beklagt.

Nun ist es eine uralte Weisheit, dass Ausländer wie Fremde überhaupt sich meist problemlos integrieren, wenn sie inmitten von Einheimischen wohnen. Das gilt für den Berliner in Stuttgart ebenso wie für den Türken in Magdeburg. Wo Menschen keine Fremden mehr sind, gibt's keine Fremdenangst, höchstens den dumpfen Rassismus einer kleinen verkommenen Minderheit.

Etwas anderes ist es natürlich in faschistischen Hochburgen bis hin zu »national befreiten Zonen«, deren Blühen und Gedeihen man aber ebenfalls so lange tatenlos zugesehen hat, dass man auch das – siehe Sachsen-Anhalt – für politisch gewollt halten könnte.

Nun ist Misstrauen gegenüber Fremden durchaus nichts Schlechtes, man denke nur an den Argwohn der Holländer, Belgier, Dänen, Norweger, Franzosen, Spanier, Böhmen, Mähren, Österreicher, Polen und Russen gegenüber den Nazitruppen, und auch viele DDR-Bürger wären kurz nach der Wende gegenüber den westdeutschen Versicherungsdrückern besser etwas zurückhaltender gewesen.

Zudem ist ausgesprochene Fremdenfeindlichkeit auch unter Deutschen nichts Unbekanntes. Einige Schwaben sehen sogar die Badener (»Gelbfüßler«) als Ausländer, und für manch einen Laubenpieper besteht die gesamte Menschheit nur aus Koloniemitgliedern und »gefährlichen Fremden«.

Nun sind aber selbst die strammsten Rassisten nur selten gewalttätige Faschisten, und das Schüren von Fremdenangst durch gewisse Kreise beabsichtigt ja nicht unbedingt brennende Synagogen und Moscheen – was sollte das Ausland denken: Schließlich wollen die Reichen und Mächtigen ja nicht gegen den Rest antreten, sondern sich lediglich ihr eigenes Volk vom

Leibe halten und sogar auf ihre Seite ziehen. Und was wäre besser dazu geeignet als ein gemeinsames Feindbild in Gestalt der so *genannten* »kriminellen Ausländer«, aber *gedachten* »nicht reinrassigen Deutschen«? Nimmt man dann noch den »islamistischen Weltterrorismus« als globalen Hauptfeind hinzu, dann ist allerdings der ungeliebte Vergleich mit dem *Natio-nal*sozialismus unvermeidbar: Wie der Name schon sagt, war er die vom Großkapital in den Sattel gehievte ultimative Antwort auf den »proletarischen Internationalismus«: *Weltjude* und *Weltbolschewist* ersetzten das Marxsche Feindbild *Großbür-gertum*. Umgekehrt gehören derzeit Horrormeldungen wie »Schäuble sieht Radikalisierung unter Muslimen«[453] zu den Nachrichten wie der Wetterbericht.

Wie man übrigens »Ausländer raus« signalisiert, ohne es offen auszusprechen, zeigte der *Rundfunk Berlin-Brandenburg.* Im Mai 2008 wurde der Radiosender *Multikulti* mit seinem deutschsprachigen Hauptprogramm sowie den Abendstunden auf Türkisch, Polnisch, Arabisch und 16 weiteren Sprachen eingestellt. Motto: Wieso sollen sich die Gäste hier erst häuslich einrichten, wo sie doch sicher sowieso bald dorthin verschwinden wollen, wo sie oder ihre Vorfahren irgendwann hergekommen sind.

In diesem Zusammenhang ist der aus Profitgründen von den Medien inszenierte Ausländerhass ein gefährliches Zündeln: Kurz vor der Fußballeuropameisterschaft 2008 druckte das polnische Boulevardblatt *Fakt* einige deutschfeindliche Karikaturen und Texte. Fast wie verabredet, reagierten die deutschen Medien entsprechend giftig. *Bild* sprach kämpferisch von »bösen Attacken«. Nach dem Motto »Gossenmedien beider Länder, vereinigt euch« stiegen diesseits und jenseits der Grenze die Auflagen. Selbst *Financial Times Deutschland* ließ sich den Nachdruck der Schmähzeichnungen nicht entgehen, und unter reger Anteilnahme von *Spiegel Online* entschuldigte sich Polens Trainer Leo Beenhakker für die »Boulevard-Exzesse«.

Nun darf man dreimal raten, zu wem das polnische Blatt *Fakt* mit den »bösen Attacken« wohl gehört. Richtig: Zum *Axel Springer Verlag*. Und als es dann vor und nach dem Spiel zu Straßenschlachten kam, berichteten beide Blätter jeweils »patriotisch« und in großer Aufmachung darüber. In der Berliner Zentrale aber rieb man sich vermutlich die Hände.

3. Patriotismus

Die Softvariante des völkischen Nationalismus war die Patriotismuskampagne rund um die Fußballweltmeisterschaft 2006. Wäre das »Solo für Schäuble« *(Spiegel)* verwirklicht und Deutschland zur WM in eine waffenstarrende Festung verwandelt worden, so hätte Berlin 2006 dem Prag von 1968 beim Einmarsch der sowjetischen Truppen geglichen.

Glaubt man dem Soziologieprofessor Karl-Otto Hondrich, war das Turnier sogar praktizierte Globalisierung. »Wenn wir uns mit Beckenbauer und Klinsmann identifizieren, bedienen wir nationale und transnationale Gemeinschaftsgefühle zugleich.« Oder anders: Die Teams sind einander spinnefeind, werfen einander aus dem Wettbewerb, und am Ende gibt's nur einen Sieger. Dies aber wird von den anderen akzeptiert, und alle sind einander herzlich verbunden. So hätte man die freie Marktwirtschaft gern.

Allen voran der Trainer: »Klinsmann, der sich mit seinem Reformeifer über die Beharrungskräfte der etablierten Fußballhierarchien hinweggesetzt hat, steht außerdem wie ein lebendiges Gleichnis und Vorbild für die Heroen, die an der politischen Front seit längerem gegen den ›Reformstau‹ anrennen.«[454]

Dem Lernziel »Patrioten sind für neoliberale Reformen« diente auch die unsägliche Kampagne *Du bist Deutschland* mit Sinnsprüchen wie: »Bring die beste Leistung, zu der du fähig bist. Und wenn du damit fertig bist, übertriff dich selbst.« Was aber kann das für Arbeitslose und die Mehrheit der Beschäftigten und der Kleingewerbler anderes heißen als: »Versichere dich privat, ziehe wegen des Jobs von Rostock nach Rosenheim, nimm Einkommenskürzungen ebenso hin wie Umverteilung nach oben hin und freue dich mit deinem Landsmann, dem Milliardär.«

Dass zu den »Medienpartnern« der Kampagne ARD und ZDF, ProSiebenSat.1 und RTL, *Axel Springer* und *Spiegel, Burda* und *Bertelsmann, Frankfurter Allgemeine Zeitung* sowie *Gruner und Jahr* gehörten und zu den »Förderern« der Otto-Versand, die LMV-Versicherungen und die Sparkasse, bedarf ebenso wenig eines Kommentars wie die einschlägige Prominenz, so zum Beispiel Johannes B. Kerner, Reinhold Beckmann, Anne Will, Oliver Pocher, Yvonne Catterfeld, Sarah Connor, Patrick Lindner, Günther Jauch, ganz zu schweigen von RTL-Tratschweib Frauke Ludowig, ZDF-Klatschweib Nina Ruge, Model Eva Padberg oder Ballermann-Komiker Atze Schröder.

Zur WM hieß es dann niveaugemäß: »Dein Wille ist wie Feuer unterm Hintern. Er lässt deinen Lieblingsstürmer schneller laufen und Schumi schneller fahren. Egal, wo du arbeitest. Egal, welche Position du hast. Du hältst den Laden zusammen. Du bist der Laden. Du bist Deutschland.«[455]

Für Jens Jessen von der *Zeit* versuchte die Kampagne, »das Publikum mit einem Optimismus einzuräuchern, als sei der Sozialismus wiederauferstanden, der den Menschen den real existierenden Mangel als Weg des Fortschritts zu verkaufen trachtete. Denn um die Ideologisierung des Mangels geht es heute wie ehedem.«[456]

So verblödet allerdings sind die Deutschen nun auch wieder nicht: Zwar standen sie bei der WM ebenso begeistert hinter dem eigenen Team wie die Fans der anderen Nationen auch, aber das war es auch schon: Die Reformen rund um die »Armut per Gesetz« mussten aus Angst vor dem Bürger als Wähler stückweise zurückgenommen werden, und Oskar Lafontaine gilt mittlerweile als »heimlicher Kanzler«.[457]

Die simpel gestrickte »Volkskörperrhetorik« und »Verhöhnung des Publikums« *(Berliner Zeitung)* gerät für Jens Jessen sogar zum üblen Zynismus, und zwar nicht nur, weil *Du bist Deutschland* in den 1930er Jahren auf Spruchbändern neben Hitlerporträts zu lesen war, sondern weil zum Beispiel ein Fernsehspot Schwule und Behinderte gemeinsam auf dem Stelenfeld des Holocaust-Mahnmals zeigt: »›Du bist Deutschland‹. Ei freilich! Auch Juden, Schwule und Mongoloide waren Deutsche. Jetzt sind sie aber tot. Ehrlicher wäre es gewesen, einen schneidigen SS-Offizier mit der Unterschrift ›Du bist Deutschland‹ zu zeigen. Damit wäre man der Wahrheit schon näher gekommen.«[458]

4. Panikmache

Besonders schäbig ist es, gerade älteren und mediengläubigen Menschen wider besseres Wissen Angst zu machen. So wurde nach dem brutalen Überfall zweier Jugendlicher auf einen Rentner in München Ende 2007 von den Gossenmedien der Eindruck erweckt, U-Bahnfahren sei lebensgefährlich. Dabei gab es weniger Gewalttaten in Bahnen als im Vorjahr, und auch das Risiko, selbst Opfer zu werden, war mit 1:1,9 Millionen verschwindend gering.

Am 4. November 2007 gönnte sich das Revolverblatt *Berliner*

Kurier den Aufmacher: »SEK jagt Wachmann-Killer – Dringende Warnung an alle Berliner – Er schießt sofort«.

Sogar die Männer mit den weißen Anzügen und den dunklen Sonnenbrillen müssen zum Angstmachen herhalten. »Die Mafia sitzt in Deutschland fest im Sattel«, verkündete *Welt Online* nach einem Mord an sechs Italienern in Schimanskis Heimatstadt Duisburg. Da warnte sogar die Gewerkschaft der Polzei vor »Panikmache«.

Die Botschaft ist immer dieselbe: Man ist seines Lebens nicht mehr sicher: höchste Zeit, dass Schäuble unser Schlafzimmerleben verfilmt.

Die zünftige Rundum-Panik aber wird mit dem Terrorismus geschürt, zumal Umfragen Grünes Licht für die Schnüffelstaatler zu signalisieren schienen. »Deutsche wollen Sicherheit um fast jeden Preis«, triumphierte die *Welt* im März 2004. Otto Schily hatte schon die sicherheitspolitische Serviette vor dem Bauch, aber nach der Bundstagswahl 2005 durfte Nachfolger Wolfgang Schäuble zulangen.

Bisherige Zwischenbilanz seit dem 11. September 2001: Überwachung von Telefon, Privatcomputern, Bankkonten, Rasterfahndung und längerfristige Speicherung dieser Daten, Lauschangriff, Videoüberwachung, GPS-Personenfahndung, biometrischer Fingerabdruck – Ende nicht absehbar.

Dieser psychopathische Überwachungswahn wird aber erst recht zur Bedrohung für den Bürger, wenn der Staat halbseidene Klitschen mit der Wartung beauftragt. So standen durch eine Panne bei einer Softwarefirma hochsensible Daten von 500.000 Bürgern fünf Monate lang ungeschützt im Internet und waren frei verfügbar für jedermann, Sittenstrolche, Erpresser und Kapitalverbrecher eingeschlossen.

Die Orwellschen Fieberphantasien bei der Online-Durchsuchung gingen selbst dem Bundesverfassungsgericht zu weit.

Ende Februar 2008 setzte es dem »Bundestrojaner« enge Grenzen.

Behauptet nun jemand, eigentlich müsste ja das neoliberale Panikorchester eine klammheimliche Freude über besonders grausame Terroranschläge empfinden, so scheinen die Sicherheitspolitiker vor Empörung einem Herzinfarkt nahe. Ehrlicher als unsere Law-and-Order-Fanatiker war da Mister Charlie Black. Der Berater des US-Präsidentschaftskandidaten John McCain meinte im Sommer 2008 freimütig, ein neuer Terrorangriff wie der vom 11. September 2001 sei für den republikanischen Präsidentschaftskandidaten durchaus wünschenswert.

Eine der dümmlichsten Rechtfertigungen für die Staatsschnüffelei ist übrigens die Behauptung, die Bürger selbst verrieten in den zahllosen Internet-Netzwerken mehr über sich, ihre persönlichen Vorlieben und politischen Meinungen, als der Staat jemals auszuspionieren wagte: Sie empfänden das Entblößen der Privatsphäre als »Orwellness« (Heribert Prantl) und verzichteten auf ihr Grundrecht auf Privatsphäre freiwillig. Dies mag ja für einige zutreffen, aber seit wann können gestörte und naive Exhibitionisten stellvertretend für die Bevölkerung auf Grundrechte verzichten?

Christian Bommarius von der *Berliner Zeitung* stellt den Sicherheitsbehörden, Innenministern und Rechtspolitikern die Diagnose »Verfolgungswahn« und beschreibt die krankhaftperfiden Auswüchse dieser Psychose: »Zum Beweis der Bedrohung offerieren sie in immer kürzeren Abständen der Öffentlichkeit verstörende Szenarios – von der ›schmutzigen Bombe‹ islamistischer Terroristen über Flugzeugentführungen von Selbstmordattentätern bis hin zu verschärft organisierter Kriminalität –, die jedes für sich, um wie viel mehr erst alle zusammen geeignet sind, dem Publikum das Blut in den Adern, sodann die Adern am Blut gefrieren zu lassen. Dass sich angesichts dieser lebensbedrohlichen, todstummen Gefahren jede nur denkbare Abwehrmaßnahme gegen jeden Verdächtigen empfiehlt, versteht sich von selbst. Und weil nicht zu erkennen ist, wer zu Recht verdächtig und wer zu Unrecht unverdächtig ist, hat sich die Abwehr gegen jedermann zu richten – gegen den Verdächtigen wie auch gegen den Unverdächtigen. Das ist die Logik des staatlichen Verfolgungswahns.« Er »umdüstert nicht nur den Geist der Innenpolitiker, er droht auch den Geist des Grundgesetzes zu vertreiben«.[459]

Nun haben die Gebrüder Grimm selbst wohl kaum an die von ihnen erfundene böse Hexe geglaubt, und in manchem Vorabendkrimi lösen Diebe in der Galerie bewusst den Feueralarm aus, um im panischen Durcheinander mit dem wertvollen Gemälde zu verschwinden. Wenn also derzeit seitens der Mächtigen und ihrer Politiker überhaupt Angst im Spiel ist, dann höchstens die vor dem Volk, wie die zahlreichen Pläne beweisen:

- Das gezielte Umbringen von Verdächtigen durch den Staat sieht Schäuble lediglich noch als »rechtliches Problem«.[460]
- Die Unschuldsvermutung soll bei der »Terrorabwehr« nicht gelten.[461]
- »Ein deutsches Guantanamo« hält Sigrid Averesch von der *Berliner Zeitung* für möglich.[462]
- Bundeswehreinsätze im Innern sind nicht etwa nur eine fixe Idee des selbst vor der SPD sogenannten »Sicherheitsrisikos« Schäuble, sondern Chefsache der Kanzlerin.[463]
- Ein Nationaler Sicherheitsrat soll bei all dieser kreativen Rechtsstaatlichkeit den »kurzen Prozess« ermöglichen.[464]

Dass dies irgendetwas mit der Verhinderung von Selbstmordattentaten zu tun haben könnte, will den Bürgern allerdings nicht so recht einleuchten. Sie fühlen sich ja nicht einmal so bedroht, wie sie sich bei so viel prächtig ausgemalten Horrorvisionen eigentlich fühlen sollten. Bislang jedenfalls stößt die »Staatliche Angstproduktion« *(taz)* auf wenig Gegenliebe. Laut einer TNS-Umfrage vom Herbst 2007 hielten 60 Prozent der Deutschen die entsprechenden politischen Vorstöße für »Panikmache«, nur 34 Prozent für »Aufklärung über Gefahren«.

Prompt knöpfte sich Kanzlerin Merkel symbolisch ihre Djangos Schäuble und Jung vor, weil die schon wieder von Flugzeugabschüssen geschwärmt hatten, obwohl das Bundesverfassungsgericht sie bereits höflich, aber bestimmt abgelehnt hatte.[465]

Überhaupt erweisen sich die Deutschen als störrische Panikmuffel. Auch nach den Meldungen über fehlgeschlagene Attentate auf deutsche Regionalzüge im August 2006 wollten 68 Prozent der Deutschen laut *Infratest dimap* partout nicht glauben, dass sie persönlich von einem Anschlag betroffen werden könnten.

Wer dies aber voreilig als Erfolg feiert, verkennt das eigentliche Ziel: Die Bürger sollen – fast noch mehr als vor dem Terror – Angst vor dem Staat haben. Was war denn, im Nachhinein betrachtet, das Wesentliche an der Stasi der DDR? War es die irrwitzige Informationssammlung als solche oder die damit verbundene Einschüchterung der Bürger?

Manch einer lächelt mitleidig über Telefon- und Internetschnüffelei: »Die Terroristen werden gerade per Handy oder Mail ihre Anschläge planen.« Aber ist so etwas das Ziel der Überwachung? Geht es nicht eher darum, das Misstrauen der Bürger untereinander zu schüren? Kann nicht jeder Passant, jeder Nachbar und sogar der eigene Sohn ein islamistischer »Schläfer« sein, der dann eines Abends während des Musikantenstadls das Wohnzimmer in die Luft sprengt? Kann einen nicht jeder beim Verfassungsschutz anschwärzen, so dass man als »Verdächtiger« im echten oder im nachgebauten deutschen Guantanamo landet?

Wenn Geschäftspartner nicht mehr per Telefon oder Internet miteinander verkehrten, damit nichts Vertrauliches über den Umweg der Telekom oder des Staates bei der Konkurrenz landet, wenn selbst Freunde, falls überhaupt, dann nur noch unter vier Augen über Politik redeten, wenn Bürger auf den Kauf und das Ausleihen von Büchern oder das Anklicken von Internetseiten verzichteten, um nicht auf einer Terrorliste zu landen – wenn also die Informationsfreiheit behindert und die Kommunikation innerhalb der Bevölkerung durch Einschüchterung empfindlich gestört würde –, dann wäre zumindest ein Teil der Rechnung gewisser Kreise aufgegangen. Ironischerweise sind es also gerade die besonders Wachsamen, die durch eine Art vorauseilenden Gehorsam und freiwillige Selbstzensur (»Schere im Kopf«) einen großen Teil zu dieser Entwicklung beitragen.

Unaufhörliche Panikmache beabsichtigt, wie der 2007 verstorbene US-Philosoph Richard Rorty meinte, den »permanenten Ausnahmezustand« und »das schleichende Ende der Demokratie«, hin zur »fürsorglichen Despotie« unter der Flagge der »nationalen Sicherheit«.[466]

Zweck der Übung ist es also, dass das Volk vor lauter Panik nicht mehr klar denken kann, sich folglich verhält wie jemand mit Platzangst im steckengebliebenen Fahrstuhl und der Logik *Lieber rechtlos als tot* verfällt.

Teil VII
Schluss

Es geht also auch hier um die Köpfe, denn der Homo oeconomicus ist in erster Linie weder Tyrann noch Sadist, sondern Raffke. Und das heißt, so banal und zynisch es klingt: Die faschistische Diktatur oder der Polizeistaat sind dem Marktwirtschaftler ganz einfach zu kostspielig. Die Bilanzbuchhalter der Neoliberalen, die sogenannten *Institutionenökonomen*, rechnen den Reichen vor: »Die Verteidigung ihrer Besitzstände gegen die um sich greifende Wohlstandsminderung und den Zugriff durch schlechter ausgestattete Gesellschaftsmitglieder wird … zunehmend teuer, bis die Kosten der Aufrechterhaltung des politischen und gesellschaftlichen Status Quo endlich prohibitiv hoch sind und zum allgemeinen Einbruch oder Umsturz führen.«[467] Rosa Luxemburg lässt grüßen: »Sozialismus oder Barbarei«.

Von daher geht Willigkeit vor Gewalt und Totalverblödung vor Einschüchterung. Und umgekehrt ist die Aneignung und Vermittlung von Wissen für die Bevölkerung besonders wichtig.

Was aber sollte und was muss man wissen?

Das neoliberale Bildungsziel für das Volk – funktionsfähiges, aber kritikloses Humankapital vom Hilfsarbeiter bis zum genialen Fachidioten – zu kritisieren ist eine Sache. Eine ganz andere ist ein Konzept für eine Ausbildung zum sozial und humanistisch denkenden mündigen Bürger: Ist so etwas überhaupt möglich?

Nach der Devise, selbst ein unpraktikables, schöngeistig entrücktes oder schwachsinniges Bildungskonzept ist besser als gar keins, wimmelt es seit einiger Zeit von Ratgebern der Marke »Hochgebildet in 30 Tagen«, man denke nur an *Bildung. Alles, was man wissen muss* des Anglistikprofessors Dietrich Schwanitz. Der aber meint sein Buch wenigstens ironisch und als Hilfe für Bullshitter, beim gescheiten Partyplaudern nicht unangenehm aufzufallen. Dennoch sorgte ein Satz in seinem Buch für Riesenaufregung: »So bedauerlich es manchem erscheinen mag: Naturwissenschaftliche Kenntnisse müssen zwar nicht versteckt werden, aber zur Bildung gehören sie nicht.«

Eingeschnappt waren vor allem natürlich die Naturwissenschaftler, und auch das damalige grüne Umweltministerium spulte sich auf, dabei trifft die Provokation voll ins Schwarze. Natürlich sind diese Fächer keinesfalls unwichtig – man denke nur an Themen wie Atomkraft, Umweltschutz oder Lebensmittelchemie. Aber als »brotlose Kunst« unterdrückt werden gegenwärtig die Geisteswissenschaften, also alles, was mit dem Verständnis unserer Geschichte und unseres Zusammenlebens zu tun hat. Dies aber ist letztlich auch die Voraussetzung für ein kritisches und verantwortungsvolles Betreiben der Naturwissenschaften. Es kann nicht sein, dass Hochbegabte ihre Fähigkeiten zur Entwicklung von Streubomben nutzen und nicht wissen, dass Alfried Krupp als Kriegsverbrecher verurteilt wurde, aber schon 1951 sein Vermögen zurückbekam.

»Bildung« und »Wissen« bedeutet ja vor allem die Fähigkeit, seine Grundrechte sinnvoll wahrzunehmen, zum Beispiel sich zu informieren, politisch zu betätigen, seine Meinung zu äußern und zu wählen.

Entsprechend geht es gerade angesichts der ungeheuren und stets wachsenden Informationsfülle nicht so sehr darum, möglichst viele Fakten im Kopf oder auf der Festplatte zu haben, sondern – so platt es auch anmutet – zu wissen, was man suchen muss und wo es steht. Ebenso erwirbt man Wissen, erfährt man Zusammenhänge nicht nur in Seminaren, am PC oder durch Bücher und Bildungsfunk, sondern durch Kontakt mit der Umwelt, vor allem durch andere Menschen. Sprechblasen wie »Bedürftige« oder »Wohlstandsbürger« füllen sich schlagartig mit Inhalt beim Besuch einer Suppenküche oder eines Nobelviertels.

Aber so unbeholfen und urwüchsig auch immer Bildung sich durchsetzt, so hat sie doch gegenüber der Verblödung einen gewaltigen Vorteil: »Was man weiß, das weiß man.« Wenn das Kind einmal herausbekommen hat, dass der Weihnachtsmann in Wahrheit der Opa ist, dann kann man ihm nicht mehr so leicht das Gegenteil einreden.

Selbstverständlich werden wir auch mittelfristig kein Volk der Dichter und Denker sein, sondern bestenfalls eines, das Heine und Hegel bei Günther Jauch richtig rät – wieso sollte sich auch der Normalbürger das Lebensbild gewisser Intellektueller aufschwatzen lassen?

Umgekehrt aber sollten sich die Volksvertreter – gerade die mit Weltverbesserungsanspruch – von der eigennützigen Propagandalüge verabschieden, die bloße Stimmabgabe eines passiven Volkes hätte irgendetwas mit Demokratie zu tun und sie wüssten ja ohnehin besser als der Bürger selbst, was gut für ihn ist. Selbst das formal sozialste, menschenwürdigste und demokratischste Gemeinwesen würde binnen kurzem scheitern, wenn es die Menschen nicht wollen und aktiv mit Leben erfüllen.

Deshalb bisse sich die Katze in den Schwanz, würde man das hundertunddritte edel gemeinte, wohldurchdachte und brillant formulierte Bildungs- und Medienkonzept erarbeiten. Unter heutigen gesellschaftlichen Bedingungen im Allgemeinen und parlamentarischen Mehrverhältnissen im Besonderen wäre dies ein frommer Appell – genauso gut könnte man einen Tiger zum Fleischverzicht auffordern. Einen Ausweg bietet möglicherweise die meist nur Tiervölkern wie etwa Ameisen zugestandene *Kollektive Intelligenz.* Gemeint ist natürlich nicht der »Publikumsjoker« bei *Wer wird Millionär,* obwohl auch hier zuweilen die Faktenkenntnis der 200 zusammengewürfelten Studiogäste verblüfft: Irgendwer weiß immer die Antwort. Weitaus wichtiger und beeindruckender sind die weltweiten Bewegungen zu Themen wie Frieden, Globalisierungskritik oder Tierschutz: Es gibt weder eine hierarchische Organisation noch eine Zentrale oder gar ein »Bildungsprogramm«: Offenbar an den Herrschenden vorbei und oft gegen ihre feindselige Propaganda eignen sich hier Millionen Menschen unabhängig voneinander Wissen und Bewusstsein an. Auch die Wendebewegung in der DDR ist bei allen Einschränkungen ein solches Beispiel.

Eine zentrale Rolle spielen heute selbstverständlich die neuen Medien. Was hier alles möglich ist, zeigt trotz aller Mängel das Internetlexikon *Wikipedia:* Selbst ein Gremium der klügsten Köpfe brächte ein derartig umfangreiches und vielfältiges Nachschlagewerk nicht zustande. Oder frei nach einem Spontispruch: »Wissen ist machbar, Herr Nachbar.«

Und was jeden aufrechten eigennützigen Neoliberalen zur Weißglut bringt: Hier arbeiten Zigtausende »nach ihren Fähigkeiten«, und Millionen konsumieren »nach ihren Bedürfnissen« – und beides zum Nulltarif: So ähnlich übrigens beschrieb Marx den Kommunismus …

Man kann es aber auch tiefer hängen: Bei den Hochwassern an Oder und Elbe haben Zigtausende nach Kräften geholfen und gespendet – die bloße Frage »Was kriegen Sie dafür?« wäre eine Beleidigung gewesen. Schon wieder also erweist sich das Menschenbild des Homo oeconomicus als Verblödungsmodell, so wichtig es als das Krankheitsbild einer Minderheit auch sein mag.

Nun ist aber selbst eine gigantische Datensammlung wie Wikipedia an sich noch lange kein »gespeichertes Wissen«, geschweige denn Kollektive Intelligenz, sondern nur Rohmaterial – mit dem allerdings Gefangene der Ideologie des profitorientierten alternativlosen Sachzwangs genau so viel anfangen können wie Rauhhaardackel mit einem Laptop: Denken, Bildung, Wissen bedeutet ja gerade die Fähigkeit, auf Grundlage bestimmter Ansprüche anhand von Fakten, Fakten, Fakten zwischen *Alternativen* zu entscheiden. Die aber gibt es ja für den Sachzwangökonomen nicht: Die Vorgabe Maximalprofit hat stets nur einen, alternativlosen Weg. Die Prämisse *Streben nach Glück* kennt dagegen unendlich viele Varianten, wie schon der Alte Fritz wusste: »Jeder soll nach seiner Facon selig werden.«

Und wer sich dabei an Sokrates hält, »Wer weiß, dass er nichts weiß, weiß mehr als der, der nicht weiß, dass er nichts weiß«, ist im Kampf gegen die Verblödung eindeutig im Vorteil.

*Man kann einen Teil des Volkes die ganze Zeit täuschen,
Und das ganze Volk einen Teil der Zeit.
Aber man kann nicht das ganze Volk die ganze Zeit täuschen.*
Abraham Lincoln

Literatur

Adorno, Theodor W.: *Theorie der Halbbildung.* Suhrkamp. Frankfurt am Main 2006.

Alemann, Ulrich von: *Das Parteiensystem der Bundesrepublik Deutschland.* Leske + Budrich. Opladen, 2001.

Chomsky, Noam: *Profit Over People.* Piper, München 2006.

Downs, Anthony: *Die ökonomische Theorie der Demokratie.* Mohr, Tübingen 1968.

Erhard, Ludwig: *Wohlstand für alle.* Econ, Düsseldorf 1957.

Franck, Georg: *Ökonomie der Aufmerksamkeit.* Ein Entwurf. Hanser, München 1998.

Frankfurt, Harry G.: *Bullshit,* Suhrkamp, Frankfurt 2006.

Geißler, Heiner: »Was würde Jesus heute sagen? Die politische Botschaft des Evangeliums«. Rowohlt, Reinbek 2003.

Hartmann, Michael: *Der Mythos der Leistungseliten. Spitzenkarrieren und soziale Herkunft in Wirtschaft, Politik, Justiz und Wissenschaft.* Campus Verlag, Frankfurt am Main/New York 2000.

Hayek, Friedrich August von: *Grundsätze einer liberalen Gesellschaftsordnung.* Aufsätze zur politischen Philosophie und Theorie. Band 5. Mohr Siebeck, Tübingen 2002.

Hayek, Friedrich August von: *Die Verfassung der Freiheit.* Mohr Siebeck, Tübingen 1991.

Hayek, Friedrich August von: *Freiburger Studien.* Mohr Siebeck, Tübingen 1994.

Hayek, Friedrich August von: *Liberalismus.* Mohr Siebeck, Tübingen 1979.

Homann, Karl, Franz Karl/Blome-Drees: *Wirtschafts- und Unternehmensethik.* Vandenhoeck & Ruprecht, Göttingen 1992.

Hutcheson, Francis: *A System of Moral Philosophy.* Foulis, Glasgow und Lonson 1755. Reprint: Verlag G. Olms, Hildesheim 1969.

Illies, Florian: *Generation Golf zwei.* Blessing, München 2003.

Ismayr, Wolfgang: *Der Deutsche Bundestag.* Leske + Budrich, Opladen 2000.

Keynes, John Maynard: *Essays in Persuasion,* London 1933.

Kleber, Claus: *Amerikas Kreuzzüge. Was die Weltmacht treibt.* Bertelsmann, Gütersloh 2005.

Koch, Roland: *Vision 21.* Verlag der Universitätsbuchhandlung Blazek und Bergmann seit 1891 GmbH, Frankfurt am Main 1998.

Köhler, Peter: *Die schönsten Zitate der Politiker.* Humboldt, Hannover 2005.

Koller, Peter: »Gesellschaftsauffassung und soziale Gerechtigkeit« in: Günter Frankenberg: *Auf der Suche nach der gerechten Gesellschaft.* Fischer Taschenbuch-Verlag, Frankfurt am Main 1994.

Leggewie, Claus: Von der elektronischen zur interaktiven Demokratie: »Das Internet für demokratische Eliten«, in: Dieter Klumpp u. a. (Hrsg.): *next generation information society? Notwendigkeit einer Neuorientierung.* Talheimer Verlag, Mössingen-Thalheim 2003.

Lenin, W.I.: »Was tun«, in: *W.I. Lenin Werke*, Band. 5. Dietz Verlag, Berlin (DDR) 1971.

Leyendecker, Hans: *Die Korruptionsfalle*. Rowohlt, Reinbek 2003.

Liessmann. Konrad Paul: *Theorie der Unbildung*. Zsolnay, Wien 2006.

Marx, Karl: *Das Kapital*. Erster Band. in: Karl Marx/Friedrich Engels – Werke. Band 1. Dietz Verlag, Berlin/DDR 1969.

Marx, Karl: *Zur Kritik der Hegelschen Rechtsphilosophie*, in: Karl Marx/Friedrich Engels – Werke. Band 1. Dietz Verlag, Berlin/DDR 1978.

Meyer, Thomas: *Mediokratie*. Suhrkamp, Frankfurt am Main 2001.

Montesquieu: *Vom Geist der Gesetze*. Reclam, Stuttgart 2003.

Müller, Albrecht: *Die Reformlüge*. Droemer, München 2004.

Müller-Vogg, Hugo: *Beim Wort genommen. Roland Koch im Gespräch mit Hugo Müller-Vogg*. Societäts-Verlag, Frankfurt am Main 2002.

Noelle-Neumann, Elisabeth: *Öffentlichkeit als Bedrohung – Beiträge zur empirischen Kommunikationsforschung*. Verlag Karl Alber, Freiburg/München 1979.

Pfetsch, Barbara: *Politische Kommunikationskultur. Politische Sprecher und Journalisten in der Bundesrepublik und den USA im Vergleich*. Westdeutscher Verlag, Wiesbaden 2003.

Roland Sturm: »Politische Wirtschaftslehre«. Leske + Budrich, Opladen 1995

Rossum, Walter van: *Die Tagesshow*. Kiwi. Köln 2007.

Rossum, Walter van: *Meine Sonntage mit Sabine Christiansen*. KiWi, Köln 2004.

Schmidt, Siegfried J.: »Konstruktivismus als Medientheorie«, in: Winfried Nöth/ Karin Wenz (Hrsg.): *Medientheorie und die digitalen Medien*. University Press, Kassel 1999.

Schumpeter, Josef Alois: *Kapitalismus, Sozialismus und Demokratie*. UTB, Stuttgart 2005.

Schwanitz, Dietrich: *Bildung. Alles, was man wissen muss*. Goldmann, München 2002.

Smith, Adam: *Reichtum der Nationen*. Voltmedia, Paderborn 2005.

Smith, Adam: *Theorie der ethischen Gefühle*, Felix Meiner Verlag, Hamburg 1985.

Steffani, Winfried: *Gewaltenteilung und Parteien im Wandel*. Westdeutscher Verlag, Opladen 1997.

TNS Infratest: *Gesellschaft im Reformprozess*. Studie für die Friedrich-Ebert-Stiftung, Berlin 2006.

Wieczorek, Thomas: *Die Dax-Ritter*. Knaur, München 2008.

Ziesemer, Bernd: *Die Neidfalle*. Wie Missgunst unsere Wirtschaft lähmt. Campus, Franfurt am Main 1999.

Anmerkungen

1   Friedrich August von Hayek: »Wahrer und falscher Individualismus«, in: ORDO-Jahrbuch für die Ordnung von Wirtschaft und Gesellschaft, Band 1. Verlag Helmut Küpper vormals Georg Bondi, Düsseldorf, München 1948, S. 38 f.

2   Reinhard Blomert: »Applaus auf dem Zauberberg«, in: *Berliner Zeitung*, vom 2. April 2005, Magazin, S. M01

3   Franz Walter: »Wie Deutschland zerfällt«, in: *sueddeutsche.de*, vom 20. September 2005.

4   TNS Infratest: *Gesellschaft im Reformprozess.* Studie für die Friedrich-Ebert-Stiftung, Berlin 2006.

5   Anthony Downs: *Die ökonomische Theorie der Demokratie.* Mohr, Tübingen 1968, S. 291 ff.

6   Ebd., S. 292

7   Josef Alois Schumpeter: *Kapitalismus, Sozialismus und Demokratie.* UTB, Stuttgart 2005, S. 416.

8   Peter Köhler: *Die schönsten Zitate der Politiker.* Humboldt, Hannover 2005, S. 342.

9   Francis Hutcheson: *A System of Moral Philosophy.* Foulis, Glasgow und Lonson 1755. Reprint: Verlag G. Olms, Hildesheim 1969, S. 231.

10 Noam Chomsky: *Profit Over People.* Piper, München 2006, S. 56 f. Chomsky übernimmt den Begriff »Konsens ohne Zustimmung« vom Soziologen Franklin Henry Giddings.

11 Ebd., S. 70. Lenin selbst fragte nach den Wahlen zur konstituierenden Versammlung: »Wie konnte das Wunder geschehen wie der Sieg der Bolschewiki, die ein Viertel der Stimmen besaßen?« Die Antwort: »Die Bolschewiki haben vor allem deshalb gesiegt, weil sie die gewaltige Mehrheit des Proletariats hinter sich hatten, darunter den bewusstesten, tatkräftigsten, revolutionärsten Teil.« W.I. Lenin: »Die Wahlen zur konstituierenden Versammlung und die Diktatur des Proletariats«, in: *W.I. Lenin Werke,* Band 30. Dietz, Berlin (DDR) 1972, S. 245 f.

12 plus fünf nicht stimmberechtigten Berliner Vertretern.

13 Noam Chomsky, a. a. O., S. 59.

14 Ebd., S. 60.

15 Stand 2006: CDU 553 896, SPD 561 239, CSU 166 896, FDP 64 880, Grüne 44 677 Linkspartei (bzw. Linke) 60 338. Quelle: Oskar Niedermayer: »Parteimitglieder in Deutschland: Version 2007«, in: *Arbeitshefte aus dem Otto-Stammer-Zentrum,* Nr. 11. Berlin, Freie Universität Berlin 2007, S. 2.

16 (»Idiot« bedeutete bei den alten Griechen »Privatmann«)

17 den Lenin übrigens ausdrücklich der deutschen SPD empfahl. Quelle: *W.I. Lenin:* »Was tun«, in: W.I. Lenin *Werke,* Band 5. Dietz Verlag, Berlin (DDR) 1971, S. 355–549.

18 Oskar Niedermayer: »Parteimitglieder«. Thesen zum Hauptseminar »Partei-
    enforschung: Allgemeine Parteienanalyse«. Otto-Suhr-Institut der Freien
    Universität Berlin 2005.

19 Winfried Steffani: *Gewaltenteilung und Parteien im Wandel.* Westdeutscher
    Verlag, Opladen 1997, S. 167.

20 »Irlands Nein hält Europa nicht auf«, in: *Spiegel Online,* vom 13. Juni 2008.

21 »Steinmeier empfiehlt Irland Ausstieg aus der EU«, in: *Welt Online,* vom
    14. Juni 2008.

22 Ralf Sotscheck: »Schurkenstaat im Schockzustand«, in *Spiegel Online,* vom
    19. Juni 2008.

23 Hubert Kleinert: »Warum die Iren nicht die Deppen Europas sind«, in: *Spie-
    gel Online,* vom 19. Juni 2008.

24 Friedrich August von Hayek: *Liberalismus.* Mohr Siebeck, Tübingen 1979,
    S. 35.

25 Claus Leggewie: Von der elektronischen zur interaktiven Demokratie: »Das
    Internet für demokratische Eliten«, in: Dieter Klumpp u.a. (Hrsg.): *next ge-
    neration information society? Notwendigkeit einer Neuorientierung.* Talhei-
    mer Verlag, Mössingen-Thalheim 2003, S. 115–128.

26 Reinhard Mohr: »Der Betroffene hat immer recht. Oder?«, in: *Spiegel On-
    line,* vom 18. Oktober 2007.

27 Anthony Downs, S. 289.

28 Ebd., S. 290.

29 Franz Walter: »Das Kapital der Glaubwürdigkeit«, in: *Spiegel Online,* vom
    25. Januar 2008.

30 Die Grünen-MdB Andrea Swoboda am 24. August 2005 in der Internetplatt-
    form *kandidatenwatch.de.*

31 Internetseite der PDS Berlin, vom 27. September 2004.

32 Franz Walter: »Diebstahl an Demokratie«, in: *Spiegel Online,* vom 3. Novem-
    ber 2006.

33 Anthony Downs, a. a. O., S. 291.

34 »»Die Richtung stimmt««, in: *Tagesspiegel.de,* vom 28. August 2006.

35 Franz Walter: »Lob der Lüge«, in: *Der Spiegel,* Nr. 9 vom 25. Februar 2008,
    S. 22.

36 Franz Walter: »Ein Hoch auf die Umfaller!«, in: *Spiegel Online,* vom 29. Ja-
    nuar 2008.

37 Franz Walter: »Lob der Lüge«, a. a. O.

38 Annette Berger: »Versprochen, gewählt, gebrochen«, in: *Financial Times
    Deutschland, ftd.de,* vom 26. Februar 2006.

39 Andreas Hoidn-Borchers: »Der Genossen-Flüsterer«, in: *stern.de,* vom
    24. März 2004.

40 Kerstin Jansen: »Bauchgefühl und Zufall entscheiden die Wahlen«, in: *Spie-
    gel Online,* vom 18. August 2005.

41 Heribert Prantl: »Agenda-Menschen«, in: *sueddeutsche.de,* vom 10. Septem-
    ber 2004.

42   »Start frei für Wowereits Pokerrunde«, in: *Spiegel Online*, vom 17. September 2006.

43   Kerstin Jansen, a. a. O.

44   »Mehrheit der Deutschen zweifelt an der Demokratie«, in: *Spiegel Online*, vom 2. November 2006.

45   TNS Infratest, a. a. O.

46   Claus Leggewie: Von der elektronischen zur interaktiven Demokratie: »Das Internet für demokratische Eliten«, in: Dieter Klumpp u.a. (Hrsg.): *next generation information society? Notwendigkeit einer Neuorientierung*. Talheimer Verlag, Mössingen-Thalheim 2003, S. 115–128.

47   Chris Humbs: »Höher, schneller und kein bisschen sauber – Doping in der Bundesrepublik«, in: *Kontraste*, vom 14. September 2006.

48   Nikolaus Piper, »Die unheimliche Revolution«, in: *Die Zeit*, Nr. 37 vom 5. September 1997, S. 5.

49   Ludwig Erhard: *Wohlstand für alle*. Econ, Düsseldorf 1957, S. 7. Alle Hervorhebungen von Erhard.

50   Albrecht Müller: »Die Initiative Neue Soziale Marktwirtschaft«, in: *NachDenkSeiten*, vom 11. März 2003.

51   TNS Infratest, a. a. O.

52   »Bürger finden Einkommensverteilung eher ›nicht gerecht‹«, in: *faz.net*, vom 15. Juni 2008.

53   »Demokratie nach Kassenlage«, in: *Spiegel Online*, vom 30. Juni 2008.

54   Bodo Zeuner: »Verteilungsgerechtigkeit gehört zur Demokratie«. Referat auf der Delegiertenkonferenz von ver.di Bezirk Südbaden am 15. März 2004 in Freiburg.

55   Ebd.

56   Blätter für deutsche und internationale Politik 7/1999, S. 888.

57   dringend zu empfehlen sein Werk *De Oratore*.

58   Bodo Zeuner, a. a. O.

59   Ebd.

60   Sigmar Gabriel: »Sagen, was Sache ist«, in: *Der Spiegel*, Nr. 14 vom 31. März 2008, S. 36.

61   Friederike von Tiesenhausen: »Sozialer Aufstieg gelingt in Deutschland immer seltener«, in: *Financial Times Deutschland, ftd.de*, vom 8. Januar 2008.

62   Ulrike Sosalla: »Wer hat, dem wird noch gegeben«, in: *Financial Times Deutschland, ftd.de*, vom 8. Januar 2008.

63   Quelle: Sachverständigenrat zur Begutachtung der gesamtwirtschaftlichen Entwicklung: *Jahresgutachten: 2007/08 »Das Erreichte nicht verspielen«*, vom 7. November 2007, S. 498.

64   Friederike von Tiesenhausen, a. a. O.

65   Michael Hartmann: Der Mythos der Leistungseliten. Spitzenkarrieren und soziale Herkunft in Wirtschaft, Politik, Justiz und Wissenschaft. Campus Verlag, Frankfurt am Main / New York 2000.

66 Davis, K./Moore, W. E.: Some Principles of Stratification, in: *American Sociological Review* 10 (1945), S. 242–249.

67 Jens Beckert/Mark Lutter: »Wer spielt, hat schon verloren? Zur Erklärung des Nachfrageverhaltens auf dem Lottomarkt«, in: *Zeitschrift für Soziologie und Sozialpsychologie* 59(2) von 2007, S. 241–271.

68 Dieses und die folgenden Zitate: Ebd.

69 Die schlichten Botschaften der Motivationstrainer«, in: *Spiegel Online*, vom 20. Mai 2002.

70 »Was macht eigentlich Jürgen Höller«, in *Stern* 7/2005.

71 »Drei Jahre Gefängnis«, in: *manager-magazin.de*, vom 8. April 2003.

72 »Mister Motivation dankt demütig«, in: *mainpost.de*, vom 23. November 2007.

73 »Die schlichten Botschaften …«, a. a. O.

74 Roland Koch: *Vision 21*. Verlag der Universitätsbuchhandlung Blazek und Bergmann seit 1891 GmbH, Frankfurt am Main 1998, S. 32.

75 »Die schlichten Botschaften …«, a. a. O.

76 Matthias Lüdecke: »Potts Blitz«, in: *sueddeutsche.de*, vom 18. August 2008.

77 TNS Infratest, a. a. O.

78 Marcus Rohwetter: »Das Geschäft mit dem Guten«, in: *Die Zeit*, Nr. 52 vom 20. Dezember 2006, S. 21.

79 Ebd.

80 Henryk M. Broder: »Moral zum Nulltarif«, in: *Tagesspiegel.de*, vom 10. Oktober 2007.

81 Thorsten Kalina/Claudia Weinkopf: »Weitere Zunahme der Niedriglohnbeschäftigung: 2006 bereits rund 6,5 Millionen Beschäftigte betroffen«, in: IAQ-Report der Universität Duisburg Essen. Aktuelle Forschungsergebnisse aus dem Institut Arbeit und Qualifikation 2008-01, vom Januar 2008.

82 Wolfgang Kramer/Birte Meier: »Das Politikermärchen Vollbeschäftigung«, in: *Frontal 21*, vom 8. April 2008.

83 »Thilo Sarrazin zeigt sich reuig«, in: *Tagesspiegel.de*, vom 19. Juni 2008.

84 Jörn Hengst: »Erreger des Jahres«, in: *Spiegel Online*, vom 23. Dezember 2007.

85 »Ifo warnt vor Verlust von 1,9 Millionen Arbeitsplätzen«, in: *Spiegel Online*, vom 13. Dezember 2007.

86 »Union und Wirtschaft lästern über Mindestlohn-Schlappe der SPD«, in: *Spiegel Online*, vom 30. März 2008.

87 Karl-Peter Schwarz: »Im Durchschnitt bleiben 433 Euro«, in: *faz.net*, vom 25. Januar 2008.

88 Ernst Bloch: *Spuren*. Suhrkamp, Frankfurt am Main 1985, S. 21.

89 »Arbeit als knappes Gut«, Internetseite der Schader-Stiftung, vom 9. September 2004.

90 Zweiter Brief des Apostel Paulus an die Thessalonicher. 3, 10.

91 Katharina Schuler: »Arbeit fürs Essen«, in: *Zeit Online*, vom 20. Mai 2005.

92   Thomas Löding: *Das bedingungslose Grundeinkommen – eine neoliberale Forderung?* Abschlussarbeit im Rahmen der Prüfung für Diplom-Sozialwirte an der Georg-August-Universität Göttingen. Vorgelegt am 2. Mai 2007.

93   Van Parijs, Philippe: *Real Freedom for all. What (if anything) can justify capitalism?* Oxford 1995. Siehe auch Thomas Löding, a. a. O.

94   »Armut bekämpfen, Bildung verbessern, Chancen eröffnen«, Beschluss der 22. Landesdelegiertenkonferenz von Bündnis 90/Die Grünen Baden-Württemberg, vom 12. bis 14. Oktober 2007 in Heilbronn, S. 3.

95   »SPD-Politiker entwickelt Hartz-IV-Speiseplan«, in: *Welt Online*, vom 8. Februar 2008.

96   Albrecht Müller: *Die Reformlüge.* Droemer, München 2004, S. 253.

97   Albrecht Müller: »Verrentet & verkauft: Zerstörung der Solidarischen Altersversorgung.«, in: *Freitag*, Nr. 49 vom 9. Dezember 2005.

98   Marc Beise/Ulrich Schäfer: »Regierung will Versicherungen vor Pleite retten«, in: *sueddeutsche.de*, vom 15. Oktober 2003.

99   Ingo Blank/Dietrich Krauß: »Arm trotz Riester: Sparen fürs Sozialamt«, in: *Monitor*, Nr. 571 vom 10. Januar 2008.

100 Ebd.

101 Ebd.

102 »Die Riester-Rente rechnet sich doch«, in: *Welt Online*, vom 11. Januar 2008.

103 Ebd.

104 Ebd.

105 »Ministerium lehnt Riester-Korrektur ab«, In: *Hamburger Abendblatt Online*, vom 14. Januar 2008.

106 »Die Riester-Rente rechnet sich doch«, a. a. O.

107 »Die Hungerrentner von morgen«, in: *Der Spiegel*, Nr. 7 vom 11. Februar 2008, S. 64.

108 »Rentenversicherung aus dem Supermarkt«, in: *pressetext*, vom 27. März 2003.

109 Martin Weber: »Der Ikea-Fonds«, in: *manager magazin* 7/2007, S. 144.

110 Meinhard Creydt: »Das Elend der Gerechtigkeit«, in: Internetarchiv *Glasnost.de*, 2005.

111 »Carl Wechselberg«, in: *kandidatenwatch.de*.

112 Siegfried Landshut: »Die Gemeinschaftssiedlung in Palästina«, in: *Kritik der Soziologie und andere Schriften zur Politik.* Luchterhand, Neuwied am Rhein 1969, S. 202 f.

113 Bernd Ziesemer: *Die Neidfalle.* Wie Missgunst unsere Wirtschaft lähmt. Campus, Frankfurt am Main 1999, S. 158.

114 »Der machtbewusste Herr Zumwinkel«, in: *manager-magazin.de*, vom 14. Februar 2008.

115 »Steuerhinterziehung – ein Spiegelbild gesellschaftlicher Verhältnisse«, in: *NachDenkSeiten*, vom 17. März 2008.

116 Hermannus Pfeiffer: »Finanzämter verschenken Milliarden«, in: *taz.de*, vom 5. März 2008.

117 Ebd.

118 »Wie reiche Steuersünder belohnt werden«, in: *Monitor*, Nr. 507 vom 7. August 2003.

119 Christian Bommarius: »Deutscher Opferschutz«, in: *Berliner Zeitung*, vom 21. Februar 2008, S. 4.

120 »Quelle: Bildzeitung« wird in nahezu jedem zweiten Bericht eingeblendet.

121 *Hallo Deutschland*, vom 31. März 2008.

122 »Schleswig-holsteinischer Justizminister verteidigt Absprachen bei Gerichtsprozessen«, Interview im Deutschlandradio, vom 27. Januar 2007.

123 »Strafanzeige gegen Mannesmann-Richter«, in: *Focus Money Online*, vom 2. Dezember 2006.

124 »Korrupte Abgeordnete müssen in Deutschland kaum Strafen fürchten. Privileg für Parlamentarier«, in: *Frontal 21*, vom 13. März 2007.

125 Ebd.

126 »Mehr Lobbyisten im Bundestag registriert«, in: Internetseite des Bundestages, vom 7. März 2008.

127 »Die genauen Einkünfte erfährt der Wähler nicht«, in: *Welt Online*, vom 5. Juli 2007.

128 Benjamin Triebe: »Die Kammerjäger kommen«, in: *Spiegel Online*, vom 7. Oktober 2005.

129 Ebd.

130 »Grüne Streifen am Horizont«, in: Internetseite *msn.lifestyle*, vom 9. März 2007.

131 Henryk M. Broder: »Moral zum Nulltarif«, in: *Tagesspiegel.de*, vom 10. Oktober 2007.

132 Andreas Halbach und Christian Rohde: »Getäuschte Mieter – Eigentümer missbrauchen Energiepass«, in: *Frontal 21*, vom 12. Februar 2008.

133 »Weg mit dem gelben Sack«, in: *tagesschau.de*, vom 2. Juli 2007.

134 Etwa Ölplantagen in Indonesien oder Rapsfelder in Russland, China und Kanada.

135 »Volle Tanks, leere Teller«, in: *Spiegel Online*, vom 23. Januar 2007.

136 »SPD wirft Seehofer Lobbynähe vor«, in: *Spiegel Online*, vom 9. November 2008.

137 »Einfache Kennzeichnung von Lebensmitteln vorantreiben«, in: Pressemitteilung der CDU/CSU-Fraktion, vom 5. März 2007.

138 Detlef Schmalenberg: »Rabatt im Grenzgebiet«, in: *stern.de*, vom 20. März 2002.

139 Ralph Giordano: »An die politische und militärische Führung der Bundeswehr«, in: *Gazette*, Nr. 13 vom April 1999.

140 »Union diffamiert ›Kriegsverräter‹«, in: *neues-deutschland.de*, vom 12. Mai 2007.

141 Henryk M. Broder: »Der programmierte Eklat«, in: *Spiegel Online,* vom 10. Oktober 2007.

142 Henryk M. Broder: »Rettet das Nazometer!«, in: *Spiegel Online,* vom 15. November 2007.

143 »Keiner hat etwas gemerkt«, in: *Berliner Zeitung Online,* vom 1. Dezember 1995.

144 Hessischer Landtag, 15. Wahlperiode, 127. Sitzung, Plenarprotokoll 15/127, vom 12. Dezember 2002, S. 8857.

145 »Streit um Türken-Juden-Vergleich«, in: *sueddeutsche.de,* vom 30. Juni 2008.

146 »Nach Hetzjagd Sorge um Standort Deutschland«, in: *netzeitung.de,* vom 21. August 2007.

147 »Warum drei erfolgreiche Neonazi-Bekämpfer ihre Jobs verloren«, in: *Spiegel Online,* vom 7. Juli 2007.

148 »Lernen mit Iris«, in: *Offizielle Homepage von Henryk M. Broder,* vom 11. April 2004.

149 Christoph B. Schiltz: »In Deutschland verdienen Frauen viel weniger«, in: *Welt Online,* vom 9. Juni 2008.

150 Epheser 5, 22.

151 1. Gleichberechtigungsgesetz.

152 Eherechtsreformgesetz.

153 »Akademikerinnen finden oft keinen Partner«, in: *Spiegel Online,* vom 7. September 2005.

154 Kay Sokolowsky: »Die neue Rechte«, in: *Konkret* 3/99.

155 Barbara Gärtner: »Die Work-Wife-Balance«, in: *sueddeutsche.de,* vom 7. Mai 2008.

156 Ebd.

157 Ebd.

158 Jo Angerer/Mathias Werth: Es begann mit einer Lüge, ARD-Film vom 8. Februar 2001.

159 Ebd.

160 Erich Follath u.a.: »›Ihr tragt eine Mitschuld‹« in: *Der Spiegel,* Nr. 13 vom 22. März 2008, S. 28–39.

161 Ebd.

162 Marc Pitzke: »Das Ende der Neocons«, in: *Spiegel Online,* vom 30. Oktober 2006.

163 Andreas Petzold: »PR-Futter für den Rest der Welt«, in: *stern.de,* vom 9. März 2004.

164 »Die Neocons zogen die falschen Schlüsse«, in: *Spiegel Online,* vom 24. März 2005.

165 Marc Pitzke, a. a. O.

166 »Deutschland ist größter Waffenexporteur der Europäischen Union«, in: Rüstungsexportbericht der Gemeinsamen Konferenz Kirche und Entwicklung (GKKE), vom 17. Dezember 2007.

167 »Der Krieg als Wichsvorlage«, in: *Offizielle Homepage von Henryk M. Broder.*

168 »Schäubles Schreckenliste«, in: *Zeit online,* vom 9. Juli 2007.

169 Hans Zippert: »Merkel wirbt für Menschenrechte«, in: *Welt Online,* vom 27. August 2007.

170 Stefan Theil: »Von Raffgier und Ausbeutung«, in: *Frankfurter Allgemeine Sonntagszeitung,* vom 20. Januar 2008, S. 36.

171 Wolfgang Kaden: »Die geschmähte Elite«, in: *Spiegel Online,* vom 26. Februar 2008.

172 Ebd.

173 Heribert Prantl: »Die da oben«, in: *sueddeutsche.de,* vom 15. Februar 2008.

174 »BDI-Präsident fordert Ächtung krimineller Wirtschaftsbosse«, in: *Spiegel Online,* vom 17. Februar 2008.

175 Wolfgang Kaden: »Das Gier-Virus infiziert die Wirtschaftselite«, in: *Spiegel Online,* vom 11. Dezember 2007.

176 »Appell an die Millionen-Verdiener«, in: *sueddeutsche.de,* vom 23. Dezember 2008.

177 Ulrike Herrmann: »Die neoliberale Falle«, in: *Tagesszeitung,* vom 20. Dezember 2005, S. 12.

178 Der von Hobbes lediglich zitierte Satz stammt vom römischen Komödiendichter Titus Maccius Plautus (250–184 v.Chr.) und lautet: »Lupus est homo homini, non homo, quom qualis sit, non novit.« Quelle: Muriel Kasper: *Reclams Lateinisches Zitatenlexikon.* Reclam, Stuttgart 1996, S. 495.

179 Walter Pauly: »Wenn das Volk von Teufeln aussterben muss«, in: Internetseite der Uni Jena.

180 »Debatte über Begrenzung ist Heuchelei«, in: *manager-magazin.de,* vom 16. Dezember 2007.

181 »Appell an die Millionen-Verdiener«, in: *sueddeutsche.de,* vom 23. Dezember 2008.

182 Ebd.

183 Kim Otto/Markus Schmidt: »Erbschaftssteuer: Die absurden Reformpläne der Bundesregierung«, in: *Monitor,* Nr. 549 vom 6. Juli 2006.

184 Ebd.

185 »Stadt der Helden und der Schergen«, in: *Welt Online,* vom 22. Juni 2003.

186 Rudolf Hickel: »Schonung von Erbschaften«, in: *neues-deutschland.de,* vom 14. März 2008.

187 »›Wir bleiben der linke Stachel‹«, in: *RP Online,* vom 10. Dezember 2007.

188 Das die Initiative Neue Soziale Marktwirtschaft mit »Argumenten« versorgt.

189 »Reichensteuer bringt weniger Geld als erhofft«, in *sueddeutsche.de,* vom 7. Mai 2006.

190 »›Geiz ist eine Todsünde‹«, in: *Die Zeit,* Nr. 18 vom 28. April 2005. S. 17.

191 Franz Müntefering: »Freiheit und Verantwortung«. Vortrag in der Friedrich-Ebert-Stiftung am 22. November 2004 in Berlin, in: SPD-Parteivorstand: *Tradition und Fortschritt,* Berlin 2005, S. 18.

192 »SPD fordert patriotische Unternehmen«, in: *Hamburger Abendblatt,* vom
     6. März 2006.

193 »Die Billionen-Bombe«, in: *Der Spiegel,* Nr. 39 vom 25. September 2006,
     S. 92.

194 Armin Mahler: »Spagat zwischen zwei Welten«, in: *Der Spiegel,* Nr. 52 vom
     22. Dezember 2006, S. 48.

195 »Bischof kritisiert Vorstandsgehälter«, in: *netzeitung.de,* vom 24. September
     2006.

196 Armin Mahler, a. a. 0.

197 Toralf Staud: »Fußballtaumel und Fremdenfeindlichkeit«, in: *sueddeutsche.
     de,* vom 15. Dezember 2006.

198 Guido Westerwelle: »FDP ist letzte verbliebene Bastion der bürgerlichen
     Mitte«. Interview für die Landeszeitung Lüneburg, vom 30. November 2007,
     zitiert in: *fdp-bundespartei.de.*

199 Thomas Wieczorek: *Die Dax-Ritter.* Knaur, München 2008, 4. Kapitel: »Grö-
     ßenwahnsinnige Parvenues und Soziopathen«, S. 100–127.

200 Dirk Maxeiner/Michael Miersch: »Rettet die Kinderarbeit!«, in: *Welt Online,*
     vom 8. Dezember 2006.

201 John Maynard Keynes: *Essays in Persuasion,* London 1933, S. 270.

202 Adam Smith: The Wealth of Nations, Modern Library Edition, New York
     1937, S. 14. In Deutsch nachzulesen in: Adam Smith: *Reichtum der Natio-
     nen.* Voltmedia, Paderborn 2005, S. 19.

203 Patzen, Martin: »Ein Überblick: Zur Diskussion des Adam-Smith-Problems«.
     Berichte des Instituts für Wirtschaftsethik der Universität St. Gallen Nr. 36,
     St. Gallen 1990.

204 Dass er allerdings Eigennutz und Ethik nicht so recht unter einen Hut brach-
     te, nennt man seitdem »Adam-Smith-Problem«.

205 Quelle: *markenlexikon.com.*

206 »Die Namen der No-Names«, in: *stern.de,* vom 22. Juni 2006.

207 John Maynard Keynes, zitiert in: Robert Misik: »Besser, grob richtig als exakt
     falsch«, in: *taz.de,* vom 2. Januar 2008.

208 Friedrich August von Hayek: »Wahrer und falscher Individualismus«, a. a. O.

209 Herbert Schui: »Neoliberalismus: politische und theoretische Grundlagen«,
     in: *SPW Zeitschrift für Sozialistische Politik und Wirtschaft,* Nr. 96/1997.

210 Angela Merkel: »Das Prinzip individuelle Freiheit«, in: *Financial Times
     Deutschland, ftd.de,* vom 18. Januar 2005.

211 »Ackermann will es nicht so gemeint haben«, in: *Spiegel Online,* vom
     19. März 2008.

212 Friedrich August von Hayek: *Freiburger Studien.* Mohr Siebeck, Tübingen
     1994, S. 170 f.

213 Roland Sturm: »Politische Wirtschaftslehre«. Leske + Budrich, Opladen
     1995, S. 18 f.

214 »Aldi und Co. tragen Mitschuld an Hungerlöhnen«, in: *Spiegel Online,* vom
     14. April 2008.

215 Anselm Waldermann: »Deutsche Bank fordert Zerschlagung der Stromkonzerne«, in: *Spiegel Online*, vom 5. März 2007.

216 Albrecht Müller: »Verrentet …«, a. a. O.

217 Gemeint ist die »Ruck-Rede« des damaligen Bundespräsidenten Herzog von 1997, in der er einen »Ruck durch die Gesellschaft« anmahnte. Quelle: »Aufbruch ins 21. Jahrhundert – Ansprache von Bundespräsident Roman Herzog im Hotel Adlon am 26. April 1997«, in: *bundespräsident.de*.

218 »Bahn darf 1700 Kilometer Schienen stilllegen – und trotzdem kassieren«, in: *Spiegel Online*, vom 19. Mai 2008.

219 Eva Müller: »Aus die Post – Wie die Post ihr eigenes Filialnetz auflöst«, in: *Monitor*, Nr. 580, vom 24. Juli 2008.

220 Thomas Kirn: »Cheferotiker voller Baulust«, in: *faz.net*, vom 28. Juni 2007.

221 Heiner Bremer, N-TV, vom 15. April 2008.

222 »Außen hui, innen pfui – Chaos an privaten Krankenhäusern«, in: *Panorama*, vom 26. Juli 2007.

223 Ebd.

224 Ebd.

225 Vergleiche dazu: Ulrich Schäfer: Die vier Fehler des Finanzministers, in: *sueddeutsche.de*, vom 23. Oktober 2003.

226 Sendung vom 10. April 2008.

227 Friedrich August von Hayek: *Illusion der Gerechtigkeit*. Verlag Moderne Industrie, Landsberg am Lech 1981, S. 111. Siehe dazu auch: Franz Segbers: »Religion des Marktes – Neoliberalismus contra Soziale Marktwirtschaft«, in: Ökumenisches Friedensnetz Düsseldorfer Christinnen und Christen, vom 6. November 2002.

228 Konrad Paul Liessmann: *Theorie der Unbildung*. Zsolnay, Wien 2006, S. 173 f.

229 »Its major function must be to protect our freedom both from the enemies outside our gates and from our fellow-citizens: to preserve law an order, to enforce private contracts, to foster competitive markets.« Milton Friedman: *Capitalism and Freedom*. The University of Chicago Press, Chicago und London 1962, S. 2.

230 Friedrich August von Hayek: *Grundsätze einer liberalen Gesellschaftsordnung*. Aufsätze zur politischen Philosophie und Theorie. Band 5. Mohr Siebeck, Tübingen 2002, S. 110.

231 Arnulf Baring: »Bürger, auf die Barrikaden!«, in: *Frankfurter Allgemeine Zeitung*, vom 19. November 2002.

232 »Roman Herzog warnt vor Rentner-Demokratie«, in: *bild.de*, vom 11. April 2008.

233 Ebd.

234 Meinhard Miegel: »Leistung lohnt sich nicht«, in: *Die Zeit*, Nr. 12 vom 15. März 1991, S. 28.

235 »Arbeitsamt vermittelt Prostituierte«, in: *emma.de*, Mai/Juni 2005.

236 »Halb so viel Tote bei Tempo 130«, in: *Tagesspiegel.de*, vom 9. November 2007.

237   *Hamburger Abendblatt,* vom 25. Februar 2005.

238   Gerd Stegmeier: »Limitiert, reguliert, stranguliert«, in: *Focus Online,* vom 30. Oktober 2008.

239   »Warum Deutschland freie Autobahnen braucht«, in: *Welt Online,* vom 2. November 2007.

240   OECD: *Wirtschaftsberichte 1994: Deutschland.* OECD, Paris 1994. S. 74. Vergleiche auch: Roland Sturm, a. a. O., S. 188 f.

241   Die Krankenversicherung (1883) wurde von den Arbeitgebern zu einem Drittel, die Unfallversicherung (1884) ganz und die Rentenversicherung (1891) zur Hälfte bezahlt.

242   Die Linkspartei rutschte bei den Abgeordnetenhauswahlen von 366.292 im Jahre 2001 auf 185.185 im Jahre 2006, der DGB verlor von 1990 bis 2005 5,1 Millionen seiner fast 11,8 Millionen Mitglieder.

243   »Die Sogwirkung der Linkspartei«, in: *faz.net,* vom 20. Februar 2008.

244   Carsten Volkery: »Gut gebräunt zum Sozialismus«, in: *Spiegel Online,* vom 27. August 2005.

245   Damit sind die von 1965 bis 1975 geborenen Kinder der Mittel- und Oberschicht gemeint.

246   Florian Illies: *Generation Golf zwei.* Blessing, München 2003, S. 50.

247   Friedrich August von Hayek: *Die Verfassung der Freiheit.* Mohr Siebeck, Tübingen 1991, S. 346 f.

248   »Generation 68: Ein Roadmovie«, in: *Arte,* vom 6. April 2008.

249   Jochen-Martin Gutsch: »Sommerhaus, jetzt«, in: *Berliner Zeitung,* vom 31. August 2002.

250   Franz Walter: »Warum Politiker so gern von der ›Baustelle Deutschland‹ sprechen«, in: *Spiegel Online,* vom 9. Dezember 2007.

251   Wolfgang U. Eckart: »Blender, Täuscher, Scharlatane – Betrug in den Wissenschaften«, in: *SWR 2,* vom 7. Dezember 2003.

252   Ebd.

253   Laut einer Studie werden INSM-Botschafter nicht einmal in jedem sechsten Medienbeitrag offen benannt. Siehe dazu: Christian Nuernbergk: Die Kampagne der »Visionäre«, in: *message – Internationale Zeitschrift für Journalismus* 1/2006.

254   Armin Himmelrath: »Start unter falscher Flagge«, in: *Spiegel Online,* vom 10. April 2007.

255   *http://insmwatchblog.wordpress.com*

256   Dietrich Krauß: »Wie Wirtschaftsverbände die öffentliche Meinung beeinflussen«, in: *plusminus,* vom 30. August 2005. Im Internet von der ARD zensiert, aber nachzulesen in URL: *http://omega.twoday.net/stories/939891/*

257   Thomas Wieczorek: *Die Dax-Ritter,* a. a. O., S. 257.

258   Siehe dazu: Walter van Rossum: *Meine Sonntage mit Sabine Christiansen.* KiWi, Köln 2004, S. 33–48.

259   Gabor Steingart: »Das Ende einer Ära«, in: *Spiegel Online,* vom 6. Mai 2008.

260 Gabor Steingart: »In der kleinen Welt des Dick Cheney«, in: *Spiegel Online,*
     vom 3. Juni 2008.

261 Siegfried J. Schmidt: »Konstruktivismus als Medientheorie«, in: Winfried
     Nöth/Karin Wenz (Hrsg.): *Medientheorie und die digitalen Medien.* Univer-
     sity Press, Kassel, 1999, S. 42.

262 Harry G. Frankfurt: *Bullshit,* Suhrkamp, Frankfurt 2006, S. 70.

263 Ebd., S. 63.

264 Ebd., S. 72.

265 Ebd., S. 60.

266 Theodor W. Adorno: *Theorie der Halbbildung.* Suhrkamp, Frankfurt am
     Main 2006, S. 51.

267 Ebd., S. 52.

268 Montesquieu: *Vom Geist der Gesetze.* Reclam, Stuttgart 2003, S. 179.

269 Elisabeth Noelle-Neumann: *Öffentlichkeit als Bedrohung – Beiträge zur em-
     pirischen Kommunikationsforschung.* Verlag Karl Alber, Freiburg / München
     1979, S. 65.

270 Joachim Hofmann-Göttig: »Was taugt die ›Sonntagsfrage‹?«. Vortrag Uni-
     versität Koblenz-Landau, am 9. September 2005, S. 5 f.

271 Ebd., S. 7.

272 Bernd Guggenberger: »Das Verschwinden der Politik«, in: *Die Zeit*, Nr. 41,
     vom 7. Oktober 1994, S. 66.

273 Walter van Rossum: *Die Tagesshow.* Kiwi. Köln 2007, S. 114.

274 »›Mehrheit der Deutschen befürwortet Reform der Reform‹ – ein Lehrstück
     an Irreführung«, in: *NachDenkSeiten,* vom 1. Juni 2006.

275 Zur Kundschaft zählt die Initiative Neue Soziale Marktwirtschaft.

276 »Bahnstreik: Deutsche dafür! Deutsche dagegen«, in: *hr-inforadio.de,* vom
     19. Oktober 2007.

277 Siegfried Weischenberg: »Der Kampf um die Köpfe. Affären und die Spiel-
     regeln der ›Mediengesellschaft‹«, in: Klaus Merten/Siegfried Schmidt/Sieg-
     fried Weischenberg (Hrsg.): *Medien und Kommunikation. Konstruktion von
     Wirklichkeit.* Beltz Verlag. Weinheim/Basel 1990, S. 28.

278 Konrad Paul Liessmann, a. a. O., S. 53.

279 Ulrich von Alemann: »Die politischen Parteien …«, a. a. O.

280 »Gefährliche Trägheit«, in: *Der Spiegel,* Nr. 20 vom 10. Mai 2008, S. 64.

281 Hans Magnus Enzensberger: »Die vollkommene Lehre. Das Nullmedium
     oder: Warum alle Klagen über das Fernsehen gegenstandslos sind«, in: *Der
     Spiegel,* Nr. 20 vom 16. Mai 1988. S. 234–244.

282 Ebd.

283 Ebd.

284 Ebd.

285 Ebd.

286 Lisa Wandt: »Treibhaus Berlin«, in: *Tagesspiegel.de,* vom 11. Oktober 2007.

287 »Schwierige Balance – Das Verhältnis von Journalisten zu Politikern«, in:
     Zapp, NDR-Sendung vom 20. Juni 2007.

288 Ebd.

289 Siehe dazu: Ulrich von Alemann: *Das Parteiensystem der Bundesrepublik Deutschland.* Leske + Budrich. Opladen, 2001, S. 118.

290 »Merkel wirbt für Tempelhof«, in *Tagesspiegel.de,* vom 19. April 2008.

291 Wolfgang Lieb: »Was steckt eigentlich hinter der Posse um einen SPD-Kanzlerkandidaten?«, in: *NachDenkSeiten,* vom 28. März 2008.

292 Roman Herzog: *Rhetorik in der Demokratie.* Vorlesung an der Universität Tübingen am 8. Juli 1997. S. 12f.

293 Hans Leyendecker: *Die Korruptionsfalle.* Rowohlt, Reinbek 2003.

294 Super RTL und N-TV klammern wir wegen Belanglosigkeit aus.

295 Ulrich von Alemann: »Die politischen Parteien, die Medien und das Publikum«. Fernuniversität Hagen 1996.

296 Barbara Pfetsch: Politische Kommunikationskultur. Politische Sprecher und Journalisten in der Bundesrepublik und den USA im Vergleich. Westdeutscher Verlag, Wiesbaden 2003, S. 83.

297 Walter van Rossum: *Die Tagesshow,* a. a. O., S. 117.

298 a. a. O., S. 30.

299 Thomas Meyer: *Mediokratie.* Suhrkamp, Frankfurt am Main 2001, S. 109.

300 Ebd.

301 Luhmann, Niklas: *Die Realität der Massenmedien.* Westdeutscher Verlag. Opladen 1996, S. 10.

302 Franz Solms-Laubach: »Hau den Kritiker«, in: *Frankfurter Allgemeine Zeitung,* vom 29. April 2004, S. 40.

303 Antje Hildebrandt: »Die Moderatoren«, in: *Welt Online,* vom 31. Dezember 2008.

304 Claus Kleber: *Amerikas Kreuzzüge. Was die Weltmacht treibt.* Bertelsmann, Gütersloh 2005.

305 Ebd.

306 Klaus Ungerer: »Der digitale Charme des Detektiv Rockford«, in: *netzeitung. de,* vom 3. August 2007.

307 Matthias Kalle: »Wer provoziert, verliert«, in: *Tagesspiegel.de.*

308 »Franziska Augstein: Scharfe Kritik an Augstein und ›Spiegel‹«, in: *Tagesspiegel.de,* vom 11. November 2005.

309 Hans Magnus Enzensberger: »Die Sprache des SPIEGEL« (1957), in: *Der Spiegel,* S1/1997 vom 15. Januar 1997, Auszug aus: Hans Magnus Enzensberger: »Einzelheiten I. Bewußtseins-Industrie«. Suhrkamp, Frankfurt am Main 1964.

310 Ebd.

311 »Standort Deutschland verbessert sich bei Arbeitskosten«, in: *Spiegel Online,* vom 22. April 2008.

312 Severin Weiland: »Rückwärts-Reformer im Kassenkampf«, in: *Spiegel Online,* vom 1. November 2007.

313 »Reformpläne kosten 50 Milliarden Euro«, in: *Spiegel Online,* vom 31. Oktober 2007.

314 Reinhard Mohr: »Warmes Deutschland«, in: *Spiegel Online,* vom 1. November 2007.

315 »Deutschland, Jammerland«, in: *Spiegel Online,* vom 27. Oktober 2007.

316 »Intendanten beschließen Kürzung«, in: *Spiegel Online,* vom 14. Juni 2005.

317 Hugo Müller-Vogg: *Beim Wort genommen. Roland Koch im Gespräch mit Hugo Müller-Vogg.* Societäts-Verlag, Frankfurt am Main 2002, S. 122–123.

318 Franz Josef Wagner: »Post von Wagner«, in: *Bild,* vom 22. April 2008, S. 2.

319 »Pro und Contra Tempelhof«, in: *Tagesspiegel.de,* vom 26. April 2008.

320 Natürlich wurde der Text sofort »von oben« gelöscht, aber nicht schnell genug: Dokumentiert ist er in: *turi2.de,* vom 9. Mai 2007. URL: *http://turi-2. blog.de/2007/05/09/alan_posener_wir_sind_papst~2240695*

321 »›WamS‹-Kommentarchef attackiert ›Bild‹-Chefredakteur«, in: *Spiegel Online,* vom 9. Mai 2007.

322 Norbert Thoma: »Schämt euch!« in: *Tagesspiegel.de,* vom 24. September 2008.

323 »Presserat beklagt Vorverurteilung durch Bild«, in: *BILDblog,* vom 13. Juni 2006.

324 »Psychopathische Züge«, in: *Spiegel Online,* vom 12. Februar 2004.

325 Klaus Hartung: »Das Phantom der Revolution«, in: *Die Zeit,* Nr. 6 vom 1. Februar 2001, S. 12.

326 Fotojournalismus als Volkssport, in: *Zapp,* vom 26. Juli 2006.

327 Christian Buß: »Bach zeigt Bauchgefühle«, in: *Spiegel Online,* vom 21. April 2008.

328 Satiren 10,18, in Juvenal: *Satiren.* Reclam, Stuttgart 2000, S. 107.

329 »Kanal voll, «, in: *Spiegel Online,* vom 27. Mai 2004.

330 Der verurteilte Mörder setzte sich 1998 bei einem Freigang ab und wurde 1999 nach bundesweiter Fahndung geschnappt.

331 »Da laufen neidvolle Mutter-Tochter-Prozesse ab«, in: *sueddeutsche.de,* vom 2. Mai 2008.

332 »Das ist Gehirnwäsche – Widerstand ist da undenkbar«, in: *Spiegel Online,* vom 2. Mai 2008.

333 »Der dünne Lack der Zivilisation«, in: *Spiegel Online,* vom 1. Mai 2008.

334 »Der Skandal im Inzestskandal«, in: *taz.de,* vom 30. April 2008.

335 »Dauerlächler werden depressiv!, in: *Spiegel Online,* vom 13. Mai 2008.

336 Grigorios Petsos: *Empirisch-hermeneutische Analyse der BBC-Fernsehserie »Monty Python's Flying Circus« (1969–1974) zur Herausarbeitung der immanenten Fernsehkritik in einer visionären Fernsehprogrammstruktur.* Magisterarbeit an der Humboldt-Universität Berlin, Berlin 1998.

337 Götz George und die ›Knalltüten‹, in: *www.netzeitung.de,* vom 13. April 2007.

338 »Soapstars wehren sich gegen ›Knalltüten‹-Vergleich«, in: *Spiegel Online,* vom 20. April 2007.

339 Peter Luley: »Meisterwerke der Massenverblödung«, in: *Spiegel Online,* vom 25. August 2008.

340 »Pracht, Glanz und Gloria – das hat was!«, in: *zdf.de*, vom 16. April 2004.

341 Norbert Lehmann: »Drei Hochzeiten und zwei Todesfälle«, in: *ZDFjahrbuch 2004*.

342 »Streit um ZDF-Reportage – Fernsehteam zahlte prügelnden Jugendlichen 200 Euro«, in: *Spiegel Online*, vom 6. April 2006.

343 Norbert Seitz: »Was symbolisiert das ›Wunder von Bern‹?«, in: *Aus Politik und Zeitgeschichte*, Nr. 26 vom 21. Juni 2004.

344 Ebd.

345 Zitiert in: Ebd.

346 Hanna Grabbe: »Schöner jubeln mit Angela Merkel«, in: *Financial Times Deutschland, ftd.de*, vom 27. Juni 2008.

347 Johann Wolfgang von Goethe: *Die Wahlverwandtschaften*, in: Goethe's Werke. Siebzehnter Band. Cotta'sche Buchhandlung. Stuttgart und Tübingen 1830, S. 112.

348 »Schönes neues Fernsehen«, in: *Spiegel Online*, vom 26. Mai 2004.

349 Jens Jessen: »Organisierte Verachtung«, *Die Zeit*, Nr. 47 vom 13. November 2003, S. 41.

350 Ebd.

351 »Hans Meisers Erben treten ab«, in: Internetseite der Landesanstalt für Medien Nordrhein-Westfalen, vom 26. Juli 2002.

352 Irène Bluche: »Was fällt Ihnen ein zu meinem Doppelkinn?«, in: *Spiegel Online*, vom 5. Juni 2008.

353 »Therapie-Suche für die kranke Mittelschicht«, in: *Spiegel Online*, vom 5. Mai 2008.

354 Mit Daniel Cohn Bendit, Joschka Fischer und dem Kabarettisten Matthias Beltz.

355 Thomas Schmid: »Ist jeder vom Absturz bedroht?«, in: *Welt Online*, vom 3. Mai 2008.

356 1984 gingen RTL und Leo Kirchs Sat.1 auf Sendung. Natürlich völlig unabhängig davon erhielt Helmut Kohl von 1999 bis 2002 von seinem Freund Leo Kirch über einen Beratervertrag insgesamt knapp 900 000 Euro. Skandalaufklärer Hans Leyendecker druckte die Abmachung in einem Buch ab. Titel: »Die Korruptionsfalle – wie unser Land im Filz versinkt.« (Hans Leyendecker: *Die Korruptionsfalle*. Rowohlt, Reinbek 2003, S. 89–93).

357 Thomas Tuma: »Maden in Germany«, in: *Der Spiegel*, Nr. 4 vom 21. Januar 2008, S. 145.

358 Renée Zucker: »I like Birds / Birds on a Wire«, in: *tageszeitung*, vom 9. Mai 2007, S. 11.

359 Henryk Broder: »Denn sie wissen, was sie tun«, in: *Der Spiegel*, Nr. 7 vom 11. Februar 2008, S. 81.

360 Jan Freitag: »Halali auf Hartz-IV-Betrüger«, in: *Spiegel Online*, vom 21. August 2008.

361 Stefan Niggemeier: »Wer warnt die Öffentlichkeit?«, in: *Frankfurter Allgemeine Sonntagszeitung*, vom 27. Mai 2007, S. 38.

362 Renée Zucker: »I like Birds / Birds on a Wire«, in: *tageszeitung*, vom 9. Mai 2007, S. 11.

363 Frederik Hanssen: »Der Migrantenstadl«, in *Tagesspiegel.de*, vom 15. März 2008.

364 Reinhard Mohr: »›Nu aber‹-Beratung im Plattenbau«, in: *Spiegel Online*, vom 8. Januar 2008.

365 »Pharma-Schleichwerbung in der ARD«, in: *Stern* 34/2007.

366 Cornelia Stolze: »Unheilige Allianz mit Pillendrehern: in: *Die Zeit*, Nr. 49, vom 30. November 2006, S. 33.

367 Ebd.

368 Jörg Blech: »Die Abschaffung der Gesundheit«, in: *Der Spiegel*, Nr. 33 vom 11. August 2003, S. 116–126.

369 Hans-Jürgen Jacobs: »Die Mixtur des Grauens«, in: *sueddeutsche.de*, vom 10. Januar 2008.

370 Heribert Prantl: »Fernsehen macht dick, faul und gewalttätig«, in: *sueddeutsche.de*, vom 10. Januar 2008.

371 Hans-Jürgen Jacobs, a. a. O.

372 »Altpapier vom Mittwoch«, in: *netzeitung.de*, vom 9. Januar 2008.

373 »Privatfernsehen – Sexistische Inhalte im Kinderprogramm«, in: *Zapp*, vom 16. Januar 2008.

374 Robin Meyer-Lucht: »›Was macht Bruce Darnell für eine Million in der ARD?‹«, in: *Spiegel Online*, vom 7. November 2007.

375 Heribert Prantl: »Fernsehen …«, a. a. O.

376 Christian Buß: »Blödel-TV attackiert, Sendeplatz erobert«, in: *Spiegel Online*, vom 12. Oktober 2008.

377 Elke Heidenreich: »Reich-Ranickis gerechter Zorn«, in: *faz.net*, vom 13. Oktober 2008.

378 Karl Marx: Zur Kritik der Hegelschen Rechtsphilosophie«, in: Karl Marx/ Friedrich Engels – Werke. Band 1. Dietz Verlag, Berlin/DDR 1978. S. 378.

379 Ebd., S. 379.

380 Sekretariat der Deutschen Bischofskonferenz: »Die deutschen Bischöfe – Kommission für gesellschaftliche und soziale Fragen: Das Soziale neu denken – Für eine langfristig angelegte Reformpolitik«, Impulspapier vom 12. Dezember 2003.

381 Karl Gabriel, Friedhelm Hengsbach SJ, Dietmar Mieth: »›Das Soziale neu denken‹ als Abkehr vom ›Gemeinsamen Wort‹ der Kirchen?« Stellungnahme zum Impulspapier »Das Soziale neu denken« der Kommission VI der Deutschen Bischofskonferenz, Presseerklärung vom 17. Dezember 2003.

382 Heiner Geißler: *Was würde Jesus heute sagen? Die politische Botschaft des Evangeliums*. Rowohlt, Reinbek 2003.

383 Michael Neudecker: »Als dem Papst eine Teufelsaustreibung misslang«, in: *Welt Online*, vom 23. Februar 2007.

384 »Jeder fünfte Bundesbürger ist ein hochreligiöser Mensch«, Pressemitteilung der Bertelsmann-Stiftung, vom 15. Dezember 2007.

385 Matthäus 19, 24. Nach neuester Forschung soll mit »Nadelöhr« ein niedriges Stadttor Jerusalems gemeint sein. Dies ändere aber nichts an der Aussage, da das Kamel zum Passieren des Tores niederknien und sämtlichen Besitz des Reichen zurücklassen müsse.

386 Lukas, 6, 24 und 25.

387 Karl Homann/Franz Blome-Drees: *Wirtschafts- und Unternehmensethik*, Göttingen 1992, S. 178.

388 »Jeder fünfte …«, a. a. O.

389 »Kirchentag verspricht ›Woodstock‹ in der Waldbühne«, in: *Spiegel Online*, vom 23. Mai 2003.

390 Papst Benedikt XVI. »Enzyklika Spe Salvi«, a. a. O.

391 Konrad Paul Liessmann, a. a. O., S. 50.

392 Hans-Werner Sinn: »Alte Ideologien«, in: *Wirtschaftswoche*, Nr. 11 vom 13. März 2006, S. 250.

393 Torsten Harmsen: »Sonderberichterstatter will strukturelle Änderungen«, in: *Berliner Zeitung*, vom 22. Februar 2006.

394 Hans-Werner Sinn, a. a. O.

395 Georg Paul Liessmann, a. a. O., S. 83.

396 Norbert Blüm, a. a. O., S. 92 f.

397 »Fehler! Kein Fehler!?«, in: *sueddeutsche.de*, vom 5. November 2007.

398 Beispiel aus dem Klappentext von Stefan Bronner/Anne Weiß: *Generation Doof*. Bastei Lübbe, Bergisch Gladbach 2008.

399 Georg Philipp Harsdörffer: *Frauenzimmer Gesprächspiele*. Niemeyer, Tübingen 1968.

400 Evelyn Finger: »Alle waren Opfer«, in: *Die Zeit*, Nr. 48 vom 23. Nov. 2006, S. 57.

401 Peter Kümmel: »Ein Volk als Zeitmaschine«, in: *Die Zeit Online*, Nr. 10/2004 vom 26. Februar 2004.

402 Theodor W. Adorno, a. a. O.

403 Ebd., S. 26.

404 Sprachwissenschaftler warnt vor Bastian Sicks »unverantwortlichen« Deutschtipps«, in: *spiegelkritik.de*, vom 12. November 2006.

405 Theodor W. Adorno, a. a. O., S. 48.

406 Ebd.

407 Michael Hartmann: »Eliten und Deutschland«, in: *Aus Politik und Zeitgeschichte*, Nr. 10 vom 1. März 2004.

408 Konrad Paul Liessmann, a. a. O., S. 106.

409 Susanne Risch: »Vorsicht Falle«, in: *manager magazin* 4/1992 , S. 246 f.

410 »Bachelor mit Soft Skills gesucht«, in: *sueddeutsche.de*, vom 14. März 2008.

411 »Die Methodik des Handelsblatt-Rankings«, in: *Handelsblatt.com*, vom 1. Januar 2007.

412 Bruno Frey: »Evaluitis, eine neue Krankheit«, in: *Financial Times Deutschland, ftd.de*, vom 18. Juni 2007.

413 Hermann Horstkotte: »Der Kavalier liest und schweigt«, in: *Spiegel Online,* vom 12. Mai 2007.

414 Jan Friedman: »München und Karlsruhe siegen«, in: *Spiegel Online,* vom 13. Oktober 2006.

415 Kai Lange: »In Deutschland erdacht – im Ausland gemacht«, in: *Spiegel Online,* vom 9. April 2007.

416 Udo Ludwig: »Geheime Gesandte«, in: *Der Spiegel,* Nr. 23 vom 6. Juni 2005, S. 156.

417 Ebd.

418 Christian Schwägerl: »Flucht vor dem deutschen Paradoxon«, in: *Frankfurter Allgemeine Zeitung,* vom 12. März 2007, S. 40.

419 »Wir haben Qualitätsprobleme«, in: *manager-magazin.de,* vom 4. August 2001.

420 Thomas Gerlach: Denkgifte. Psychologischer Gehalt neoliberaler Wirtschaftstheorie und gesellschaftspolitischer Diskurse. Diplomarbeit im Studiengang Psychologie der Universität Bremen, 2000.

421 Matthias Drobinski: »Die Rente und der Neid«, in: *sueddeutsche.de,* vom 21. April 2008.

422 Franz Walter: »Die Rückkehr des Tumults«, in: *Spiegel Online,* vom 21. Januar 2007.

423 Andre Mielke: Mario Barth – Stammtisch kann komisch sein, in: *Welt Online,* vom 9. Dezember 2007.

424 Gustav Seibt: »Schlampe 06«, in: *sueddeutsche.de,* vom 28. April 2006.

425 Dietmar Dath: »Die Unvertretbaren«, in: *Frankfurter Allgemeine Zeitung,* vom 18. Oktober 2006, S. 35.

426 Regine Zylka: »Hetze gegen die Arbeitslosen«, in: *Berliner Zeitung,* vom 21. August 2006.

427 Hans Ullrich Jörges: Der Kommunismus siegt. in: *Stern* 22/2006, *stern.de,* vom 29. Februar 2008.

428 *programmbeschwerde.de,* Internetseite der Landesmedienanstalt Saarland, vom 12. Dezember 2005.

429 »Keinen Bock auf Billig-Jobs«, in: *ZDF.reportage,* vom 1. September 2004.

430 »Glotze, Gameboy, Tiefkühlpizza«, in: *ZDF.reportage,* vom 9. April 2006.

431 »Mandy, Sindy und Ricco haben schlechte Karten«, in: *Welt Online,* vom 22. Februar 2007.

432 »Kindermord ist DDR-Mentalität«, in: *ntv.de,* vom 24. Februar 2008.

433 Claus Christian Malzahn: »Politisch unkorrekt – aber notwendig«, in: *Spiegel Online,* vom 5. August 2005.

434 »Fegefeuer des Volkszorns«, in: *Der Spiegel,* Nr. 36 vom 30. August 2004, S. 21.

435 »Aufschrei Ost«, in: *Der Spiegel,* Nr. 34 vom 22. August 2005, S. 33.

436 Ebd., S. 32.

437 »Jammertal Ost – Trübsal in der Zwischenwelt«, in: *Der Spiegel,* Nr. 39 vom 20. September 2004, S. 44 ff.

438 Ebd.

439 »Mügeln und der Rest der Welt«, in: *faz.net,* vom 25. August 2007.

440 »EU-Kommission befürchtet Schaden für Wirtschaft in Europa«, in: *Spiegel Online,* vom 17. November 2007.

441 »Lokführer vergrätzen Hafenarbeiter«, in: *Spiegel Online,* vom 16. November 2007.

442 »1400 Lokführer legen Deutschland lahm – Passagiere sauer«, in: *Spiegel Online,* vom 18. Oktober 2007.

443 »Bahnstreik: Deutsche dafür! Deutsche dagegen«, in: *hr-inforadio.de,* vom 19. Oktober 2007.

444 Edo Reents: »Auf ewig verdammt«, in: *Frankfurter Allgemeine Zeitung,* vom 7. Dezember 2004, S. 33.

445 »Das sind keine Menschen, das sind Tiere«, in: *Welt Online,* vom 12. September 2007.

446 Karl Marx/Friedrich Engels: Manifest der Kommunistischen Partei, a. a. O, S. 472.

447 Frank Schirrmacher: »Junge Männer auf Feindfahrt«, in: *Frankfurter Allgemeine Zeitung,* vom 15 Januar 2008, S. 31.

448 »Beckstein warnt vor Massenzuwanderung«, in: *Spiegel Online,* vom 14. September 2007.

449 »Jung, gut und unerwünscht«, in: *Spiegel Online,* vom 19 Mai 2008.

450 Frank Schirrmacher: »Junge Männer auf Feindfahrt«, in: *Frankfurter Allgemeine Zeitung,* vom 15 Januar 2008, S. 31.

451 Alan Posener: Scheißdeutsche und kriminelle Ausländer, in: *Welt.debatte,* vom 16. Januar 2008.

452 Ulli Kulke: »Der Intelligenzquotient der Türken«, in: *Welt Online,* vom 23. Juli 2005.

453 »Schäuble sieht Radikalisierung unter Muslimen«, in: *Berliner Zeitung Online,* vom 20. Dezember 2007.

454 Karl-Otto Hondrich: »Geteilte Gefühle«, in: *Frankfurter Allgemeine Zeitung,* vom 29. Juli 2006, S. 8.

455 Hervorhebung T.W.

456 Jens Jessen, »Du bist Werbeagentur«, in: *Die Zeit,* Nr. 41 vom 6. Oktober 2005, S. 49.

457 »Oskars fauler Zauber«, in: *Der Spiegel,* Nr. 21 vom 19. Mai 2008. S. 22.

458 Jens Jessen, a. a. O.

459 »Über den Verfolgungswahn«, in: *Berliner Zeitung Online,* vom 21. November 2007.

460 »Handy-Verbot und Internierung«, in: *sueddeutsche.de,* vom 7. Juli 2008.

461 »Sicherheitspolitik: »SPD: Schäuble ist ein Sicherheitsrisiko« in: *Zeit online,* vom 19. April 2007.

462 Sigrid Averesch: »Sicherheitsstaat ohne Grenzen«, in: *Berliner Zeitung Online,* vom 7. September 2007.

463 Heribert Prantl: »Hindukusch und Hindelang«, in *sueddeutsche.de,* vom 2. Juli 2007.

464   »Steinmeier giftet gegen Merkels Sicherheitsrat«, in *Spiegel Online,* vom
      5. Mai 2008.
465   »Merkel knöpft sich Schäuble und Jung vor«, in: *Spiegel Online,* vom 22. Sep-
      tember 2007.
466   Ralf Berhorst: »Die offene Gesellschaft auf dem Weg ins Antiquariat«, in:
      sueddeutsche.de, vom 8. März 2004.
467   Markus Dietz: *Korruption – eine institutionenökonomische Analyse.* Berlin-
      Verlag, Berlin 1998, S. 63.

Thomas Wieczorek

Die Dilettanten

Wie unfähig unsere Politiker wirklich sind

Erst sehen sie der Weltfinanzkrise tatenlos zu, dann machen sie alles noch schlimmer mit untauglichen Gesetzen und handwerklichen Fehlern beim Konjunkturpaket – und das ist nur die Spitze des Eisbergs. Befindet sich unser Staat in der Hand von ausgemachten Stümpern?

Parteienforscher Thomas Wieczorek unterzieht unsere Politiker einem schonungslosen Eignungstest: Egal ob Regierung oder Opposition – die Ergebnisse sind erschreckend. Fachliche Kompetenz? Fehlanzeige. Stattdessen Mittelmaß und Unfähigkeit, wohin man blickt. Und das kann schnell gefährlich werden.

Dieses Buch holt sie ans Licht: die Wahrheit über unsere Volksvertreter.

Knaur Taschenbuch Verlag

Thomas Wieczorek

Die DAX-Ritter

Wie Manager unser Land ruinieren

Gnadenlos, ungehemmt, größenwahnsinnig: Das sind unsere Manager. Mit ihrer persönlichen und fachlichen Inkompetenz bringen sie nicht nur ihre Unternehmen, sondern das ganze Wirtschaftssystem in Verruf.

Und während die Nieten in den Chefetagen und Vorstandssesseln den maximalen Gewinn um jeden Preis propagieren, regiert in den Konzernen die Angst der Mitarbeiter vor Entlassungen.

Thomas Wieczorek deckt auf, was in den Chefetagen schiefläuft, und er sagt, wie diesem Treiben, das uns alle betrifft, endlich Einhalt geboten werden kann.

Knaur Taschenbuch Verlag

Thomas Wieczorek

Schwarzbuch Beamte

Wie der Behördenapparat unser Land ruiniert

Die Bundesmonopolverwaltung für Branntwein mit ihren 327
Mitarbeitern erhält pro Jahr einen Zuschuss von 100 Millionen
Euro – dabei gibt es das entsprechende Monopol seit 1976 gar
nicht mehr!
Thomas Wieczorek zeigt den Beamtenapparat, wie er wirklich
ist: aufgebläht, teuer, ineffizient. Wenn sich nichts ändert, sind
die Beamten unser Bankrott – das beweist diese schonungslose
Analyse.

Knaur Taschenbuch Verlag